湖北省公益学术著作

Hubei Special Funds 出版专项资金
for Academic and Public-interest
Publications

第二辑

丛 书 主 编 李建中
丛书副主编 袁 劲

本书为国家社科基金重大项目"中国文论关键词研究的
历史流变及其理论范式构建"（22&ZD258）阶段性成果
本书为国家社会科学基金一般项目"汉字叙事学研究"（24BZW008）阶段性成果

"雅"的汉字美学研究

朱彦 著

WUHAN UNIVERSITY PRESS
武汉大学出版社

图书在版编目(CIP)数据

"雅"的汉字美学研究/朱彦著. -- 武汉：武汉大学出版社,2025.6.
中华字文化大系 / 李建中主编. -- ISBN 978-7-307-24950-9

Ⅰ.H12

中国国家版本馆 CIP 数据核字第 2025EV6307 号

责任编辑:白绍华　　　责任校对:鄢春梅　　　版式设计:马　佳

出版发行:**武汉大学出版社**　（430072　武昌　珞珈山）

（电子邮箱: cbs22@ whu.edu.cn　网址: www.wdp. com.cn）

印刷:武汉邮科印务有限公司

开本:720×1000　1/16　印张:15.25　字数:210 千字　插页:1

版次:2025 年 6 月第 1 版　　　2025 年 6 月第 1 次印刷

ISBN 978-7-307-24950-9　　　定价:89.00 元

总序 字孳字乳的文化：中华文化的"字"生性特征

李建中

人类轴心期五大文明(古巴比伦、古埃及、古希腊、古印度、中国)，惟有华夏文明传承至今，生生不息，个中缘由非常复杂，但文字的特性无疑是重要因素之一。同为轴心期文明，拉丁语的最小单位(字母)是无意义的，而汉语的最小单位(包括部首在内的字)则能显现独立甚至全息的意义，一字一世界，一字一意境。在漫长的历史演变之中，方块字既没有被梵化，也没有被拉丁化，中国文化因之分久必合，华夏文明因之亘古至今。

东汉许慎(约56—147)《说文解字·叙》曰："字者，言孳乳而浸多也"①，孳者孳生，乳者哺乳。从观念和思想的层面论，方块字是中华文化之母，不仅孕生而且哺育了中华文化，会意指事、形声并茂地建构起中华文化的意义世界。《周易》讲"鼓天下之动者存乎辞"，许慎讲"盖文字者，经艺之本，王政之始"，刘勰讲"心生而言立，言立而文明"，金圣叹讲"以文运事，因文生事"，一直到鲁迅讲"自文字至文章"和陈寅恪讲"凡解释一字，即是做一部文化史"，均可视为从不同层面揭示中华文化的"字"生性特征。

中华文化产生、传承并能在长久历程中与多种外来文化交流而生生

---

① （汉）许慎撰，（清）段玉裁注：《说文解字注》，上海古籍出版社1981年版，第754页。

不息，与汉字密切相关。汉字是一种世界上非常独特的文字，每个汉字独立且集音形义于一体。在上古，汉语以单音词为主，其中有些单音词成为中国文化的核心词，作为中华文化之元（本原与起源），在其后不断的演变中扩展、丰富。我们这套《中华字文化大系》，精选奠基华夏文明、代表中国文化特征的 100 个汉字（又可以称为"中华文化关键词"或"中华文化核心词"），一个字一本书，对每个字既作"原生—沿生—再生"之源流清理，又作"字根—坐标—转义"之义理阐释，从而在文化思想、社会政治、智性审美、民族心理乃至民风民俗、日常生活等多元面向，标举中华文化的"字"生性特征，建构中华文化的话语体系，彰显中华文化的巨大影响力和恒久生命力，为海内外广大读者奉献中华字文化高远的美学意境和深广的意义世界。

南朝刘勰（约 465—521）《文心雕龙·序志》曰："若乃论文叙笔，则囿别区分，原始以表末，释名以章义，选文以定篇，敷理以举统，上篇以上，纲领明矣。"①"原始以表末"四句，既是《文心雕龙》的理论纲领，又是刘勰文学理论批评的基本原则。刘勰的"文学"是广义的文学，与我们今天所说的狭义的"文化"（即小文化或称观念形态的文化）大体上是相通甚至是重合的。因此，刘勰《文心雕龙》"论文叙笔"的四项基本原则，完全适用于我们这套《中国字文化大系》对汉字的诠解与阐释。字文化大系各分册对所选汉字（以下简称"本字"）的解读，大体上在"释名章义""原始表末""选文定篇""敷理举统"等层面深入展开。

第一，释名章义。名不正则言不顺，言不顺则事不成。"字"的定义（内涵与外延）尚未厘清，文化阐释从何谈起？本大系所精选的汉字，大多是上古时代以单个方块字为词的核心观念或术语，既有形、声、义三大基本要素，又有从殷商卜辞到六国文字到篆、隶、草、行的历史演变，其语义还有词根义、引申义、转借义、修辞义以及词性活用的不

---

① 本书所引《文心雕龙》，均据范文澜注：《文心雕龙注》，人民文学出版社 1958 年版。下不另注。

同。凡此种种，各分册在诠解本字时，都是需要讲清楚的。

第二，原始表末。不述先哲之诰，无益后生之虑。本字的语义嬗变，既标识不同时代的文化观念，又贯通不同时代的文化命脉，故须从历史的层面对本字的语义嬗变作出阶段性清理和分时段呈现，尤其要注意在外来文化(如古代的佛学和近现代的西学)影响下，本字与异域文化的冲突与融合。

第三，选文定篇。单个的字，活在文本之中。这里所说的"文本"，既包括传世文书如文史哲经典等，也包括出土文物如简帛、铭器等，还包括民间的和日常生活的口传文化。各分册对本字的解读，须借助多类文本以及由文本所构成的复杂语境，依凭丰富多元、详实鲜活的语言材料，叙述并阐释本字所涵泳的智性审美、民族心理乃至民风民俗等多重旨趣。

第四，敷理举统。本大系所精选的汉字，大多具有全息特征，一字一意境，一字一世界，会意指事、形声并茂地呈现出中华文化高远的美学意境和深广的意义世界。故各分册对本字的诠释和解读，还需要从思想文化的深度，剖析本字所包蕴的哲学、伦理、宗教、政治、文学、艺术等多重语义内涵，概括并揭示本字对于中国文化乃至世界文明的独特价值和意义。

在囊括上述四项基本内容的前提之下，本大系的各个分册的入思路径、整体框架、章节设计乃至撰著风格等，既因"字"(本字)而异，又因"人"(著者)而异，但在总体上具有鲁迅《汉文学史纲要》所称颂的汉字三美："意美以感心，一也；音美以感耳，二也；形美以感目，三也。"

一、文字乃经艺之本，王政之始

许慎的《说文解字》，其《叙》称"文字者，经艺之本，王政之始"。陈梦家(1911—1966)《中国文字学》指出，汉代以前，"文字"的名称经历了三个时期：首称文字为"文"(如《左传》有"夫文止戈为武"、"故文反正为乏"和"于文皿虫为蛊"），次称文字为"名"（如《论语》"必也正名乎"皇疏引郑注"古者曰名，今世曰字"），末称"文""名"为"文字"（如秦始皇《琅琊台刻石》"同书文字"）并沿用至今。①章太炎（1868—1936）《国故论衡》曰："文学者，以有文字著于竹帛，故谓之文。论其法式，谓之文学。"②这里所说的"文学"是广义上的，与狭义的"文化"（即观念形态的文化或曰小文化）大体重合。从字面上看，章太炎似将文化与文字等同；究其奥义，则是从源头（竹帛）处找到汉语文化与汉语文字的内在关联。章太炎又称"凡文理、文字、文辞，皆称文"，可见"文字"还包括了"名""言""辞"等。在中华文化的产生、生成乃至生生不息之中，汉语的文字扮演着"名"正言顺、一"言"九鼎和"辞"动天下之重要角色。

章太炎《国故论衡》称"榷论文学，以文字为准"③，"以文字为准"是中国文化及文学研究的一大传统，这里的"准"既有标准、法式之义，亦有本根、源起之义。刘勰的"文章"颇类似于章太炎的"文学"，也是广义上的，与"文化"重合。刘勰著《文心雕龙》，专门辟有《练字》一篇，叙述"字"的历史，表彰"字"的伟绩，褐橥"字"的诸种功能。《练字》篇论"字"从仓颉造字说起："仓颉造之，鬼哭粟飞；黄帝用之，官治民察。"仓颉造字是华夏文明史上伟大的文化事件，动天地泣鬼神，孳文明乳文化。汉字的历史也就是中华文化的历史，汉字的功绩也就是中华文化的功绩，故《文心雕龙·序志》讲"文"之功德时称"君臣所以炳焕，军国所以昭明"，亦即《练字》所言"官治民察"。刘勰之前，东汉许慎曰："盖文字者，经艺之本，王政之始，前人所以垂后，后人所以识古。故曰'本立而道生'，'知天下之至赜（赜）而不可乱也'。"④许慎

---

① 陈梦家：《中国文字学》，中华书局 2006 年版，第 255 页。

② 章太炎：《国故论衡》，上海古籍出版社 2003 年版，第 49 页。

③ 章太炎：《国故论衡》，上海古籍出版社 2003 年版，第 49-50 页。

④ （汉）许慎撰，（清）段玉裁注：《说文解字注》，上海古籍出版社 1981 年版，第 763 页。

"故曰"所引两段文字，前者出自《论语·学而》，后者出自《周易·系辞上传》。由此可见，从《论语》到《易传》，从《说文解字》到《文心雕龙》，中华元典对"字"之文化本根义的体认是一以贯之的。

《文心雕龙·练字》称"字"乃"言语之体貌""文章之宅宇"，汉语的方块字是言语的生命体，是文章的宅基和家园。《尔雅》有"言者，我也"，"我"以何"言"？字。故《练字》篇说"心既托声于言，言亦寄形于字"。无言，心何以托？无字，言何以寄？《文心雕龙·章句》赞"字"，称其"振本而末从，知一而万毕"，亦即许慎所言"经艺之本，王政之始"。字乃统末之本，驭万之一。《章句》篇胪列"立言"的四大要素（字、句、章、篇），"字"居其首，"字"立其本："夫人之立言，因字而生句，积句而成章，积章而成篇。"无论是单篇的文章还是观念形态的文化，其创制孳乳，其品赏识鉴，都是从一个一个的方块"字"开始。①在源起与流变、创制与识鉴、传播与接受等多重意义上，"字"皆为文化之"始"或"本"，故在此意义上可以说"字生文化"。

许慎《说文解字》对"字"这个汉字的解释是"乳也。从子在宀下，子亦声"。段玉裁（1735—1815）注曰："人及鸟生子曰乳，兽曰产。引申之为抚字，亦引申之为文字。《叙》云：'字者，言孳乳而浸多也。'"②字者，孳乳也。"孳"是生孩子，"乳"是哺孩子。由"字"我们想到"孕"，两个汉字都是会意："孕"还只是十月怀胎，"字"则不仅是一朝分娩，更是含辛茹苦地将孩子抚养成人；"孕"还只是怀一个孩子（胎），"字"则是生产并哺育一个又一个的孩子，引而申之，则表明一个字可衍生出许多个词和短语。段玉裁为《说文解字·叙》"字者，言孳乳而浸多"作注时，还将"字"拿来与"名"和"文"相比较，先讲"名者自其有音言之，文者自其有形言之，字者自其滋生言之"，后说"独体曰文，合

---

① 民间将文人著书立说称之为"码字"，将接受者的文化解读称之为"识文断字"，亦可见对文化活动中"字"元素的高度重视。

② （汉）许慎撰，（清）段玉裁注：《说文解字注》，上海古籍出版社1981年版，第743页。

体曰字"，强调的都是"字"的"孳乳"、"浸多"、"滋生"、"合体（再造）"之功能。

当然，许慎和段玉裁说"字"，还只是在小学（文字学）的场域内讨论"字"的孳乳性或繁衍力。如果我们将"字，孳乳也"放在广阔的文化领域，来追问并验明"文字"与"文化"的血缘关系，则不难发现中华文化的字生性特征。《文心雕龙》开篇"原道"，追溯"文"即文化之本原与起源，《原道》篇在为"文"释名章义即解决了"文"的本原问题之后，继之回答"文"的起源问题："自鸟迹代绳，文字始炳，炎皞遗事，纪在三坟"，从"唐、虞文章"到"益、稷陈谟"，从夏后氏"九序惟歌"到周文王"繇辞炳曜"，从周公旦"制诗辑颂"到孔夫子"熔钧六经"，刘勰为我们描述的这一部上古文化史，分明滥觞于"文字始炳"，分明嬗变为文字的"符采复隐，精义坚深"，又分明完成于先秦圣哲的"组织辞令"、"斧藻群言"。

《原道》篇的上古文化史在论及商周文化时，称"逮及商周，文胜其质，雅颂所被，英华日新"，这是伟大的《诗经》时代，这是辉煌的风雅颂时代。商周始祖的"英华"记录在《雅》《颂》文字之中。商的始祖是契，契建国于商；周的始祖是后稷，后稷的母亲是姜嫄。再往上追问：契乃谁生？姜嫄如何生后稷？幸好，我们有《诗经》的文字：《商颂·玄鸟》说"天命玄鸟，降而生商"，《大雅·生民》说"（姜嫄）履帝武敏歆，攸介攸止。载震载夙，载生载育，时维后稷"。玄鸟生商（契），姜嫄履帝之足迹而生后稷，这是《诗经》的文字所记录的商周历史。就历史的真实而言，玄鸟不可能生商（契），姜嫄亦不可能履帝迹而生后稷；就文化（神话与传说）的真实而论，"玄鸟生商""姜嫄履帝迹生后稷"则不仅是"真"的，更是"美"和"善"的。而关于商周始祖的真善美的历史，与其说是《诗经》的文字所记录，还不如说是《诗经》的文字所创造。关于"字生文化"的例证，除了"玄鸟生商"和"履帝武敏歆"，还可以举出后羿射日、女娲补天、皇英嫔虞、伏羲画卦、仓颉造字……中华文化史上这些动天地泣鬼神的壮美故事，这些孳文明乳文化的伟大事件，无一不是我们的方块字所创造出来的，字生文化是也。

"文化"和"文字"的"文"，被许慎解释为"错画也，象交文，凡文之属皆从文"①。东汉的许慎虽读过《庄子》却未见过殷商卜辞，故不知道这个"文"就是《庄子·逍遥游》的"越人断发文身"之"文"。甲骨文中的"文"，从武丁时期到帝辛时期，均有"文身"之义："象正立之人形，胸部有刻画之纹饰，故以文身之纹为文。"②纹身所具有的符号性、象征性、修饰性、结构性和文本化，使得"文"这个独体象形的汉字成为人类最早的文化产品之一，亦成为汉语言"字生文化"的最早例证之一。如果说，人在自己身体上的交文错画是人类最早的文化行为，那么"以文身之纹为文"则是人类最早的文化识鉴和文化交往，是人对"字生文化"的感性鉴赏和理性批评。交文错画着形形色色之"文"的龟甲兽骨，虽然被掩埋在殷商帝辛的废墟之中，但"字生文化"作为华夏文明的重要特征却生生不息，历经数千载而不朽。我们今天从文明、文化、文字、文辞、文献、文学、文章、文艺、文采、文雅等众多中国文化的诸多关键词之中，从诗、词、歌、赋、曲、文、说、剧、碑、诔、铭、檄、章、奏、书、记等各体文学及文化产品之中，不难窥见掩埋在殷墟小屯的"字生文化"之元素及景观。

二、心生而言立，言立而文明

"文字"与"文化"都有一个"文"，"文"既是独体象形的上古汉字的典型代表，也是字生文化的典型例证。《文心雕龙》以"文"肇端（《原道》篇首句"文之为德也大矣"），以"文"终章（《序志》篇末句"文果载心，余心有寄"），可谓始于"文"而终于"文"。《原道》篇追原"文"之"元"（原本与源起），在很诗意也很哲理地阐释了"天之文"和"地之文"之后，水到渠成地引出"人之文"的定义："心生而言立，言立而文明，

---

① （汉）许慎撰，（清）段玉裁注：《说文解字注》，上海古籍出版社 1981 年版，第 425 页。

② 徐中舒主编：《甲骨文字典》，四川辞书出版社 2006 年版，第 996 页。

自然之道也。""人"（天地之心）诞生了，"字"（语言文字）才会被发明被创立；语言文字创立之后，"文"才会彰显、章明、刚健、灿烂。作为天地之心的"人"，以自己所独创的"字"（"名""言""辞"等），去彰明"自然之道"，这一彰显的过程、结果及其规律就是"文"（文章、文学和文化）。如果说，《原道》篇"鸟迹代绳，文字始炳"，《章句》篇"人之立言，因字生句""振本末从，知一万毕"讲的都是文字对于文化之产生即历史起源的决定性价值，那么这里的"心生言立，言立文明"讲的则是文字对文化之生成即逻辑本原的规定性意义。

鲁迅《汉文学史纲要》亦借刘勰"心生言立，言立文明"论汉语"文章"即狭义文化的本原、起源及流传，其首篇《自文字至文章》讲文字乃文章之始："专凭言语，大惧遗忘，故古者尝结绳而治，而后之人易之以书契"，"文字既作，固无愆误之虞矣"①，连属文字而成文章，即刘熙《释名》所云"会集众字以成辞义"，字生文化是也。汉娜·阿伦特《人的境况》讲人生在世须做三件事：活着，工作着，说（书写）着。② 人的工作，制作出各种文化产品，创造出灿烂的文明。而只有当人类用文字"立言"之时，才真正创造出"人之文"。或者说，人类只有凭借"立言"这种文化行为，才能创造出"言立"的文化。《左传》讲三不朽——立德、立功、立言。就"德"和"功"的历史传承而言，前人如何垂后？后人如何识古？立言。何以立言？言寄形于字，因字而生句。故刘勰的"心生言立，言立文明"是对中华文化"字"生性特征的高度概括。

汉语"文学"一词有文献可征者，始见于《论语·先进篇》："文学：子游，子夏。"孔子（前551—前479）的这两位高足，既不创制诗歌更不杜撰小说，何来"文学"之名？杨伯峻（1909—1992）《论语译注》将此处的"文学"释为"古代文献，即孔子所传的《诗》《书》《易》等"③。这里的

① 《鲁迅全集》第九卷，人民文学出版社1982年版，第343-345页。
② ［美］汉娜·阿伦特著，王寅丽译：《人的境况》，上海人民出版社2009年版，第14-17页。
③ 杨伯峻译注：《论语译注》，中华书局1980年版，第110页。

"文学"实际上是我们今天所说的"文献学"，是观念形态之"文化"的重要组成部分。中国古代，小学（文字学）是经学的根基（故十三经有《尔雅》），经学家首先是小学家（字乃经艺之本）。《世说新语》据《论语》孔门四科而列"文学"门，叙述的是马融（79—166）、郑玄（127—200）、何晏（？—249）、王弼（226—249）、向秀（约227—272）、郭象（252—312）这些学者注经的故事。精通小学和经学的文化大师们，统统被划归于孔儒的"文学"之门。

夜梦仲尼、以孔子为精神导师的刘勰本来是要去传注儒家经典的，但他觉得自己在经学领域很难超过马融、郑玄，就转而去撰写《文心雕龙》，其《序志》篇坦陈："敷赞圣旨，莫若注经；而马郑诸儒，弘之已精，就有深解，未足立家。唯文章之用，实经典枝条，五礼资之以成，六典因之致用，君臣所以炳焕，军国所以昭明，详其本源，莫非经典。"可见以"敷赞圣旨"即弘扬孔儒文化为人生理想的青年刘勰，实际上是从经学（包括小学）切入"文"的研究，或者说是从经学（包括小学）与文章之关系入手建构其"文"本体。以五经为标准来考察他那个时代的"文"，刘勰很容易发现"（时文）去圣久远，文体解散，辞人爱奇，言贵浮诡，饰羽尚画，文绣鞶帨，离本弥甚，将遂讹滥"。坚守儒家文化的经学立场和小学本位，青年刘勰敏锐地看出他那个时代的"文"（时文）在"言"与"辞"（即语言文字）方面出了大问题，而问题之要害则是严重背离了儒家五经"辞尚体要"的传统："盖周书论辞，贵乎体要；尼父陈训，恶乎异端：辞训之异，宜体于要。于是搦笔和墨，乃始论文。"批判时文的"言贵浮诡"，回归元典的"辞尚体要"，竟然成了刘勰撰写《文心雕龙》的文化心理动因。

如果说《序志》篇是在"文心（为文用心）"的深潜层次讲"辞尚体要"，那么《征圣》篇和《宗经》篇则是在"雕龙（创作技法）"的精微领域讨论如何以圣人和经典为师来"辞尚体要"。二者虽有巨细之别，但其经学立场和小学本位（即"字本位"）则是一致的。《征圣》篇连续三次讲到"辞尚体要"，要求文学家学习春秋经的"一字以褒贬"和礼经的"举轻以包重"，其文字方可"简言以达旨"；学习易经的"精义以曲隐"和左传的"微辞以婉晦"，其文字方可"隐义以藏用"；学习诗经的"联章以积句"和礼经的"缛说以繁辞"，其文字方可"博文以该情"。《宗经》篇则针对"励德树声，莫不师圣，而建言修辞，鲜克宗经"之时弊，大讲特讲儒家五经在"言""辞"即文字上的优长：易经的"旨远辞文，言中事隐"，诗经的"藻辞谲喻，温柔在诵"，书经的"通乎尔雅，文意晓然"，礼经的"采掇片言，莫非宝也"，春秋经的"一字见义，五石六鹢，以详略成文"。"五经之含文也"，宗经征圣落到实处，是要学习五经的文字功夫即雕龙技法，这也是刘勰撰著《文心雕龙》的用心之所在，苦心之所在。

　　青年刘勰"征圣立言"的经学立场不仅铸就其文学本体观的"字本位"，同时也酿成其文学史观的"字本位"，即从"字"的特定层面来考察文学的历史嬗变。《章句》篇讲诗歌的演变，称"笔句无常，而字有条（常）数"，诗歌句子的变化似无常规，而（每一句）字数的多少则是有规律可循的："四字密而不促，六字格而非缓，或变之以三五，盖应机之权节也。"在刘勰的眼中，中国古代诗歌的发展演变史，落到实处，就是"字"数之多少的应变史："二言肇于黄世，竹弹之谣是也；三言兴于虞时，元首之诗是也；四言广于夏年，洛汭之歌是也；五言见于周代，行露之章是也。六言七言，杂出诗骚；两体之篇，成于西汉。情数运周，随时代用矣。"《明诗》篇对诗歌史的描述，也是以"字有常数"为演变规律的："四言正体，则雅润为本；五言流调，则清丽居宗。……至于三六杂言，则出自篇什；离合之发，则明于图谶；回文所兴，则道原为始；联句共韵，则柏梁余制。巨细或殊，情理同致，总归诗囿，故不繁云。"总之，一时代有一时代之诗歌，彼一时代与此一时代的诗歌之异，或短或长，或密或疏，或促或缓，或多或寡，完全取决于字数的或增或减。王国维《人间词话》说"著一字而境界全出"，对于诗歌创作而言，增（或减）一字则格调迥别、境界迥异，"字"之多寡，岂能以轻心掉之？

三、鼓天下之动者存乎辞

《周易·系辞上》讲到《周易》的四大功用，首条便是"以言者尚其辞"①。《周易》的文化符号包括了两大系统：卦爻象系统与卦爻辞系统，借用王弼《周易略例》的话说，前者是"象者，出意者也"，"尽意莫若象"；后者是"言者，明象者也"，"尽象莫若言"②。但是，"象"之出意尽意，完全有赖于"言"之明象尽象，若无卦爻辞的文字阐释，《周易》那么多的卦爻象究为何意是谁也弄不清楚的。因此，《系辞下》要说"是故《易》者，象也；象也者，像也"，《周易》就是象征，象征就是通过模拟外物以喻晓内意，而拟物喻意离开了"辞"是根本无法进行也无法完成的。作为修辞手法，象征有两个端点：一头是物一头是意，物何以达意指意或明意？必须有"辞"，故《周易》的经与传要用"辞"来拟物（人物、事物、景物等）出意（意义、价值、情志等）。《周易》作为中国的文化经典，其生生不息的奥秘在于斯，其动天地泣鬼神的感染力亦在于斯，故刘勰要借用《周易》的话来浩叹："鼓天下之动者存乎辞！"

在因"五经皆文"而征圣宗经的刘勰心目中，《周易》无疑是最好的"文"（即文化经典）之一，故《文心雕龙·原道》讲述上古文明史以《周易》的原创与阐释为主线，所谓"庖牺画其始，仲尼翼其终"。《周易》的创卦者，观物而画卦，"系辞焉以尽其言，变而通之以尽利，鼓之舞之以尽神"；《周易》的观卦者，尚辞而解卦，"观其象而玩其辞"，观察卦爻的象征意味而探究玩味其文辞，或者反过来说，通过品味卦爻辞而领悟其象征及修辞。"辞"对于《周易》的意义是无论怎么强调也不为过分的：无"辞"何以识训诂？无"辞"何以明象征？无"辞"何以成易道？无"辞"何以定乾坤？

---

①　本书所引《周易·系辞传》，均据（清）阮元：《十三经注疏》，中华书局1980年版，第75-92页，下不另注。

②　（魏）王弼注，楼宇烈校释：《王弼集校释》下册，中华书局1980年版，第609页。

　　《周易》是象思维和象言说，而《周易》的象思维和象言说，是靠"辞"（小学之训诂加上文学之修辞）来完成的。受《周易》的影响，中国古代文化历来有"尚辞"之传统，笼统而言是讲究语言文字的艺术，具体而论是注重象征、隐喻、比兴、夸饰等修辞手法。《文心雕龙》创作论二十多篇，有超过一半的篇幅是专门谈"字"说"辞"的：属于谈"字"（即讨论语言文字）的篇目有《声律》《章句》《俪辞》《练字》等，属于说"辞"（即讨论文章修辞）的有《比兴》《夸饰》《事类》《隐秀》等，属于通论二者的有《通变》《定势》《指瑕》《附会》《镕裁》《总术》。广而论之，中国古代文论的批评文本，数量最巨的是历朝历代的诗话、诗式、诗格、诗法等。明清以降，继海量的"规范诗学"或"修辞诗学"，又出现热衷于作法和读法的小说戏曲评点。金圣叹《第五才子书》讲《水浒传》的创作是"因文生事"，"只是顺着笔性去，削高补低都由我"①，故"因文生事"是在叙事层面对"字生文化"的经典表述。

　　汉语的方块字孳生了文化，也哺乳了文化，字是文化之母。就"文字"创制与"文化"创造之关系而言，汉字的六书作为"字"的构造规律，深情地也深度地哺乳了中华文化，并成为观念形态之文化的创造规律。刘歆、班固将"象形"置于六书之首，并将六书前四项表述为"象形""象事""象意""象声"②，无意中触到字乳文化之要害。鲁迅《汉文学史纲要》亦论及"六书"尤其是"象形"与文化的关系："文字初作，首必象形，触目会心，不待授受，渐而演进，则会意指事之类兴焉。"③

　　我们以文字与文学的关系而论。汉字六书对汉语文学的孳乳，若概而言之，则是鲁迅所言"意美以感心，一也；音美以感耳，二也；形美

---

　　① 陈曦钟、侯忠义、鲁玉川辑校：《水浒传会评本》上册，北京大学出版社1981年版，第16页。

　　② （汉）班固撰，（唐）颜师古注：《汉书》第6册，中华书局1982年版，第1720页。

　　③ 《鲁迅全集》第九卷，人民文学出版社1982年版，第344页。

以感目，三也"①。若分而言之，其"象形"之"画成其物，随物诘诎"既是汉字区别于拉丁文的标志性特征，也是文学的标志性特征，方块字的象形孳乳了文学的形象性和意境化，此其一。如果说"指事"的"视而可识，察而见意"，养育了文学之"赋"的直书其事，体物写志；那么，"比类合谊，以见指㧑"之"会意"，与"本无其字，依声托事"之"假借"，则分别孳乳了文学的"比显"与"兴隐"，此其二。此外，"转注"的"同意相受"启迪了文学的互文性，而"形声"的"取譬相成"成就了文学的谐音之趣与声韵之美，此其三。至于具体的创作过程之中，文学家如何推敲，如何练字，如何捶字坚而难移，如何语不惊人死不休，亦可见出"字"对于文学的特殊意义。

被称为现代语言学之父和结构主义之鼻祖的费尔迪南·德·索绪尔（1857—1913），视"文字"为"语言"的表现或工具；与此同时，索绪尔又不得不承认："书写的词跟它所表现的口说的词紧密地混在一起，篡夺了主要的作用；人们终于把声音符号的代表看得和这符号本身一样重要或比它更加重要。"②把书写的词即文字看得比口说的词即言语更加重要，这在表音体系（如拉丁语）中或许不太正常，但在表意体系（如汉语）中却是非常正常也是非常真实的。

或许是看到了表意体系的这种独特性，宣称"我们的研究将只限于表音体系"③的索绪尔，却在《普通语言学教程》中用了整整一节的篇幅，专门讨论表意体系中"文字的威望"及其形成原因："首先，词的书写形象使人突出地感到它是永恒的和稳固的，比语音更适宜于经久地构成语言的统一性"；其次，"在大多数人的脑子里，视觉印象比音响印象更为明晰和持久"；再次，"文学语言更增强了文字不应该有的重要

① 《鲁迅全集》第九卷，人民文学出版社1982年版，第344页。
② ［瑞士］费尔迪南·德·索绪尔著，高名凯译：《普通语言学教程》，商务印书馆1980年版，第48页。
③ ［瑞士］费尔迪南·德·索绪尔著，高名凯译：《普通语言学教程》，商务印书馆1980年版，第51页。

性。它有自己的辞典，自己的语法"，并最终形成自己的"正字法"，
"因此，文字成了头等重要的"；"最后，当语言和正字法发生龃龉的时
候，除语言学家以外，任何人都很难解决争端。但是因为语言学家对这
一点没有发言权，结果差不多总是书写形式占了上风，因为由它提出的
任何办法都比较容易解决"。①我们看索绪尔从逻格斯中心主义立场出发
的对"文字威望"的批评，在某种意义上恰好是对汉字这种典型的表意
体系的表扬。书写形象的永恒和稳固，视觉形象的明晰和持久，文字威
望对语言统一性的塑造和维护，尤其是文学语言如何以"头等重要"的
身份来解决文字与语言的矛盾等，表意体系的这些特征及优长，构成了
"字生文化"的文字学根基。

　　解构主义大师、后现代理论家雅克·德里达（1930—2004），其《论
文文字学》解构索绪尔语言学的二分结构，认为"文字并非言语的'图画'
或'记号'，它既外在于言语又内在于言语，而这种言语本质上已经成
了文字"②，故"文字学涵盖广阔的领域"，甚至可以用文字学替代语言
学，从而"给文字理论提供机会以对付逻格斯中心主义的压抑和对语言
学的依附关系"③。逻格斯中心主义又称语音中心主义，声音使意义出
场，不同于汉字的书写使意义出场。德里达《论文字学》在批评索绪尔
对文字与言语作内外之分时指出："外在/内在，印象/现实，再现/在
场，这都是人们在勾画一门科学的范围时依靠的陈旧框架。"④我们今天
研究中华字文化，应该打破陈旧的框架，以一种跨学科的宏阔视野来说
"文"解"字"。

---

　　①　[瑞士]费尔迪南·德·索绪尔著，高名凯译：《普通语言学教程》，商务
印书馆1980年版，第50页。
　　②　[法]雅克·德里达著，汪堂家译：《论文字学》，上海译文出版社1999年
版，第63页。
　　③　[法]雅克·德里达著，汪堂家译：《论文字学》，上海译文出版社1999年
版，第50页。
　　④　[法]雅克·德里达著，汪堂家译：《论文字学》，上海译文出版社1999年
版，第45页。

　　文字乃经艺之本，就人类轴心期文明的典型代表华夏文明而言，以"经艺"为代表的汉语元典，用一个一个的方块字（中华文化关键词或中华文化核心词），建构起轴心期华夏文明的意义世界。中华文化是字孳字乳的文化，华夏文明是字孳字乳的文明。观念意义上的中华文化，其源起是"鸟迹代绳，文字始炳"，其元典是或"一字以褒贬"或"联章以积句"的经艺，其楷模是情见文字、采溢格言、辞尚体要、辞动天下的圣贤文章，其种类是肇于经艺、著于竹帛的所有文体。字生文化，上古汉语的方块字从起源与本原处孳乳了中华文化，孳乳了华夏文明。追问并验明文字与文化的血缘关系，揭示中华文化的"字"生性特征，可为"文化"的释名章义，为文化研究的选文定篇，为文化理论的敷理举统，乃至为文化史的原始表末，提供新的路径并开辟新的场域。

目　　录

序言·雅的故事

我华夏先民，足迹遍布全球，用数千年甚至数万年的时光，讲述了一个宏大的故事：雅。

雅，是一只乌鸦。乌鸦与我华夏先民有什么关系呢？这个故事还得从头说起。

一、华夏文字

生命，无论是微生物，还是植物、动物，都有向外扩张的本能。如果把故事讲得文雅一点，那就是：生物都有迁徙的本能。人类尤其如此。

从几十万年前，甚至数百万年前起，人类一批又一批，前赴后继，据说从远古祖先诞生的非洲大陆向外迁徙。也许，一开始就都是朝向东方，也许，向其他方向的人群已经退出生命的舞台，总之，我们惊奇地发现，人类的迁徙，只有一个大致的方向，那就是：向着太阳升起的东方。

太阳，烤焦了大地，晒黑了皮肤；而且，没有人能直视太阳，更没有人能到达太阳。但是，我们仍然崇拜太阳，喜爱阳光。

太阳，空间上说，是我们头顶的星空中，所能直接见到的最大天体；时间上说，太阳日复一日地、永恒地从东方升起。时空，建构了对象世界的坐标；太阳，就是这个坐标系中的第一元素。

阳光、土地、空气和水，是生命之源；太阳，最伟大，最恒远，赋予我们生命；人类自觉意识苏醒之后，开始区分自我与对象世界；太阳，就是人类第一个面对的对象，一个异己的可怕力量。人类必须与太阳沟通，但是，太阳高高在上，我心中的永恒之神，怎么才能向你诉说我的感激、崇拜、顺从和敬畏呢？

一年又一年，一代又一代，终于有一天，我华夏先民，经过数千年甚至数万年有意无意地直观、体验、感受，终于在这一天，先民们悟了：太阳早已听到了我的诉求，早已看到了我的膜拜，因此，阳光日复一日地、永恒地照耀着大地和生灵；大地上的生灵，最美丽的是花，最实用的是花之果。太阳不会亲临大地，但阳光来了，并且永远还会再来；花，就是太阳在大地上的感性显现；花与果，就是太阳精华的凝聚，就是太阳对我的崇拜与敬畏最好的回应。

我画下这最美丽的花朵：✿（拾3·6）、✿（续6732）、✿（陈17），如果写下来，可以加个艸字头，成为"華"，如果画得辛苦，可以写成"花""华"。"華"，画出了发达的根、苗壮的干、繁盛的枝、肥硕下垂的叶、蓬勃向上即将开放的花苞。"華"，叙述了太阳照耀大地、大地开出美丽花朵、结出丰硕果实的故事。写成"花""华"，便于传播交流。

華就是我，我也是華，我也是太阳在这大地上所凝聚的生灵。以后，请你们称我为"華"。

但我是最特别的那一朵。我是崇拜太阳的人，是太阳神的子孙，是对象世界中最特殊的"主体"。我要画出这最为特别的一朵花：🜚（邳伯罍）🜚（伯夏父鼎）（夏）。夏，《说文》卷五下："🜚，中国之人也，从夊，从页，从臼。臼，两手；夊，两足也。"甲骨文有🜚（戬5.13）、🜚（林2.26.7），金文有🜚（鄂君启舟节），六国古文有🜚（战国齐邳伯罍），可见甲骨文、金文、六国古文多从日、从页、从手、从足，秦系文字一般省日，汉隶从秦篆，演变为今天"省日"的字形。夏，叙述一个在场的故事：我，站立大地，面向东方，对着冉冉东升的太阳，垂首作揖，那突出的大头、交叉的双臂、坚定的脚趾，就是我虔诚的确证。所以，我是華，也是夏。音还是那个音，称呼还是那个称呼，但是，为了突出我的崇拜之情，强调我与太阳的特殊关系，我需要画一个夏，讲一个夏的故事。而且，重要的故事需要重复：华、夏，华—夏，华夏。

华夏，就是我正式的名称。

对于这一些特殊的人及其对象的图画，例如"华、夏"，我们称之为"文"。𡆀(甲 3940)𡆀(文 父丁簋)，本来画的也是一个人，但这是个既形象又抽象的人，有文艺范儿，皮肤有纹身，肢体有动感，造型有张力，是华夏先民的代表性图画，所以，文、华、夏这些特殊的图画，都可以叫做"文"。正式一点，应该叫"华文"。文与文可以组合成新的文，文可以生文，这样不断滋生发展，就像人类生孩子一样，所以，我们把后起的文叫做"字"，合称"文字"，其正式名称，应该叫做"华夏文字"。

很久很久以后，子孙后代把华夏文字称为"汉字"。虽然名不符实，但这就是个称呼，叫华文，叫华夏文字，叫汉字，都行。华夏文字，或者，汉字，主要叙述我华夏先民，向着太阳升起的东方，历经艰险，一路前行的伟大故事。

但那只乌鸦呢？

让我们回到乌鸦的故事。

不，还有点早，我们还得先讲一下"中"的故事。这个"中"的故事将要讲述，为什么华夏就是"中国之人"；为什么中国之人，就是"华夏"。在此基础上，就可以水到渠成地讲述那只乌鸦与我华夏中国的关系了。

二、宅兹中国

我们这样一群人或几群人，分分合合，繁衍生息，向着太阳升起的地方前行，一年又一年，一代又一代，遇到高山雪原，我们曲折前行；遇到汪洋大海，我们迂回前行。

我们是有信仰、有组织、有故事、爱学习的一群人或几群人。太阳，是我们的信仰，是力量的源泉，是前行的动力；组织起来，可以集中力量办大事，例如办理修路、征伐、祭祀、垦荒、畜牧、理水等群内外大事；我们通过结绳、神话、传说、图画、文字等，通过器物工具等，讲述这些大事所建构的历史，传承祖先的智慧和经验；我们继承、发扬祖先的这些智慧和经验，我们还努力学习一路上所遇其他人群的智慧和经验。仰望星辰，我们测量天体的运行规律，编制了"夏历"，于是时间开始了；面朝大海，我们有了一大批美丽、结实、整齐、可计数、方便携带的贝壳，作为在群内外交换各种物品的"一般等价物"，于是有了商品和货币，有了平准均输，从此，用于讲述财宝与货贸故事的文字，就有了一个"贝"字旁，而我们这群长于"商量""商算""商业"的人群，就成了"商人"。

我们走过了高山河流，经过了星辰大海，掌握了天文历法，有了商品贸易，更重要的是，我们掌握了农业种植的技能，终于能够从游猎迁徙到农耕定居，可以休养生息了。我们需要一块土地。这块土地，要足够大、有水源、有山地、有平原，更重要的是，这块地，不能像南方大海边那样炎热多雨，也不能像大荒之北或昆仑山巅那样寒冷干旱。定居和农耕，需要风调雨顺，需要寒热有度，需要适当的光照。一代又一代，一年又一年，我们带着许多工具，其中最重要的就是测日制历的仪器——"中"。

 (乙 7741)、 (甲 1581 中丁)、 (京都 723)、 (何尊)中，其核心部件有两个，一是一根长长的杆，据说是八尺长，另一个是与长杆垂直的刻有长度和角度的圆盘，当然，它可能是一个椭圆形或矩形（ 京都 723）。"中"有一个附属部件，像是飘动的旗帜，叫做"斿"。斿用于测量风的大小和方向。"中"的另一个附属部件，是左上角的圆圈，表示东方的太阳。这两个附属部件，后来渐渐地省略了，变成了只有杆与盘的"中"。

作为核心部件的"中"，其主要作用，是用以测量日影。这是因为，农耕决定于农时，农时决定于雨水、温度和日照，而雨水、温度和日照，虽然也决定于大气环流、季风、海洋等因素，但对于同一个地点，大气环流、季风、海洋可以视为不变量，其一年间的变量，则主要决定于一年之中太阳的运行。测量日影，是编制历法、算准节气、排列农时的决定性步骤。

一天之中，相对于面向南方的主体，太阳从长杆的左边升起（♀甲1581 中丁），竿影投射在圆盘上，有不同的长度，转过不同的角度，测得日影最短时，则可求出"中午"，以特定的中午为基准，可求出垂直于中午日影线的东西延长线；一年之中，某一天的中午，太阳最高，测得的日影最短，这一天即为"夏至"；某一天的中午，太阳最低，测得的日影最长，这一天即为"冬至"。夏至日、冬至日的日影长度，如果符合某一长度值（例如，最短的夏至日是一尺五寸），并且在东西方向上位于大海和高山的中间，那这个地方，就是一个"风调雨顺，寒热有度"的"地中"；获得"地中"的过程，叫做"求中"，如果"求中"成功，就叫做"得中"。如果求得的地中是一大块平原，这块地就叫做"中原"。陶寺、二里头、周原、洛邑，都曾是我华夏先民"求中"成功而所得之"中原"。

但这里有一个最重大的问题，几千年来一直让人不明白，这就是：为什么一年之中日影接近了这个特定范围的长度值（例如八尺的杆有一尺五寸的日影），那这个地方就可以叫做"地中"呢？换言之，判断"中"的客观依据何在？

我们知道，太阳的高低，决定了日影的长短，而太阳的高低，则主要由"中"这一仪器所处的纬度所决定。纬度，是某地是否冷热有度的决定性因素之一。"求中"，就是寻找纬度适中的一大块平原来定居。

我们走过苍茫遥远的大地，走过浩瀚无垠的沙漠，越过雪山草原，穿过雨林和海洋，但我们最终寻找到了南北居中、东西辽阔的"中原"。判断"中"的终极依据，是无数次科学测量所得到的经验数据，这一数据，也许是来自祖先的传授，也许是来自与其他群落的信息交流，总之，特定的日影长度值，以及包括测量仪器及几何知识的那一整套软件与硬件相配套的度量系统，是"求中"与"得中"的关键所在，这一特定的日影长度值及其求值系统，一定是包括华夏先民在内的所有农耕群体的最高机密。这一机密，无疑会密藏在最高统治者的心中。谁能掌握"中"这一测日仪器的制造、使用方法，谁能用这一仪器求得使群内外众人信服的大地"中点"，谁就有称"王"的资格。《伪古文尚书·大禹谟》所云"人心惟危，道心惟微，惟精惟一，允执厥中"十六字心法，虽然是后人的总结，但正是这一机密经过数千年流传后的"哲学化表述"。《论语·尧曰》云"天之历数在尔躬，允执其中"，"历数"与"执中"，正是我华夏文化的核心。特别是在老易孔孟之前的"前轴心时代"，尽管"王"的初文是"🪓（乙 3380）"，本义是"象征威权的斧钺"，但是，武力的刀斧不可能使族群内的民众心悦诚服，即便是以中庸之道、礼乐之德收服人心、治理天下，那也是很久很久之后才有的观念。前轴心时代的华夏先民，之所以能团结一心，在于"得中"可使农业丰收，寒暑保命；在于"建中"可建立族群信仰，号召众人；在于"宅兹中国"可使族群安居乐业，繁衍生息。正如马克思主义所阐明的第一性原理：决定社会发展的主要因素，是物质和人本身的生产与再生产。"中"这一套软硬件相配合的仪器，正是那一时代科学技术的最高成就。此外，"中"还具备类似后世"兵符"的功能——擎着八尺长的"中"，"中"上方的战旗飘扬，正可号令军队，指挥作战。

数千年来，我们一直不知道古老而科学的测日求中之法是如何演变成《伪古文尚书》的机密哲学心法。《清华简·保训》的出土，透露了这一最高机密演变的些许信息。

《保训》记载周文王对于儿子姬发的训示。文王用两个有关"中"的历史故事，给自己的儿子传授"保训"（宝贵的经验教训）：

一是舜"求中""得中"的故事。大意是说：很久以前，舜做过很长时间的小民，自己在鬲茅这个地方耕种。舜小心恭谨地"求中"，以实现自己的志向，满足平民百姓多种多样的欲望诉求。求中，就是上下远近，不断地变动测地中的位置，测量日影阴阳，这样才能做到全都顺利而不违背上天的运行规则。舜求得了地中，却更加小心谨慎，努力不懈。尧帝对此大加赞赏，于是便将王位传给了舜。

二是上甲微"假中""归中"的故事。其大意是说：商人的先祖王亥赶着牛群到有易部落做买卖，可能是与有易的女人好上了，有易杀了王亥，夺了牛群。王亥的儿子上甲微长大后，便向河伯借得了"中"，打败了有易。上甲微征服有易后，便将"中"归还给河伯。上甲微学会了"中"的制造和使用方法，传给后代子孙，到了成汤这一代，终于打败夏桀，建立了商王朝。

舜之所以能继承尧的帝位，上甲微之所以能打败有易，全靠这一神奇的"中"。文王将这两个有关"中"的故事，传给儿子，作为"保训"，作为宝贵的经验教训，同时也是治理国家的最高准则。

"中"字家族中有许多汉字，分别叙述以"中"为核心的国之大事。例如"事"：从又（右手）、从中，叙述一个人正在持"中"，聚集传召人众，从事有关观天、测时、占卜、祭祀、歌舞、典礼、战争、记史、出使等关系部族存亡的重大活动。《周礼・地官・大司徒》记载："以土圭之法测土深，正日景，以求地中。日南则景短多暑，日北则景长多寒，日东则景夕多风，日西则景朝多阴。日至之景尺有五寸，谓之地中。天地之所合也，四时之所交也，风雨之所会也，阴阳之所和也，然则百物阜安，乃建王国焉，制其畿方千里而封树之。"郑玄注引郑司农云："土圭之长尺有五寸，以夏至之日立八尺之表，其景适与土圭等，谓之地中。"

持中、执中，求中、得中，是一系列重大的政治美学行动。其中最重要的是，一群人"得中"之后，经过多方考量，经过一系列的占卜祈祷程序，最终决定以此"地中"为核心原点，"制其畿方千里"，一圈圈地设置物理和心理的"疆界"，并在此定居。

《诗经・大雅・緜》讲述了周人先祖寻得"周原"的伟大史诗："古公亶父，来朝走马。率西水浒，至于岐下。爰及姜女，聿来胥宇。周原膴膴，堇荼如饴。爰始爰谋，爰契我龟。曰止曰时，筑室于兹。……捄之陾陾，度之薨薨。筑之登登，削屡冯冯。”古公亶父走马水浒，来到岐山之下，找到“周原”这块风水宝地，首先是找了个美女，然后最重要的工作，就是赶紧做规划、占龟甲、选地址、择吉日，开工盖房子。这篇史诗中没有明确说到“求中得中”的情节，但根据寻地定居的一般流程，“求中”应该是“爰始爰谋”的必要程序。诗中的“捄之陾陾，度之薨薨”，可能说的就是“求中”。“陾陾”，历来都注解为“众多”。“捄，虆也。”虆，藤蔓，指藤蔓所编的土筐。但“捄”与下文的“度、筑、削”相对应，明显也是作为动词用的，因此，更常见的注解是“捄，盛土于器”。“捄之陾陾”，是说多多地盛土于器，夯土筑城。但这样的解释很勉强，“捄”与盛土怎么解释也很难扯到一起，而“陾”从构形上看，是说此地广大，与“众多”也搭不上边。“度之薨薨”，一般的解释是：“度，投土于版也；薨薨，众声也。”“度”的本义是“测量”，与“投”也有很大距离。“捄之陾陾，度之薨薨”，与其解释为“筑城”，倒不如解释成“求中而得大块平原，规划测量热热闹闹”，似乎更通畅一些。

较早明确记载“得中筑室”的，是何尊。何尊，1963 年出土，是西周早期一位叫做“何”的宗室贵族，为歌颂周成王营造成周的伟大功绩而制作的青铜尊。何尊内胆铭文中有（宅兹中国）的记述。这是存世及出土文物中最早述及“中国”一词的文献。

宅兹中国，是我华夏先民的大事。宅，筑室，盖房子，无论古今中外都是件大事。自人类走出炎热的非洲以来，住宿，就一直是困扰人类的一大问题。《说文》卷七：“宅，所托也。从宀，乇声。”宅的上半部分是个房子，房子内的东西是个什么，历来说法不一，一说是刀磔物之形，但似乎证据不足。乇，可能就是托的本字，疑似一弯曲的人体而有所依托，言有了自家房子，就可随意凭靠休息乃至屈身“躺平”。但房子需要大投入，解决房子问题，不那么容易。唐代的白居易，刚到京城，就被告知“长安居，大不易”；革命导师恩格斯著有《论住宅问题》，批判那些试图在不涉及所有制前提下就能解决住宅问题的不切实际的幻想。到了 21 世纪的今天，住宅，仍然是无数"宅男宅女"日常生活中的首要问题。对于包括周人在内的华夏先民，"筑室"是仅次于寻偶的大事；今天，买房则成了结婚最主要的先决条件。

兹，来自，甲骨文中有（粹 816），金文中有（父癸爵）、（吴方彝）等多种形状，诸家多隶为"幺"或"玄"。马叙伦《说文解字六书疏证》认为："其实，幺、玄、糸、系、丝皆是一字。音转而形亦变，今遂各为义训。"、、等所象，正是对于"蚕回环往复作 8 字形吐丝"这一行为的描述。驯养这条吃了桑叶，可以吐丝织绸的神奇虫子，是我华夏先民对于世界文化的又一伟大贡献。数千年前的一个古老国度，就叫做"蜀"，其开国的王，就叫做"蚕丛"。蜀，是一条突出了大眼睛的虫子，但是，蚕并没有大眼睛，蜀字上的"罒"，可能是雄蚕蛾头上的那两条又大又黑的羽状触须，正是这对触须，后来演变成了"蜀"字的大眼睛和蚕丛王青铜头像上的那两根长长的柱状纵目。在"蜀—蚕—桑—丝—日—乌"这一关联谱系中，桑是一个必要的元素；在以太阳为中心的华夏文化中，桑占有重要地位。桑林，是华夏先民寻偶生息的场所；桑树，或许正是太阳鸟所栖扶桑若木神树的原型。

与彻底实体化的"桑"不同，作为"丝"的前身后世，"幺、玄、兹"逐步虚化或形而上化，成为一个脱离"物自体"的虚词，成为一个哲学美学概念。作为蚕丝的"兹"，在甲骨文和金文时代，已经被借用为指示代词，从实词到虚词的借用和转变，其中一定有它的道理。甲金文常用"隹"作发语词，用"兹"作指示代词，除了语音上的相同或相似，"隹"与"兹"的实义，或许也存在一定的关系。尽管索绪尔认为，语言符号的能指与所指之间，可以没有什么逻辑关联，但是，汉字作为符号，有它的特殊性。即便对于虚词而言，汉字能指层面的语音及构形，与其所指层面的概念或指代对象之间，至少在某些汉字的初文和本义的阶段，应该有一定的逻辑关联。例如，华夏先民在借用"兹"作为指示代词的过程中，是否有对于蚕丝重要性和普遍性的考量？

"国"这个汉字，隐含着一部国家观念的发展史。"国"字，常见于甲骨文中，作◻(铁 117.3)、◻(前 26.5)，从戈从口，是个会意字，像用戈守卫某个对象(人口、城垣或区域)。有了人口，有了地域或城邑，这就是国家的雏形。到了金文中，在◻的基础上加了一横，如◻(毛公鼎)、◻(何尊)。这一横，代表着大地。金文"国"字的另一种写法，是在"或"字外，又加一个"口"或"匸"，如◻(◻簋)、◻(王孙钟)，成为"國"字。"口"或"匸"，也是表示城垣。古文字中，常有同一部件重复使用的情况，所以这个"國"字有两道城墙。城市发展到了一定阶段，可能会有内城加外郭的形制，因此要再加一个"口"。大约到了六朝时期，"國"字可俗写为"囯"(如敦煌伯 3375 号)或"国"(如敦煌伯 2838)；太平天国采用了"囯"字，日文汉字和简化字都采用"国"字。"或"和"國"，从口，从一，从戈，表示国家拥有人口、城市、土地和军事力量四要素；"囯"从王，表示国家应有王；"国"又从玉，表示祭祀为国之大事。"国"字的这四个亚种，正反映了国家观念从产生到发展的历史事实。

三、华夏乌雅

从此，我们这群太阳神的子孙，有了坚定的信仰，有了"华夏"名号，有了"华夏"文字，有了"求中"的科学技术，有了以地中为核心的都城，有了以都城为核心的广袤国土，有了以房屋、桑林、蚕丝、陶瓷、青铜等为代表的强大物质生产力，有了以这种生产力为基础的人口生产。

但是一个国家的广大、文明、富强，仅有这些，仍然是不够的。信仰可以带来巨大的力量，但这种力量也可能带来巨大的破坏力；强大的物质生产力，如果掌握在暴君手中，或被敌人夺去，就会带来更大的灾难。一个高级的文明，或者说一个高级文明的自我迭代，还需要其他一些东西，需要一套由自由秩序而自然形成的社会、文化和经济的运行制度。这一自然形成的制度体系，因其超然的惯性力量，能够约束群体的所有成员，在一个特定的范围内，保证群体稳定而有序地以较低成本运行。如果把这一制度贴个标签，或者，为这一制度的特征命名，那么，对于华夏民族来说，那就是"雅"。

于是，我们的故事，终于回到了那只乌鸦。是的，雅，其本义，就是一只乌鸦。"鸦"和"雅"，是同一个汉字的不同写法；它们的偏旁"鸟"和"隹"，有短尾和长尾的区别，但"鸦"和"雅"，所指的确实是乌鸦，到了后来，"鸦"与"雅"才有了不同的分工。"鸦"字用来指称"鸟"，"雅"字则更多地用于指称华夏的制度特征：华夏共同语叫做"雅言"，华夏的政治正确叫做"雅正"，华夏的制度性礼乐叫做"雅乐"，华夏上层的诗歌叫做"大雅""小雅"。

先民为什么要用"雅"来指称华夏的制度特征呢？换言之，这只乌鸦与华夏有何同一性？

太阳是华夏的神灵和中心，日光直达大地，才有了华、有了夏、有了中。但是，阳光永远单向地照耀着大地和大地上的生灵，日光凝聚为华为夏，但自称"华夏"的我们，却永远不能抵达太阳。夸父追日，永不可及；后羿射日，只是情绪的宣泄。

当我们与太阳对话时，需要一个使者。环视宇中，能飞上天空，到达太阳的，惟有飞鸟。"青鸟不传云外信，丁香空结雨中愁"，青鸟，一只黑色的鸟，正好可以充当人类与太阳的使者。

夏商周三大族群所在之地鸟类众多，比乌鸦更漂亮鸣叫更动听者众多，但为什么华夏先民偏偏选中了乌鸦作为代言人呢？学界一般从"日神—乌鸦—扶桑"神话系统中寻找答案，认为正是这一神话系统的影响，才有了"乌—雅—雅言"的文化发生谱系。这一神话系统，可分为三个分支：A：金乌负日；B：日乌山；C：日乌桑。《山海经·海外东经》："下有汤谷。汤谷上有扶桑，十日所浴，在黑齿北，居水中，有大木，九日居下枝，一日居上枝。"《山海经·大荒东经》："汤谷上有扶木，一日方至，一日方出，皆载于乌。"从仰韶文化陶器到汉代画像砖，持续数千年，都有此三个分支图像存留：

分支 A：金乌负日：

仰韶文化庙底沟型　　　　仰韶文化庙底沟型　　　　汉代画像砖

分支 B：日乌山：

莒县陵阳河大汶口文化：日乌山（一说为日月山，一说为日火山）。

分支 C：日乌桑

战国楚马王堆帛画局部摹本　　　　三星堆遗址太阳神树

现在的问题是，为什么华夏先民要将乌鸦、太阳、扶桑这原不相干的三个事物联系在一起呢？学界有所谓"太阳黑子说"，认为古人观察到太阳中的黑子，故将乌与日联系在一起。但这一观点的解释功能不强，特别是不能解释何以不仅有"日中有乌"，而且有"乌负日"，乌、日何以与扶桑若木相联系等问题。笔者曾考索多年，亦不得其解。某年冬日，于首都一学院旅居，偶见该院有白杨成排成片，值"冬看山林萧疏净"之季节，每当清晨傍晚，日于林间升落，而有无数老鸦，立于疏枝之上，仰天呱呱，而天幕间有一轮红日映衬，其时，日在林间枝上，一乌在日中，数乌在日旁，呱噪不已，恰似一幅皮影戏图。遂恍然而悟"乌日桑"何以相互联系——"乌日桑"原本自然常见之景，正是佛家之"现量"，康德、胡塞尔、王国维之"直观"，此外并无深意。先民熟见此景，图像于心，日积月累，依"接触律""相似律"，加之以想象升华，遂有"乌日桑"之神话传说。天人原本相分，人虽不能飞天，然日光可下达于地，鸟可上通于天，天人之通，唯有借日光及鸟类为中介为使者。

"乌、雅"与"华、夏"有密切的相关关系。在先秦古籍中，"华、夏、雅"三字在一定场合常可通用。这三个字，再加上"乌"字，从上古到现在，其读音相同或相近，其义则有"交集"——都与"日"有关。

日，是天人沟通的使者，上天唯一能达于人间者，为日光。乌（甲金文突出其张喙仰天对日雅雅而叫之态），雅（乌的形声写法，秦人方言），华（日之精华凝于植物者），夏（从日从页从手从足，像人注视或膜拜太阳，突出其人头奇大，或表示所见所感对于情绪的巨大影响），主体面对太阳这一对象，直观其对于人类的"本质"属性——光明灿烂、生命之源，形成同一概念，随着直观场景不同，而用不同的图像表达同一个与"日"有关的观念：动物为"乌""于""雅"，植物为"华"，山为"崋""𡴎（合 30424）"，用以测量太阳运行的仪器为"华表"，发声为"呜""呼""兮"，构成语言系统为"雅言"，族群为"夏"，族人所聚为"厦"，季节为"夏季"，文化影响所及者则为"诸华""诸夏"，复言之则为"华夏"，其礼乐制度的特征为"雅止"，诗歌乐舞名为"大雅""小雅"

"九夏"。"乌雅华夏"，声韵相同或相近，同是表达对于阳光灿烂的强烈情绪反应——故秦之地，千百年来仍有"信天游"等对于太阳的欢呼"呼儿嗨呦"，其发声三千年来稳定如一。乌雅华夏所具有的"赤""大""中""正"等义，其实亦都与"日"有关。"日"是贯穿"乌雅华夏"和"赤大中正"这两个相似性家族的红线和灵魂。

雅，是我华夏正声，是太阳之下的正大光明之道。从上古时代的"中"到轴心时代的"雅"，我华夏先民，走过了两千多年的历程。轴心时代及以后，雅，仍然是华夏文化的核心。从老易孔孟到今天，又是两千多年。对于这后一个两千多年中的"雅"，朱彦博士的《"雅"的汉字美学研究》，有很好的分析和论述。

学术研究的成果，需要读者的评价和认同，更需要时间的检验。大浪淘沙，五千年的岁月，淘尽了江湖浮沫。我们所讲述的"雅的故事"以及朱彦写的本书，在多大程度上符合历史的真实，有待于读者和时间的双重检验。我们自信，这个"雅的故事"和这本书，其核心部分，能够经得起时间的磨洗，同时，我们也将不断地学习探讨，不断地修正其外围保护地带，将包括"雅"在内的汉字美学研究，继续深化拓展。

南京师范大学文学院　朱崇才

2024 年 4 月于南京月牙湖畔

第一章 "雅"的神话原型及观念萌芽

什么是观念？人的观念是如何产生的？观念，英文中称 idea，也有人将它翻译成"理念"，原义是指"事物的形式"。在西方，这个词最早源自古希腊哲学家柏拉图哲学的核心概念。柏拉图声称"这个世界所发生的一切，全都只是观念之影。所以必须用心好好地观察事物的真貌"。① 了解柏拉图哲学的人都知道，这里的"观念"，并非人们的肉眼所能观察到的东西，而是指用心洞察之后的事物之"原型"。在柏拉图主义者们坚持观念与感官的二元论世界观中，现象世界的变动不居，是以永恒不变的观念世界(或理念世界)为模本而存在的，事物的本质就存在于这一模本当中。西方世界中影响深远的"观念"理论，大抵以此为源头。

当我们把目光转向东方哲学，尤其是中国传统哲学的语境时，又会有不一样的发现。中国传统哲学中的"观念"一词，意思是"仔细观察进而思考真理……在汉语中有表示事物显现在人的意识中的形象，即'表象'的意思"。② "观念"一词中的"观"字，即表示"观念"来源于观察到的形象，而"观念"一词中的"念"字，又是一个从心的字，从心，也就与人的内心意识密切相关。所以，"观""念"二字，其字形、字义本身也很好地诠释了佛教中的这一解释，即"事物显现在人的意识中的形

---

① [日]小川仁志著，郑晓兰译：《完全解读哲学用语事典》，华中科技大学出版社 2016 年版，第 54 页。

② [日]佐藤贡悦、[韩]严锡仁著，刘勋宁监修：《中日韩同字异义小辞书》，人民日报出版社 2013 年版，第 72 页。

象"。值得注意的是，这一概念中有三个关键词：事物、人的意识、形象。事物当然是客观存在的，是属于现象世界的；人们关于事物的观念，则是在人的意识层面重新构建出来的新的形象，透过人类意识的折射和显现，这些新的形象也就拥有了独特的生命力，从此，自然界的事物和人类心灵深处的思维方式、信仰和精神世界联为一体，并因为彼此思维方式、信仰和精神世界的不同，而形成了属于各自的具有显著特色的观念和话语体系。

"雅"观念的萌起，同样也印证了这一历程。

"雅"观念对中国文化影响深远，是华夏民族精神史上的一个独特观念，已经形成了其独特的话语体系。英国语言学家、西方宗教学的创始人麦克斯·缪勒曾经说："在对人们的理智形成看法时，考察他们的语言无疑是极其有益的。"①直到人们进入有文字记载的文明期之后，"雅"观念才在语言文字和传世经典中得到具体而微的阐释，但这一观念萌芽于原始崇拜和神话思维盛行的史前期。先民关于太阳崇拜的信仰，深深地影响了"雅"观念的生成，并镌刻在一系列与"雅"观念相关的文字、仪式和物件中。这一信仰慢慢过渡到文字系统已经发达起来的殷商之际，在汉字的思维和英雄人物的命名中均有所体现，在某些汉字的原始形态中，更是留下了确凿无疑的"语言古生物学化石证据"。"雅"观念的流传，与儒家思想中有关"雅言""雅乐""雅儒"的提倡和践行有着密不可分的关系。但是按照唯物主义的实践观，儒家尚雅观的形成也必定是经过漫长的历史实践之后所总结升华出来的。在"雅"和"正"这看似毫无联系的两个字之间存在着一种深层的文化结构和悠久的历史渊源。"雅"何以能训正，其精神源头是什么呢？让我们把目光投向人类的原始时期，在古人的神话思维以及表现这一思维的独特文字中找寻这一联系的文化根源，或许是一条正确的道路。

---

① ［英］麦克斯·缪勒著，金泽译：《宗教的起源与发展》，上海人民出版社2010年版，第54页。

第一节 "雅"与乌鸦

中国古代没能形成像古希腊罗马那样丰富而完整的神话系统，中国古代的神话是零碎而不成系统的，记载神话最多的古籍是《山海经》，其次在后代人编撰的书，如《淮南子》和《论衡》中，还能找到一些片段。但值得庆幸的是，"中国汉族神话的零散和无系统是以世界上保留神话思维表象最丰富的符号系统——汉字的象征性为补偿的"①，与其他民族相比，古代中国人的太阳崇拜不仅仅体现在创制一个日神，对日神加以祭拜等仪式上，而且还将太阳崇拜深入其思维模式，并体现在汉字结构的创制中。汉字的早期形态具有象征性的特征，汉字本身就成为研究神话思维极其丰富宝贵的材料，中国人的太阳崇拜在很多汉字造型中都有所体现。先民不但将这种崇拜渗透到了原始生活中的方方面面，也在文明初期所创制的汉字中留下了深深的印记。那个神话无处不在的时代已经杳然远逝了，然而神话思想和神话思维，蜿蜒延续了数千年的历史，依旧投影在今天我们日用为常的汉字之中。

一、"雅"的初文和本义

"雅"字初文，甲金文中未见，始见于战国文字，为秦文雅（《睡虎地秦简文字编》法 12）。《说文》卷四上"隹"部收"雅"字，小篆写作"雅"，释为："雅，楚乌也。一名鸒，一名卑居，秦谓之雅。从隹，牙声。"段注云："楚乌，鸟属。其名楚乌，非荆楚之楚也……按小尔雅，纯黑返哺谓之慈乌，小而腹下白不返哺者谓之雅乌……雅之训亦云素

① 叶舒宪：《原型与汉字》，《神话—原型批评》，陕西师范大学出版社 2011 年版，第 466 页。

也、正也,皆属假借。"①

《诗经·小雅·小弁》开篇以"弁彼鸒斯,归飞提提"起兴,用雅乌出去觅食,饱而归,同飞提提然的欢乐场景,来衬托太子被放逐,不能得此相聚之乐,比鸟都不如的悲惨境况。②《毛传》释"鸒"曰:"鸒,卑居;卑居,雅乌也。"《尔雅·释鸟》"卑居"作"鹎鶋"。③ 可见,"雅"的本义,是一种被称作"楚乌"或"雅乌"的鸟,"雅"又被叫做"鸒"或者"卑居",秦地之人称之为"雅"。

清代朱俊声《说文通训定声·自序》中说:"开口雅而闭口乌,哑哑亦其天籁。"④认为"雅"与"乌"应指同一个对象,只是因为方言不同,其字形、读音("雅"为开口呼,"乌"为闭口呼)才稍有不同。

黄德宽《古文字谱系疏证》"牙"系"系原"云:

> 《论衡·自纪》"以圣典而示小雅",刘盼遂《集解》"小雅之雅,古只做牙,小儿之称也。"是故雅当由小义派生而得。⑤

因为《古文字谱系疏证》是按音韵来编排各字,故而"雅"字被放入了"牙"系。从"牙"字之形、意展开推演,理据清晰,但若仅考虑"雅"字的声旁"牙",从而推出"雅当由小义派生而得"的结论,却不那么令人信服。"雅"字的形旁"隹",是一只短尾鸟的象形形态,这一重要的

---

① (汉)许慎撰,(清)段玉裁注:《说文解字注》,上海古籍出版社 1988 年版,第 141 页。

② 《毛诗序》说:"《小弁》,刺幽王也,太子之傅作焉。"《毛传》补充说:"幽王娶申女,生太子宜臼,又说(悦)褒姒,生子伯服,立以为后,而放宜臼,将杀之。"

③ (汉)毛亨传、郑玄笺,(唐)孔颖达疏:《毛诗正义》,北京大学出版社 1999 年版,第 747 页。从《诗经》中的语境可以看出,鸒(也就是雅乌),乃是群居鸟类。

④ (清)朱俊声:《说文通训定声》,中华书局 1984 年版,第 6 页。

⑤ 黄德宽主编:《古文字谱系疏证》,商务印书馆 2007 年版,第 1440 页。

形符特征不容忽视。由字形观之，"雅"是由"牙""隹"这两个象形字组合成的复体象意文字。复体象意文字，是文字学家唐兰在《中国文字学》中提出的概念，"复体象意文字有些近似形声文字，不过象意字的特点是图画，只要认得它原是图画文字，从字面就可以想出意义来，就是象意文字，即使它们后来已归入形声文字的群里，我们也依然叫做象意文字"。①

在现代汉语中，"牙"被看作"雅"字的声符，但是"牙"本身也是一个象形字，人们可以从其字形中，想象出它的意义。金文中有两例，一作 ꩜（集成 4467），像人牙上下咬合之形；另一例作 ꩜（集成 4213），以侧形表义。小篆"牙"写作 ꩜，仍可见齿牙交互之形。《说文》释"牙"字为："牙，牡齿也，象上下交错之形。"段玉裁认为"牡当依石刻九经字样作壮"②，故段注改释"牙"为壮齿也，"壮，大也。壮齿，齿之大者也"。③ 平常所谓牙齿，实可分而论之，前齿后牙，齿小而牙大。牙也就是大牙，是更靠近口腔内部的槽牙。而在什么情况下，可以看见口中的大牙？当然是在嘴巴大幅度张开的情况下，当人们发出"a"这个最为饱满的元音时，这个发音和乌鸦的鸣叫又是如此之相像。所以可以说，"雅"字中的"牙"形，同时具有声符和意符的意义。

古书中以"牙"字为雅，《书·君牙》中的"君牙"（周穆王臣名），在《礼记·缁衣》中引作"君雅"，《吕氏春秋·本味》中的"伯牙"，高诱注曰"伯雅"。战国时的"雅"字还有在字下面叠加象形字"齿"者，或许是嫌"牙"字的象形性不够明显，叠加"齿"形进一步强化了这一含义。（图 1~图 3）

---

① 唐兰：《中国文字学》，上海古籍出版社 2005 年版，第 62 页。
② 李圃主编：《古文字诂林》，上海教育出版社 1999 年版，第二册第 573 页。
③ 李圃主编：《古文字诂林》，上海教育出版社 1999 年版，第二册第 573 页。

图1 雅(睡·法12)　　　图2 雅(汉·2.17裘)　　　图3 雅(四·3.22裘)

"雅",就是古人对一个张开大口,"哇哇"叫鸣的乌鸦形象的汉字图像摹写。这一摹写,不是对客观现象所有面貌原封不动的呈现,而是把日常客观现象中最生动的那一幕、人类思维与之碰撞时最敏锐的那个触点形象化、意象化之后凝炼而成的。

《毛诗序》首次把"风雅颂"之"雅"训为正。《毛诗序》释"风"为"风,风也。"希望诗歌内容能够像风一样传达上听。释"颂"为"颂者,美盛德之形容"。"颂""容"两字音相近。可见,《毛诗序》对风、颂的解释是以形音为根据的,但释"雅"却未采用这一思维逻辑,《毛诗序》云"雅者,正也","雅"与"正"在形音上并无联系,那么,雅为何训正?这中间所缺少的一环当从"雅"与乌日、乌日与正的关系中找寻。

"正"字,甲骨文写作 (合集 6310)、 (合集 36534),金文写作 (集成 4044)、 (集成 5412),字形上方的黑框、黑点或黑圈,学界一般认为它"象人所居之邑。下从止,表举趾往邑,会征行之意,为征之本字"。① 日本汉字学家白川静认为:对邑的"征"伐叫做"正",即将依据征服而获得的统治正当化的意思。② 也有学者认为"正"字上方的符号代表高高在上的太阳,下面的"止"既是人的足迹,也代表着地面上的事物在太阳照耀下所形成的影子。③ 后一种看法,大概是受《说文》的影响,《说文》卷二下释"正"云:"正,是也。从止。一以止。凡

① 徐中舒主编:《甲骨文字典》,四川辞书出版社 1990 年版,第 146 页。
② [日]白川静:《汉字百话》,郑威译,中信出版社 2014 年版,112 页。
③ 汤斌:《雅正考》,《社科纵横》,1993 年第 4 期。

正之属皆从正。正，古文正从二。二，古文上字。古文正，从一足，足亦止也。"①《说文》释"正"为是，释"是"为直："是，直也。从日正。"段玉裁注云："十目烛隐则曰直，以日为正则曰是。从日正会意。天下之物莫正于日也。"②

"正"常与"直"一起连用，比如"正色直言"③"正言直谏"④"正直无私"等。正直，也是神的重要特征之一。《左传·庄公三十二年》曰："神，聪明正直而壹者也，依人而行。"孔颖达疏："所谓聪明者，不听淫辞、不视邪人之谓也。襄七年传曰：'正直为正，正曲为直。'言正者，能自正；直者，能正人。曲而壹者，言其一心不二意也。"⑤神话传说中就有五帝之一的炎帝"教人日中为市"的故事，"那时没有钟表，也没有别的记录时间的方法，凭什么来定交换的时间呢？于是炎帝又教人民就拿他本身——或者是他管辖的太阳来做标准，太阳当顶的时候就在市场上进行交易，过了这段时间就散市，大家实行起来感觉着真是又准确、又简便，人人都很欢喜"。⑥《国语·鲁语》中载有"日中考政"的说法，把作市和考政的时间定在正午日中之际，这其中本身就暗含着公允正直的价值意义。日中之时是日影正中之时，用自然界的日行中天比喻人世间的正大光明，最合适不过。正大光明，于是也含有心怀坦荡、言行正派的意思，就像太阳普照大地一样，没有什么不可以公开的。

---

① （汉）许慎撰，（清）段玉裁注：《说文解字注》，上海古籍出版社 1988 年版，第 69 页。

② （汉）许慎撰，（清）段玉裁注：《说文解字注》，上海古籍出版社 1988 年版，第 69 页。

③ 《晋书·王恭传》："恭每正色直言，道子深惮而忿之"，"正色直言"意为态度严肃、语言正直，能使人望而生畏。

④ （三国魏）桓范：《谏争》："今正言直谏，则近死辱而远荣宠，人情何好焉，此乃欲忠于主耳！""正言直谏"意为以正义之语，规劝皇帝、上级、长辈或朋友。

⑤ （周）左丘明传，（晋）杜预注，（唐）孔颖达正义：《春秋左传正义》，中华书局 1999 年版，第 300 页。

⑥ 袁珂：《中国古代神话》，华夏出版社 2013 年版，第 71 页。

"以日为正则曰是",正亦为是,说明人们对"正""是"含义的认定是从对太阳之影的观测中得来,这是人类思想由具体到抽象的飞跃。古代的日晷,意为"太阳的影子",是通过测定太阳的影长来计算时间的一种重要工具。日晷的发明和使用,标志着人类对时间的认识达到了由感性到理性的飞跃。古人进一步利用太阳之影推算一年之中太阳运行的轨迹,从而计算方位,测定一天中的十二时辰,并创造出了中国古代文化中的历法,作为指导四季农耕的标准。二十四节气,是历法中的重要内容,每一个节气标志了太阳在一整年运动中的一个固定的位置。《后汉书·律历志》里记载了二十四节气时八尺之表的影长,这是古人以日影长短定节气的最早的文献记录。① 古代还有一种铜制的鸟形风向器,叫做"相风乌",装饰于建筑高处,《三辅黄图》卷之五引郭延生《述征记》曰:"长安灵台,上有相风铜乌,千里风至,此乌乃动。又有铜表,高八尺,长一丈三尺,广尺二寸,题云太初四年造。"②东汉郑玄《相风赋》云:"栖神乌于竿首,候祥风之来征。"在测定时间的仪器中,我们看到了对太阳日影的充分利用,在测定风向的仪器中,我们又看到了所谓的"神乌",太阳、乌鸦与"雅"均有着密不可分的联系,古人以日晷显示的太阳之影来正时间、定方位,又以装饰有神乌的相风乌来定风向。时间、空间以及飘忽不定的风,都得到确定的把握和认识。

上文从语音、字形、训诂的角度,说明了"雅"与乌鸦的联系,明确"雅"的本义就是乌鸦。"以日为正则曰是",又根据乌鸦与太阳的同构替代,以雅为正在字源上的关联也就呼之欲出了。由"接触律"推导出,雅与太阳的关系,也可以看作乌鸦与太阳的关系。乌在日中、金乌负日、乌日的同构替代已经得到很多神话传说、传世文献以及出土文物的印证。"雅"训正就是由乌、日与正的关联引申而来。"雅"从这里开始,从它与太阳、与"正"的紧密关联开始,逐渐具备正价值的含义。

---

① 转引自王德昌:《日晷——时间的雕塑和测量》,《科学》2005年第4期。
② 陈直校正:《三辅黄图校正》,陕西人民出版社1980年版,第106页。

"雅"从最初表示乌鸦之"鸦"的实在意义中抽象出来，具有了精神层面的意义：雅者，正也。就像自然界的太阳成为市场交易和官方行政的准则一样，当"雅"成为一种审美准则之后，它体现的也是审美规范中表示正价值的那部分内容。

对"雅正"的追求，也是远古时期玄鸟崇拜尤其是太阳崇拜的思想遗迹。它表明对太阳所带来的光明灿烂的向往和憧憬、对代表自身祖先且颇具智慧和生命力的玄鸟崇拜，一直以来深深地植根在人们的心灵深处。如果说"日正为是"，那么根据乌鸦与太阳的替代关系，"雅正"亦为"是"，"雅正"，也就代表它是正向的价值，是值得追求的理想，是普通人也崇尚的精神，也是统治者赖以行使其特权的精神武器。故而，后世所有与"雅"有关的概念，特别是词学概念中的"醇雅""雅婉""清雅"等，词论家们将之作为填词、论词的标准，无一例外都暗含"以此为正途"之意。

于是，当"雅"的意义外延不断扩展并得到频繁的使用，其本义反倒湮没在历史的尘埃中了，尤其是它的本义早已由另一个相似的字"鸦"来代替，这就使得"雅"字的起点更不为人所知了。从"雅者，正也"说起，却是用一个抽象概念来解释另一个抽象概念，始终不能使人得到一个直观的印象。而直观，就胡塞尔现象学而言有着重要意义，因为"所有绝然的真理和认识都建基于下列可能性：是否有可能直观地把握到普遍的本质或普遍的对象"。[1] 如果我们理解有关"雅"的概念时，能够在脑海中构建出"雅—鸦—乌—日—正"的联系，那么，就会"立刻'直观'到与'雅'相关的一系列图像——太阳神鸟、太阳下的花朵、那些自称华夏太阳神的子孙以及种种神迹、传说，和凝结在汉字中的有关太阳图像的历史"。[2] 对概念进行汉字编码的溯源，有利于对概念的理

---

[1] 倪梁康：《胡塞尔现象学概念通释》，生活·读书·新知三联书店 2007 年版，第 147 页。

[2] 朱崇才：《汉字图像还原与文学接受的一个缺环——以词学核心概念"雅"字为例》，《江海学刊》2016 年第 1 期。

解进行图像还原，把不可触摸、只能存在于抽象领域的思想概念转换到一个可以直观把握的有声有色的世界。因为"意识层次的权威一旦动摇，无意识层次的原型必然要显现；而沉睡千年的种族记忆苏醒之时，离古文化流变之谜的破解也就不会太远了"。①

二、神话的诗性智慧

综观中国美学史上重要美学范畴的研究，大多以有文字记载的早期文献典籍为源头或出处。事实上，任何一个审美观念的产生，无不依赖于人类认识的提升。人类从最初与自然的混沌一体到产生对自身的认识，是一个将自我与自然脱离开来从而得以反观自身的过程。特别是抽象的审美概念的诞生，更需要这种反观的能力，才能拥有纯粹适用于人类审美领域的观念，并以此来指导自己的精神生活。"雅"字本义为楚乌，它由一个表示鸟类动物的名词，逐渐发展到表示人们抽象概念中审美理想的代名词，这其中经历了丰富复杂的意义演变过程，也包含着社会文化心理的积淀。"雅"观念诞生后，"雅者正也"的解释又是从何源起的呢？"雅""正"二字为什么可以互训？对于这类问题的解答，不仅要从有汉字记载的小传统文化中去追溯，还必须到历史悠久的大传统文化的基因和密码中去寻绎。

这个属于大传统文化的基因和密码，在维柯的理解中，就是"诗性智慧"，而德国哲学家卡西尔则将之称作"神话思维"。我们对华夏民族"雅"观念的研究，也将从"诗性智慧"和"神话思维"开始。在中国人的世界中，由"诗性智慧"衍生来的"诗性思维"，不仅在有文字记载之前的大传统时代成为原始先人观察天地、体验世界的一种重要思维工具，而且在有文字记载之后的古典文化和艺术中，这种"诗性思维"也一直都是文学创作和欣赏的重要线索。雅文学的代表——《诗经》中的比兴，恰恰体现了中国人"诗性思维"的一大特色，即使在今天的文艺创作中，

① 叶舒宪：《中国神话哲学》，中国社会科学出版社1992年版，第363页。

也仍然占据着重要的地位。有研究者曾说："'诗性思维'之核心在于比兴的运用，概括地说，也就是'及物抒情'、'观物取象'、'观象制义'。"①物与情、物与象、象与义在比兴中，毫无痕迹地串联在一起，呈现在读者的面前，仿佛有着天然的联系。只是在原始人还没有形成明确观念的远古时代，思维是诗意地混沌着的，意识是无意识地凝炼着的，但不可否认的是，正是在这诗意的混沌和无意识中，又生发出最为新鲜、最为本质的意识的萌芽。

"怪诞的神话意象背后，是创造者对自身和世界的体验，蕴涵着'类万物之情，通神明之德'的创造精神。"②"无论怎样高度思辨、怎样绝对抽象的哲学、美学都离不开这种种神话思维或所谓'原哲学'之胎盘。"③任何一个古老的民族，在它发展的初期阶段，其历史都不可能有文字的记载，而只能靠口耳相传，在泛神论占统治地位的原始社会，原始先民离开神话思维将难以进行思想。然而今天的人们，想了解神话思维，却只有到神话传说中去寻觅。然而神话传说具有现实性吗？可信吗？长久以来，相较于有史籍记载的人类文明时代的智慧，无文字时代的人类智慧曾经有很长一段时期是被怀疑、甚至被否定的。这一点，从文明/野蛮(原始)的二元对立模式中就可见一斑。摩尔根(Lewis Henry Morgan，1818—1881)在他的名著《古代社会》中将人类社会划分为三段式的模型结构：蒙昧—野蛮—文明，早期人类的蒙昧阶段比野蛮的历史当然还要久远，而这两者同归于原始。在文明/野蛮这一程序中，映照着文明人的社会、文化和生活方式。"自从所谓大航海时代以来，在欧亚大陆西部始终过着比较闭塞的生活的欧洲人开始向世界各地扩散。他们把在非洲、新大陆、大洋洲、东南亚等地区遇到的人视为'野蛮人'，

---

① 张树平：《从辨物居方到明分使群——中国传统政治知识形态生成研究》，上海书店出版社 2011 年版，第 216-217 页。
② 朱志荣主编：《中国美学简史》，北京大学出版社 2007 年版，第 32 页。
③ 萧兵：《中庸的文化审察：一个字的思想史》，湖北人民出版社 1997 年版，第 3 页。

并把他们所见到的与他们自身社会既不相同的社会称作'野蛮社会'。"①毫无疑问，文明/野蛮这组概念是从现代文明人的视野出发加以界定的，其概念首先来源于世界上横向存在的各区域文化之间的对比，然后再由横向的对比推演出纵向的对比，即历史上的远古社会和现代文明社会的对比。

随着人类学家以及考古学家的科学探索，现代人逐渐认识到原始人的智慧，并认同原始人的智慧与现代人的"逻辑思维"有着不同的特征。列维-布留尔认为，原始人的智慧中运用了他称之为"原逻辑思维"的思维，"在原逻辑思维中，记忆具有根本不同的形式和另一些趋向，因为记忆的内容具有根本不同的性质。它既是十分准确的，又是含有极大情感性的。它通过极大量的细节来再现复杂的集体表象，而且永远是以这样一种次序来再现的，在这种次序中，集体表象按照本质上神秘的关系彼此间传统地关联着。因而它在某种程度上补充着逻辑功能，也以同样程度利用着逻辑功能的特权"。②可见"原逻辑思维"记忆中的"集体表象"既能够体现出事物的本质特征，也能够体现出这些本质特征之间的关联，同时又在某种程度上补充着逻辑功能。而且，原始人的智慧至今仍对现代人产生着深刻的影响，最重要的一点就体现在现当代文化艺术对于原始艺术原型的承继和挖掘。作为现代人，我们无法摆脱历史的纠缠，几乎每时每刻都在继承着历史，同时也必然会成为历史的一部分。因而无论多么现代的现代人，其思维中都会有这些"原逻辑思维"的影子。过往古老的记忆在现代人的各种民间仪式、舞蹈、戏剧、电影、文学等文艺形式中得以不断地重现。这些就成为人类的"集体记忆"，"集体记忆"是整个族群、整个集体的"共同记忆"。既然有"共同记忆"，自然也就有没有能够成为"共同记忆"的记忆。为什么有一些记忆得以留

---

① ［日］石川荣吉：《现代文化人类学》，周星等译，中国国际广播出版社1988年版，第199页。

② ［法］列维-布留尔：《原始思维》，丁由译，商务印书馆2014年版，第117页。

存，而另一些记忆却逐渐消失呢？也许并非我们有所谓的"共同记忆"而加以启用，而是因为我们作为同一个群体对这些记忆感兴趣，而且能够不断地唤醒它们，使这些社会记忆汇聚在我们的头脑中。① 所以，可以肯定，神话是无文字记载时代人类口传智慧的遗存，神话具有客观性，神话的客观性是心理层面的。

维柯在《新科学》中深入全面地探讨了人类历史文化的起源和发展问题，他将人类历史划分为神话的时代、英雄的时代和人的时代，并认为这三个不同的历史分期各有其相对应的文化形态：心理、宗教、性格、语言、诗歌、政治法律等。维柯将种族的发展比作个人的发展，认为原始社会是人类的儿童时期，原始民族的心理活动类似儿童的心理活动，原始人进入社会的时间，应该从人们开始信仰神灵和原始宗教这个时候开始算起。马克思曾说过人是一切社会关系的总和，结合维柯的观点，原始人正是在信仰神灵和原始宗教的过程中，逐渐产生和提炼出不同于自然生存状态而运用于人类社会的各种观念意识。

卡西尔继维柯"神话的时代"，提出了"神话思维"一说，他在《神话思维》中曾说："（神话的）这种客观性既不在于隐藏其后的玄学存在，也不在于隐藏其后的经验——心理存在，而在于神话本身，在于神话所造就的东西，在于神话完成的客观化过程的方式和形式。"②在神话思维时代，人与动物、植物尚处于未分化的阶段，"对神话和宗教的感情来说，自然成了巨大的社会——生命的社会。人在这个社会中没有被赋予突出的地位。人是这个社会的一部分，但他在任何方面都不比其他成员更高级。生命在其最低级的形式和最高级的形式中都具有同样的宗教尊

---

① Connerton Paul: How Societies Remenber, Cambridge: Cambridge University Press, 1989, p. 37.

② ［德］恩斯特·卡西尔：《神话思维》，黄龙保、周振选译，中国社会科学出版社 1992 年版，第 16 页。

严。人与动物，动物与植物全部处于同一个层次上"。① 神话是早期人类认识自然、认识社会的重要载体，从这个意义上来说，神话不仅是历史的一部分，而且是人类早期历史中不可或缺的一种记述。根据卡西尔的观点，我们无须纠结于神话本身内容上的客观性，而应该重点关注神话所完成的"客观化过程的方式和形式"。"神话是文学和文化的源头，也是人类群体的梦……在前现代乃至原始时代所产生的神话，原来就是人类生存不可或缺的文化之根和精神本源，是人之所以为人的独特遗产。"②神话这份独特遗产，对当代文化艺术具有不容置疑的客观效应和深刻影响。

三、乌日的同构替代

在所有的神话种类中，记载自然崇拜和祖先崇拜的神话是最多的。上古时期，人们对自然界的事物以及人本身的很多现象不够了解，于是在"原逻辑思维"中就将他们所不能理解的事物和现象与其幻想中的精灵神怪联系起来，产生了很多泛神论的自然崇拜。人类学家林惠祥认为之所以有自然崇拜，是因为"人类感觉他的周围有种种势力（powers）为他所不能制驭，对之很为害怕，于是设法和他们修好，甚至希望获得其帮助"。③ 围绕在早期人类周围的种种自然现象，比如太阳、风、雨、雷、电、动植物等都成为其虔心膜拜的对象，其中人们最为惊愕的莫过于昼夜的交替以及光明与黑暗的永恒轮回。他们切身感受到太阳的东升西落及其所带来的光明、温暖，但其智力水平又不足以理解这一现象，更别谈驾驭和掌控太阳了，于是人类情感自然而然就倾向于对这带来光与热的太阳的顶礼膜拜，对之献以牺牲或祈祷。

---

① ［德］恩斯特·卡西尔：《人论》，甘阳译，上海译文出版社1985年版，第106页。

② 叶舒宪：《"神话学文库"总序》，《文化符号学——大小传统新视野》，陕西师范大学出版社2013年版，第1-2页。

③ 林惠祥：《文化人类学》，商务印书馆2011年版，第223页。

太阳崇拜是原始人自然崇拜中最为重要的一种，是世界上几乎所有民族都曾有过的一段历程。英国人类学家泰勒在《原始文化》中说："凡是太阳照耀到的地方，皆有太阳崇拜的存在。"①文化人类学的研究证明，"在古秘鲁的人民相信他们的王是太阳的儿子，在墨西哥则更有杀人祭日的故事；又如现在的黑足印第安人（Blackfoot Indian）每年都有太阳舞（Sun-Dance）的祝日。中国人也拜日神。印度婆罗门经中说日是'诸神中有光耀的神'。古波斯的故事中有日神密特拉（Mithra），其崇拜直传至罗马即英格兰。希腊与罗马人都有日神，前者名赫利俄斯（Helios），后者名索尔（Sol），都为之立庙及祭献。在埃及日神名拉赫，是最高的神，对它的祈祷和赞美歌比对别的神为多"。② 人们崇拜太阳，一方面是畏惧太阳的力量，一方面又是对一种神秘不可知之物的原始情感。在大多数脱离了狩猎和采集为主要生活方式的文化区域中，都不约而同地产生了对太阳的崇拜。伴随着新石器时代向铜器时代过渡的文明史进程，先民们留下的早期精神遗产中，与太阳崇拜有关的神话、传说、史诗、歌谣、仪式、礼俗、建筑、立法、象征文字、造型艺术、歌舞表演等，几乎无处不见。③ 在中国古代的一部奇书《山海经》里，记载了很多与太阳有关的神话。《山海经·大荒南经》记载："东南海之外，甘水之间，有羲和之国。有女子名曰羲和，方日浴于甘渊。羲和者，帝俊之妻，生十日。"④

在中国各地考古所发现的有关太阳崇拜的遗迹屡屡可见：内蒙古自治区阴山岩画中，绘有原始人拜日的画面；云南沧源岩画中，也有原始人祭祀太阳神的画面；甘青马家窑文化遗址出土的彩陶上，随处可见写实和抽象的太阳纹。此外，山东大汶口文化遗址出土的黑陶尊，上面刻

① ［英］爱德华·泰勒：《原始文化》，连树声译，上海文艺出版社1992年版，第57页。
② 林惠祥：《文化人类学》，商务印书馆2011年版，第228页。
③ 叶舒宪：《中国神话哲学》，中国社会科学出版社1992年版，第138页。
④ 《山海经》，冯国超译注，商务印书馆2009年版，第440页。

画的有日有山的符号，最具有代表性，也最具有争议性。有学者认为这是"旦"的会意字，描绘的是山上的云气承托着太阳的景象。[①] 也有学者持有不同意见，认为下面的图案不是山，而是火焰，这幅火焰和太阳的图像，刻画的是原始人焚烧火堆拜日的场景。尽管具体解释各有不同，但学者们一致认同符号最上面的圆圈刻画的是太阳。所以不管这一符号的真实含义为何，其中都蕴含着对太阳的崇拜，这一点是毋庸置疑的。

先民们创制了一个个与太阳有关的符号，而且不止一次在器物上将它们显现出来，必定经过了长时间的深思熟虑，其中蕴含着的深刻信仰和关于这一信仰的完整叙事，今天的我们已经无从得知。古人把丰富而深刻的思想(关乎某种信仰或信念)体现在一个个简洁而优美的符号中，镂刻在器物上，这种符号本身就是思想的形象化。同时代的人看到这些符号，能够立刻透过符号领会其中的寓意，更进一步产生敬畏或崇敬的心理。只是今人距之太过遥远，已经不太能够揭下符号的这层神秘面纱，领略其中深藏的寓意了。对我们来说，最初这一符号仅仅是一个线条优美的图案，不过最终，我们对它的解析，仍然穿越数千年岁月指向太阳，这也意味着我们的脑海中仍然残存着原始太阳崇拜的集体无意识。《尚书·尧典》中称述尧之美德，曾数次用到"光"字："昔在帝尧，聪明文思，光宅天下。"[②]"允恭克让，光披四表，格于上下。"[③]什么东西可以充溢于四方之外，让天上地下皆沐浴在它的光辉之中呢？唯有太阳之光。

除了太阳崇拜之外，自然崇拜中的鸟神崇拜也流行广泛，在《山海

---

① 于省吾：《关于古文字研究的若干问题》，《文物》1973 年第 2 期。古文字学家于省吾认为这个图案表示的意思是"山上的云气承托着初出山的太阳，其为早晨旦明的景像，宛然如绘，因此，我们认为这是原始的旦字，也是一个会意字"。

② (汉)孔安国传，(唐)孔颖达疏：《尚书正义》，北京大学出版社 1999 年版，第 22 页。

③ (汉)孔安国传，(唐)孔颖达疏：《尚书正义》，北京大学出版社 1999 年版，第 25 页。

经》以及现在散见的一些神话传说故事中，集中保留了远古先民关于鸟神崇拜的思想。先民们甚至虚构了一个自然界不存在的鸟——凤凰，有研究认为，周人和楚人崇凤的思想从本质上来说也是鸟神崇拜的一种变体。此外由鸟神崇拜衍生出的"青鸟"，成为雅文学（特别是诗词作品）中的重要意象。青鸟，典出《山海经·西山经》："又西二百二十里，曰三危之山，三青鸟居之。"郭璞注："三青鸟主为西王母取食者，别自栖息于此山也。"旧题东汉班固《汉武故事》载："七月七日，上于承华殿斋，正中，忽有一青鸟从西方来，集殿前。上问东方朔，朔曰：'此西王母欲来也。'有顷，王母至，有二青鸟如乌，侠侍王母旁。"（《艺文类聚》卷九一）

在《山海经》描述的神话世界中，青鸟是为西王母取食、传信的神鸟。到了唐宋时代，文人墨客常用它来表示为有情人牵线搭桥、传递消息的神鸟。"青鸟"的意象，便由表示人与上天的沟通，逐渐演变为表示凡人之间爱情、亲情等世俗情感的沟通了。例如：

> 西来青鸟东飞去，愿寄一书谢麻姑。（李白《有所思》）
> 杨花雪落覆白萍，青鸟飞去衔红巾。（杜甫《丽人行》）
> 蓬山此去无多路，青鸟殷勤为探看。（李商隐《无题》）
> 青鸟不传云外信，丁香空结雨中愁。（李璟《摊破浣溪纱》）
> 几时待得，信传青鸟，桥通乌鹊。（秦观《水龙吟》）

悠然翱翔于天地之间的鸟儿，在先民的心中是最接近上天神灵的动物。神话思维往往会根据事物的某一外部特征，就按照类比联想将其归入具有同类特征的类别中去。在神话和出土文物中，乌鸦常常和太阳结合在一起而出现。太阳中有乌鸦，是非常古老且一直流传至今的传说。《山海经·海外东经》云："汤谷上有扶桑，十日所浴，在黑齿北。居水中，有大木，九日居下枝，一日居上枝。"《山海经·大荒东经》载："汤谷上有扶木。一日方至，一日方出，皆载于乌。"十个太阳居于汤谷，每日轮流值班，把太阳从汤谷运到扶桑枝上的重任就落在乌鸦身上。《论衡·说日》云："日中有三足乌，月中有兔、蟾蜍。"①《淮南子·精神训》说："日中有踆乌，而月中有蟾蜍。"高诱注："踆，犹蹲也。"日中有乌，月中有蟾蜍，已成为日月神话的重要组成部分，后世直接用"踆乌"指代太阳，"蟾蜍"指代月亮。《淮南子·本经训》说得又更为清楚："尧时十日并出，草木焦枯，尧命羿射十日，中其九日。日中九乌皆死，堕其羽翼。"这里以九乌皆死喻九日皆死，太阳中的乌即代表了太阳。留下的那一只乌即为三足乌，也就是神话传说中的太阳神鸟，被传为日精，或驾日车者。所以古人常称太阳为日乌。日本京都大学名誉教授林巳奈夫从新石器时代的河姆渡文化和良渚文化的图像中解读出日神、火神和朱鸟。这些物和图像无疑是指向作为源码的神话和原始信仰，它们与神话和原始信仰之间存在着映射关系。唐诗中就经常出现以日乌来指代太阳的诗句，如：

> 仙人左手把长剑，欲射日乌乌不栖。（陆龟蒙《古别离》）
> 月兔走入海，日乌飞出山。（杜荀鹤《与友人话别》）
> 难把长绳系日乌，芳时偷取醉功夫。（杜光庭《招友人游春》）

读这些诗句，我们可以体会到乌日神话在唐人思想中留下的深刻印迹。

20世纪七十年代，在湖南长沙马王堆汉墓和山东临沂金雀山汉墓中都发现了绘有日中乌鸦图案的帛画。马王堆一号汉墓帛画的天上部分，画出了我国古代关于太阳和月亮的神话传说，帛画左上角是一轮弯月，月亮上方有一只蟾蜍和兔子。帛画右上角画了九个太阳和一棵扶桑树。在树顶的那颗太阳，体积最大。引人注目的是，这颗大太阳中间还站着一只黑色的乌鸦。这只黑色的乌鸦在昏黄的太阳和赭红的帛布背景中十分醒目突出，仿佛成了太阳的使者。汉代画像石《羿射九日》图中

---

① 黄晖撰：《论衡校释》，新编诸子集成本，中华书局1990年版，第502页。

刻画了三足乌栖息于扶桑树上的形象。乌鸦、太阳、扶桑三者紧密联系在一起，并且在多个墓葬帛画中出现。说明这一构图形象早已深入人心，一直从《山海经》的时代流传到帛画所出的汉代，可见太阳与乌鸦的联系绝不是偶然，而是有着悠久的神话历史了。

先秦时期的《击壤歌》云："日出而作，日入而息，凿井而饮，耕田而食，帝力与我何有哉。"《庄子·让王》亦云："日出而作，日落而息，逍遥于天地之间，而心意自得。"①日出自东，日落于西，日出日落的自然现象在古人的脑海中可谓印象深刻，这一常见的自然图景也渗透到了"东""西"两个汉字的创制之中。东，《说文》卷六引官溥云："从日在木中。"西，《说文》卷十二云："鸟在巢上。象形。日在西方而鸟栖，故因以为东西之西。"结合马王堆帛画的艺术展现，可以推知，这里的"鸟"应为乌鸦，"木"即扶桑，"巢"当为扶桑树上的巢。古人的作息，与太阳的升、落同步，东、西方位的字形构造也以人所见到的太阳或乌鸦的位置来表示，这也进一步证实了乌鸦与太阳的同构替代关系。

为什么太阳中会有乌呢？对这个问题，屈原《天问》问道："羿焉彃日，乌焉解羽？"②《论衡·说日》也有疑问："夫日者，天之火也，与地之火无以异也。地火之中无生物，天火之中何故有乌？火中无生物，生物入火中，燋烂而死焉，乌安得立？"③除此之外，几乎少有人论及，更没有人能给出确切的答案。近代的研究者们曾经试图加以解答。有人从天文学的角度认为这是太阳黑子的反映，但是如果是太阳黑子，那表现在图画中为什么不是黑子，而且黑色的鸟不止乌鸦一种，为什么用乌鸦而没有用其他黑色的鸟类来表示呢？其中定然有某些不为人知的神秘因素。还有人从文化人类学的角度认为这是因为乌鸦在人群中朝来暮

---

① （晋）郭象注，（唐）成玄英疏，曹础基、黄兰发点校：《庄子注疏》，中华书局2011年版，第504页。

② （楚）屈原著，金开诚、高路明选注：《屈原选集》，人民文学出版社1998年版，第106页。

③ 黄晖撰：《论衡校释》，新编诸子集成本，中华书局1990年版，第502页。

去，永远沉着镇定地站在高高的树枝上，常常与太阳晨起暮落的身影相重合的缘故。① 早晨乌鸦站上枝头开始鸣叫，太阳正好从东方出来；傍晚乌鸦回巢，太阳也在西边落山，由于太阳与乌鸦在活动时间上的一致性，人们便把乌鸦和太阳有机地结合起来，认为这两者中间存在着某种神秘的联系，并进一步形成太阳神鸟的图腾标志，乌鸦成了太阳在人间的使者，沟通起天上的太阳和地上的人。人们对世间万物的了解认识，都是从对自己身边事物的了解认识开始的。这种从实际生活的自然场景中引申出乌日联系的思维方式是在原始思维互渗律支配下形成的。萧兵在《中国文化的精英——太阳英雄神话比较研究》中说"有时鸟和太阳在某一点相似而诱发出联想的情形，是完全出乎现代人的意料之外的"。②

四、英雄与乌日神话

中国人向来讲究"追本溯源"，神话传说中多有记载部落祖先或首领出身和英雄事迹，在这些英雄的传说和事迹中，常常有鸟神崇拜和太阳崇拜的影子。商人祖先与鸟的关系多见于典籍记载，《诗经·商颂·玄鸟》中有"天命玄鸟，降而生商"。今本《竹书纪年》也记载了简狄吞玄鸟之卵而生商之先祖契的传说，"初，高辛氏之世妃曰简狄，以春分玄鸟至之日，从帝祀郊禖，与其妹浴于玄丘之水。有玄鸟衔卵而坠之，五色甚好，二人竞取，覆以玉筐，简狄先得而吞之，遂孕。胸剖而生契。长为尧司徒，成功于民，受封商"。③《史记·殷本纪》将这一神话作为历史记载了下来："殷契，母曰简狄，有娀氏之女，为帝喾次妃。三人

---

① 参见陈勤建：《中国鸟信仰——关于鸟化宇宙观的思考》，学苑出版社 2003 年版，第 61 页。

② 萧兵：《中国文化的精英——太阳英雄神话比较研究》，上海文艺出版社 1989 年版，第 58 页。

③ 王国维：《今本竹书纪年疏证》，选自《古本竹书纪年译注》，李民等译注，中州古籍出版社 1990 年版，第 247 页。

行浴，见玄鸟堕其卵，简狄取吞之，因孕生契。契长而佐禹治水有功。帝舜乃命契曰：'百姓不亲，五品不训，汝为司徒而敬敷五教，五教在宽。"①屈原在《天问》中曾经发问："简狄在台，喾何宜？玄鸟致贻，女何喜？"②其实也从另一个侧面证明了这一神话传说流传之广。

不仅商人的祖先被看做因玄鸟而生，秦人也将自己的源出追溯到吞玄鸟之卵而生。《史记·秦本纪》记载："秦之先，帝颛顼之苗裔孙，曰女修。女修织，玄鸟堕卵，女修吞之，生子大业。"③这一段记载，说明秦祖大业也是其母女修吞玄鸟之堕卵而生。

《诗经·商颂·玄鸟》是关于玄鸟神话的第一篇记录，但并没有说清楚玄鸟具体是什么鸟。相较于《诗经》的记载，《竹书纪年》《史记》《天问》将商之先祖的诞生过程说得更为详细些，但仍然没有揭示玄鸟的奥秘。东汉时期的许慎、郑玄、王逸等认为玄鸟应当是燕子，但近代学者对此问题又产生了很大的分歧，有人延续旧释认为是燕子，也有人认为是乌鸦，郭沫若、闻一多则认为玄鸟应该是凤凰，当然还有人认为是丹顶鹤。④ 众说纷纭，并没有定论。也许不需要定论，我们可以肯定的是，玄鸟起初必定就是大自然中寻常可见的一种黑色的鸟，它可能是燕子，也可能是乌鸦，后来才神化为凤凰。因为它和太阳的联系，才成为人们崇拜的对象。

帝俊是东方殷民族的祖先，神话学家袁珂认为，帝俊的"俊"字，就是甲骨卜辞中的"夋"字，这个字刻画的本是一个鸟头人身的怪物。殷民族的神话里有"玄鸟生商"的传说，作为他们的始祖神——帝俊又

---

① （汉）司马迁：《史记》，点校本二十四史修订本，中华书局2013年版，第119页。

② （楚）屈原：《屈原选集》，人民文学出版社1998年版，第121页。

③ （汉）司马迁：《史记》，点校本二十四史修订本，中华书局2013年版，第221页。

④ 孙文政：《商族玄鸟图腾之探讨》，收录于2013年"历史上中外文化的和谐与共生"学术研讨会论文集。

明显地长了一个鸟头，这个鸟头毫无疑问应当是玄鸟的头了。① 玄鸟是受商人崇拜的神鸟，商人的这种玄鸟崇拜体现为祖先崇拜，所以，不光"商人祖先与太阳之间存在一种图腾认同关系"②，商人祖先与玄鸟之间也存在着一种图腾认同关系。商人不光是认同自己的祖先来源于玄鸟，而且从字的造型来看，还认为他就是这只神鸟在人间的异化。上述种种，无论是历史记载中的神话传说，还是由文字剖析得来的图腾认同关系，其实都无法确定这样的血缘关系是否真的存在。但是，神话在社会心理研究方面具有不可替代的作用，也许它不是客观世界的真实，但必定是心理世界的真实。翦伯赞《中国史纲》说"神话是历史上突出的片段的记录"，商人以此来追溯自己的祖先，反映了那个特定历史时刻人们的心理需要：确认和保持自身血缘关系的正统性和权威性。

此外，古代部族首领和帝王的尊称与太阳和鸟也有着密不可分的关系，最明显的例子，就是将太阳神的人格化体现于古代帝王和原始部落首领的称呼中。以"皇""帝"二字为例，甲金文中的"皇"和"帝"都有崇高之意，且都与日相关。张舜徽先生释"帝"为："帝，日也，甲文帝字有作 $\maltese$ 者，象光芒四射状……日字古读本在舌头，与帝音近，《易》曰'帝出乎震'，即指日也……日于天地间为例最大，故古人即以称君。"③他紧接着又解释"皇"为："皇，煌也。谓日出土上光芒四射也。此字金文作 $\unicode{x262F}$ ，或作 $\unicode{x262F}$ ，实象其形。皇之本义为日，犹帝之本义为日。日为君象，故古代用为帝王之称。"④在八卦卦象中，震卦表示东方，因此，《周易》中的"帝出乎震"即指"日出于东方"。无怪乎两千多年后，

---

① 袁珂：《中国神话传说》，世界图书出版公司 2012 年版，第 166 页。

② ［美］艾兰：《龟之谜：商代神话、祭祀、艺术和宇宙观研究》，汪涛译，四川人民出版社 1992 年版，第 22 页。

③ 张舜徽：《演释名·释天第一》，《郑学丛著》，华中师范大学出版社 2005 年版，第 270 页。

④ 张舜徽：《演释名·释天第一》，《郑学丛著》，华中师范大学出版社 2005 年版，第 270 页。

从陕北地区响起的歌曲《东方红》开头就唱道："东方红，太阳升，中国出了个毛泽东"。从诗歌的角度来看，歌词首句的"东方红，太阳升"属于起兴，由此引出下句中改变近代中国命运的伟大领袖毛泽东。为什么要以"太阳"的形象来起兴呢？其中因缘绝非偶然，这是历史上长期以来以太阳指代帝王的原型观深深地植根于人们心中的结果，这也说明即使在近现代人的眼里，太阳仍然是伟大领袖的象征。太阳与帝王之间的指代关系，在历代史书和文学作品中都有所体现，尤其当帝王昏聩、亲佞臣远贤人的时候，老百姓或文人就会以"浮云蔽日"等温柔敦厚之语间接地加以揭露和谴责，《古诗十九首·行行重行行》："浮云蔽白日，游子不顾反。"陆贾《新语》诗曰："邪臣之蔽贤，犹浮云之障日月。"

英雄人物与太阳的紧密联系，凸显出当时上层阶级对太阳的崇拜。他们敬畏于太阳对自然和人事的决定性影响，所以才通过命名，试图将这种力量传递到自己身上。将人世间的君王与高悬在上的太阳连成一体，也促成了上古时期的人们把对上天和鬼神的崇拜，慢慢转移到了对君权的尊崇上，使得中国传统文化没有西方那么明显的对神权的崇拜，而转变到对个人的英雄崇拜。

第二节 "雅""乌"分流

华夏文明史上的英雄，传说很多都有着太阳鸟神话的出身。然而，尽管他们有着神话般的出身，或作为神话般的人物被普通民众视作神明来敬仰，但堕入凡间的英雄，终归不再是神灵。英雄作为人类的一分子，必然也要承受作为人的种种局限和不自由，例如生命的有限、空间的局限。凡人终有一死，我们只能暂时栖居于这大地之上，即使是英雄，也无法摆脱这两个魔咒。为了抵抗死亡，古代的帝王热衷于访仙问道，追求长生不老之术。人身处大地，也依然渴望能够与上天保持密切的沟通，他们一方面用各种各样的祭祀礼器和礼仪与上天保持着神秘的联系，一方面也在语言和文字中体现了这种内心的渴望。在天—地—

神—人之间，鸟类由于其有翅膀、能够自由飞翔的缘故，在信奉接触律和相似律的早期人类心中，自然而然地就成为沟通上下的中介。日本汉学家白川静先生在《汉字百话》一书中研究了关于汉字的一百个专题，其中"鸟形灵"这一专题，特别讲到"隹"旁字与鸟形灵的关系，他认为"在具有神话性质的世界观中，鸟兽都被看做是精灵，或是精灵的化身。鸟儿飞翔和野兽伫立的形象都包含这样一些启示性的意义"。①"'隹'字指的传达神明旨意的使者"，②"隹"在许多汉字中作为表示禽鸟类的形旁（义符）出现，很多现在已经不太能看得出关系的汉字，深究其汉字字源，也多与飞鸟相联系。"唯""進（进）""應（应）""夺"等字可以为例。汉字中的鸟形灵，初步揭示了汉字字形中的这一朴素观念。此外，在汉语无确切意义的感叹语中，也有着与鸟类的天然联系，集中表现这一点的就是人类模仿乌鸦啼鸣所发出的"乌呼之叹"。

一、乌呼之叹

《说文》卷四上释"乌"为："乌，孝乌也，象形。孔子曰乌亏呼也，取其助气，故以为乌呼。"金文"乌"，乌鸦口部大张这一象形特征非常明显（图4）。《说文》中的篆文"乌"有所规整，像是没有画出眼睛的鸟形，可能是由于乌鸦全身黑色的羽毛，看不清眼睛的缘故（图5）。以"乌呼"来表示感叹，仿佛就是模拟乌鸦昂首张口朝向上天的呼号。

图4　乌（集成6014）　　　　图5　乌（说文）

---

① ［日］白川静：《汉字百话》，郑威译，中信出版社2014年版，第48页。
② ［日］白川静：《汉字百话》，郑威译，中信出版社2014年版，第49页。

"乌呼"在古文献中的用例很多,仅《尚书》中就使用了数十次。《尚书》是已知最早的一部中国古代历史文献汇编,所记内容包括虞夏商周四代,大部分是朝向大众的号令和君臣相告的话,也有小部分是记事的,不过记事的几篇据说是由战国时人所作。[1]《尚书》中大量使用了叹词,读《尚书》给人留下一种印象就是,那时候的人说话仿佛都要先叹息一声,然后才开始正式发声。其中,《尧典》和《虞书》中的叹词,以"咨、都、吁、于、俞"为主,从《夏书》开始,出现了"乌呼",并且使用频率非常高,使用场景主要集中在讲演、号令和君臣相告。君主、大臣的重要讲演号令和对话,往往都会先"乌呼"(呜呼)一声,然后才开始讲述正式内容,今试举数例如下:

呜呼!曷归?予怀之悲。万姓仇予,予将曷依?(《五子之歌》)[2]

呜呼!惟天生民有欲,无主乃乱。惟天生聪明时乂。(《仲虺之诰》)[3]

呜呼,慎厥终,如其始。殖有礼,覆昏暴。钦崇天道,永保天命。(《仲虺之诰》)[4]

呜呼,尚克时忱,乃亦有终。(《汤诰》)[5]

呜呼!古有夏先后,方懋厥德,罔有天灾。山川鬼神,亦莫不

---

① 朱自清:《经典常谈》,万卷出版公司 2015 年版,第 28 页。

② (汉)孔安国传,(唐)孔颖达疏:《尚书正义》,北京大学出版社 1999 年版,第 180 页。

③ (汉)孔安国传,(唐)孔颖达疏:《尚书正义》,北京大学出版社 1999 年版,第 196 页。

④ (汉)孔安国传,(唐)孔颖达疏:《尚书正义》,北京大学出版社 1999 年版,第 199 页。

⑤ (汉)孔安国传,(唐)孔颖达疏:《尚书正义》,北京大学出版社 1999 年版,第 201 页。

宁。(《伊训》)①

呜呼! 先王肇修人纪,从谏弗咈,先民时若。(《伊训》)②

呜呼! 嗣王祗厥身,念哉。圣谟洋洋,嘉言孔彰。(《伊训》)③

呜呼! 惟天无亲,克敬为亲。民罔常怀,怀于有仁。鬼神无常享,享于克诚。(《太甲下》)④

呜呼! 弗虑何获? 弗为何成? 一人元良,万邦以贞。(《太甲下》)⑤

呜呼! 天难谌,命靡常。常厥德,保厥位。厥德匪常,九有以亡。(《咸有一德》)⑥

呜呼! 七世之庙,可以观德。万夫之长,可以观政。(《咸有一德》)⑦

商纣王荒暴无度,不把百姓放在眼里,认为自己有命在天,老百姓能奈我何。祖伊反驳他,天子罪恶众多,上天都看在眼里,如果上天降罪诛罚,天子难道能抗拒得了上天的责罚吗? 就在这场对话之中,两人均以"呜呼"开头:

---

① (汉)孔安国传,(唐)孔颖达疏:《尚书正义》,北京大学出版社 1999 年版,第 203 页。
② (汉)孔安国传,(唐)孔颖达疏:《尚书正义》,北京大学出版社 1999 年版,第 204 页。
③ (汉)孔安国传,(唐)孔颖达疏:《尚书正义》,北京大学出版社 1999 年版,第 206 页。
④ (汉)孔安国传,(唐)孔颖达疏:《尚书正义》,北京大学出版社 1999 年版,第 213 页。
⑤ (汉)孔安国传,(唐)孔颖达疏:《尚书正义》,北京大学出版社 1999 年版,第 214 页。
⑥ (汉)孔安国传,(唐)孔颖达疏:《尚书正义》,北京大学出版社 1999 年版,第 216 页。
⑦ (汉)孔安国传,(唐)孔颖达疏:《尚书正义》,北京大学出版社 1999 年版,第 218 页。

王曰："呜呼！我生不有命在天？"祖伊反曰："呜呼！乃罪多参在上，乃能责命于天？"(《西伯戡黎》)①

《泰誓》是周武王"徇师而誓"，号召将士们共同讨伐商纣王时所作的一番鼓舞士气的军事宣言，开头也是以"呜呼"为发语词：

呜呼！西土有众，咸听朕言……(《泰誓》)②

据《〈左传〉语言研究》，《左传》中叹词仅有五例，其中有三处是"乌呼"，也写作"呜呼"，列举如下③：

大叔文子闻之，曰："乌呼！《诗》所谓'我躬不说，遑恤我后'者，宁子可谓不恤其后矣！"
初，王儋季卒，其子括将见王，而叹。单公子愆期为灵王御士，过诸廷，闻其叹，而言曰："乌乎！必有此夫！"
夏四月己丑，孔丘卒。公诔之，曰："昊天不吊……呜呼哀哉！尼父！"

高鸿缙《中国字例二篇》曰："于为乌之异体，乌侧立，于则飞也。"④《诗经》中使用的"于乎"，实际意思与《尚书》和《左传》中的"乌呼"一致。《诗经·大雅·荡之什》："于乎！何辜今之人？天降丧乱，

① (汉)孔安国传，(唐)孔颖达疏：《尚书正义》，北京大学出版社1999年版，第260页。
② (汉)孔安国传，(唐)孔颖达疏：《尚书正义》，北京大学出版社1999年版，第274页。
③ 参见何乐士：《〈左传〉语法研究》，河南大学出版社2012年版，第417页。
④ 李圃主编：《古文字诂林》，上海教育出版社1999年版，第四册第259页。

饥馑荐臻。……于乎哀哉！维今之人，不尚有旧。"《诗经·大雅·抑》云："于乎小子，未知臧否。"《诗经·周颂》云："于乎，前王不忘。"

从上述三部古文献中有关"乌呼"（乌乎、于乎）的引例，我们可以看出"乌呼"这一叹词往往出现在语句开头，可单独成句。在开口之前，说者先以"乌呼""呜呼""呜呼哀哉"等叹词表意。而在此叹词之后出现的字词或句子，往往是说者所要特别强调的内容。颜师古《匡谬正俗》云："呜呼，叹辞也。或嘉言其美，或伤其悲，其语备在诗书不可俱载。"①《今文尚书》中用"呜呼"的地方，《古文尚书》中均以"于戏"表示，《诗》皆云"于乎"，他强调"文有古今之变，义无美恶之别"。② 意思就是"乌呼""于戏"虽然写法不一致，但意义相似，是古今演变的结果，并没有语境上的差异，非如后代所言"若哀未祭文即为呜呼，其封拜册命即为于戏"。③ "乌"和"于"都是鸟状的象形字，其读音也像其啼呼之声。"乌呼"变为"呜呼"，是后来的人为了区分"乌"的本义和表叹词的引申义，而人为地加上了一个"口"旁。

二、情感的凝聚

"乌呼"本身并没有什么具体的含义，它到底表达了一种怎样的思想感情，还需要联系各自具体的语言环境才能决定。比如《西伯戡黎》中商纣王和祖伊对话中的两声"呜呼"含义就截然不同：前者是一种骄傲和自诩，笃定上天必定福佑王者；后者则是激愤和痛心，悲叹上位者不懂真正的天命，"但绝不意味着它的独立语义不存在，这种独立语义就相当于'乌雅说'、'乌雅教导我们'、'以乌雅的名义'等等，和'耶和华说'、'以圣父圣母圣子的名义'、'安娜乎'、'阿弥陀佛'等相类，

① 王云五主编，颜师古著：《匡谬正俗》，商务印书馆1937年版，第17页。
② 王云五主编，颜师古著：《匡谬正俗》，商务印书馆1937年版，第17页。
③ 王云五主编，颜师古著：《匡谬正俗》，商务印书馆1937年版，第17-18页。

是一个极有权威性的概念。"①不管"乌呼"的意义是嘉美也好、是哀伤也罢，萦绕于"乌呼"的思想感情，总是笼罩着一层浓重的原始自然宗教的神秘色彩。这些"乌呼"，或为悲叹、或为告诫、或为勉励、或为赞颂，但都有一种"对天命的虔诚和崇敬"。在这里，"乌呼"成为沟通上天的祈祷，又是代天立言的中介。这一声声长叹，叹的是无奈悲哀的命运，是万世嘉许的功绩，是自诩得到庇佑的福德，是虽然悲哀着却又必须坦然承受的命定。那时那刻，对天命的无限信仰和对人自身力量的肯定，在这些密集的"乌乎"之叹中得到了最为集中、最具爆发力的呈现。"乌呼"一词，是古代原始宗教具有神圣性的仪式在语言层面的简化和高度浓缩，在这一声长叹中，仿佛还能瞥见那神圣仪式的淡痕：具有通天通神本领的巫师(后来是君主)，在万众瞩目之中，登上高高的祭坛，仰望苍穹，发出一声"乌——呼——!"那是何其壮观而神圣的时刻。

在日常普通的语言环境中，人们的话语表达很少会用到"乌呼"。只有当人处在情绪极度高昂、紧张或极端低落的状态下，才会发出"乌呼"之叹。借助于模仿能够传递大自然神力的乌鸦的啼鸣，以祈求得到天地神明的助力，或者达成与不可知的不可见的神灵的沟通交流。这一点与卡西尔所说的巫术技术要求一种紧张的凝聚有着异曲同工之妙，卡西尔说："在诸如艺术和工艺、狩猎、收集块根植物以及采集果实等无生命危险的经济事务中，人并不需要巫术。只有在情感极度紧张的情况下，他才诉诸巫术礼仪。但是恰恰正是对这些仪式的履行给他以一种新的他自己的力量感——他的意志力和活力。人靠着巫术所赢得的乃是他的一切努力的最高度凝聚，而在其他的普通场合这些努力是分散的和松弛的。"②

---

① 汤斌：《雅正考》，《社科纵横》，1993 年第 4 期。
② ［德］恩斯特·卡西尔：《人论》，甘阳译，上海译文出版社 2015 年版，第 157 页。

原本与巫术精神相连的"乌呼之叹",随着巫术信仰在人们意识中的淡化(但并不是完全消失),审美上的抒情性却逐渐得到了强化,由一种来自神话精神的信仰转变为一种审美情感的集中爆发,蕴含着人在某种特殊的精神状态下而具有的高度凝聚的思想感情。近现代的悼词和祭文中常见"呜呼"一词,一方面是因为写作悼词和祭文的人本身情感之高度的凝聚,另一方面也暗含着借助这通天达地的祈祷词来实现与天上之灵沟通的渴望。

1921年1月9日,身处法国的蔡元培得知夫人黄仲玉已于当月2日病逝,不但不能见亡妻最后一面,就连其葬礼也未能参加,他怀着万分悲痛的心情,写下《祭亡妻黄仲玉》的悼文。这篇不到2000字的悼文,12次用到了"呜呼"一词,开篇、结尾以及中间的论述中均有悲叹,开篇第一句"呜呼!仲玉,竟舍我而先逝耶?"①先以"呜呼"之叹,传递了自己难以言传的心痛,又隐藏着一种期待和死去的亡灵交流的强烈渴望。祭文结尾讲到自己平日不信死者有知,但如今为了亡妻,却不愿相信死者无知,反而期待亡妻魂灵有知,能与之作此最后的交流:"呜呼!死者果有知耶?我平日决不敢信;死者果无知耶!我今日为汝而不敢信;我今日唯有认汝为有知,而与汝作此最后之通讯,以稍稍纾我之悲悔耳!呜呼!仲玉!"②

在古文中,与"乌呼"类似表示高度凝聚的情感的词,还有"上邪"。汉代有一首乐府诗,题目就叫《上邪》,这首诗的开头第一句就是"上邪"两个字,这里的"上"即上天的意思,也就是在呼喊"高高在上的青天啊!"人在情感最为激烈的时刻,常常做此呼喊。《上邪》讲的是男女之间坚贞的爱情,叙述者发愿之前先呼"上邪!"然后说:"我欲与君相知,长命无绝衰。山无陵,江水为竭,冬雷震震,夏雨雪,天地合,乃

---

① 蔡元培:《祭亡妻黄仲玉》,《蔡元培散文》,上海科学技术文献出版社2013年版,第206页。

② 蔡元培:《祭亡妻黄仲玉》,《蔡元培散文》,上海科学技术文献出版社2013年版,第208页。

敢与君绝。"事实上，这首诗的主要含义用诗中的那句"我欲与君相知，长命无绝衰"就足以概括，然而仅仅如此表达的话，它就只是一句读来尤为平淡普通的爱情誓言。这首诗之所以能成为感动千古的爱情箴言，其妙处就在于开头的"上邪"和那五个绝无可能的关于自然现象的假设。内心喷薄而出的情感，借助这一声呼喊掀起了第一波高潮。古人对于上天的情感是敬畏而景仰的，在此情感支配下的对天发誓，他们是绝不敢违背的。这个誓言就是：我愿与相爱的人相知相守，这份感情永不绝衰。誓言之前的"上邪"，起到了沟通上天的作用，标志着这不仅是我对你的誓言，更是一份与上天订立的盟约。仅此还不够，叙述者在誓言之后又继续升华，以退为进提出"山无陵，江水为竭，冬雷震震，夏雨雪，天地合，乃敢与君绝"的假设，这一连串的排比掀起了第二波的情感高潮，只有当山峰没有棱角，江水枯竭，冬天响起隆隆的雷声，夏天下雪，天与地重合，我乃敢与君绝，这些不可能出现的假设场景又进一步强调了"长命无绝衰"的誓言。

今天的我们在极度惊恐、极度惊喜、极度悲哀的时刻，也会高呼一声"天啦"，这样的呼喊，与"上邪""乌呼"有着异曲同工的作用，都包含着强烈的情感。唯一也是最重要的区别在于，由于神话思维和巫术信仰在现代社会的衰落，无论是"天啦""乌呼"还是"上邪"，都不再具有古人来源于信仰深层的对于上天的敬畏之情。

三、语音的不同

"雅"与"乌"有着相似的含义，为什么在表示雅正、高雅之义时，用了"雅"字，而在最接近巫术仪式残留物的乌呼之叹中使用"乌"字呢？陈独秀在《小学识字课本》中也提到了这个问题："古言乌呼，今音阿哈，皆读喉声麻韵，故孳乳为雅，与乌之古音同，《说文》云'雅，楚乌也，秦谓之雅。'大小雅者，即《史记·李斯传》所谓'歌呼乌乌'之音，《汉书·杨恽传》'仰天拊缶而呼乌乌'，师古注曰'乌乌，秦声，关中旧有此曲。'今乐杂剧秦腔犹如此，周京本秦地，故以雅为中原正音，后专以雅为雅正字，乃做鸦或鵶以别之，今语曰乌鸦。"①陈独秀认为"乌呼"是由关中旧曲演变而来的，"歌呼乌乌""仰天拊缶而呼乌乌"，"乌"就像是歌声中的咏叹调，昂首向天，"乌呼"一声，在这似歌如叹中，确信或希求着人与上天最为紧密的联系。

此外，从语音上来看，"雅"与"乌"虽然古音相同，但至少在东汉许慎的时代，两者的读音已经全然不同，"雅"为开口呼，"乌"为闭口呼，"雅"是仄声字，"乌"是平声字。汉语"a"音字的特点决定，开口呼的"雅"字更适宜用来表示积极正向、光明愉悦、崇高伟大的含义。意大利著名符号学家艾柯认为，我们只需将两个发音相近的符号放在一起，其间的相似性就会挺身而出；最理想的情况是，能指之间的相似（至少在相遇的时刻）在先，而所指之间的相似是它所引起的后果。

中外寓言传说都有记载，乌鸦是一种有智慧的生命。《伊索寓言》中记载了乌鸦使用工具的杰出本领，确实是其他鸟类难以企及的。② 英国有学者专门写了一本名为《乌鸦》的小册子，书中有关于乌鸦形体的描绘，读来令人捧腹，"但乌鸦的确异常'优雅'。从它的喙尖到尾端呈现出一条完整的曲线，无论它是左右摇头或是向下俯身，这条曲线都能随之有节奏地变化调整"。③ 乌鸦自身所具有的智慧、优雅和预言能力，大概也潜移默化地成为"雅"所代表的抽象含义的来源之一。世界上很多国家的寓言传说都描述过乌鸦的智慧和预言能力，甚至也有家族将乌鸦作为族徽，但唯独在中国，"雅"从表示乌鸦的鸟类名词中跳脱出来，最终演化上升为"雅"范畴，应当不仅仅是因为来自乌鸦本身的客观物质层面的含义，而更多地具有民族文化心理的深层原因。

---

① 李圃主编：《古文字诂林》，上海教育出版社1999年版，第四册第257页。
② 《伊索寓言》中讲述了一只口渴的乌鸦找到了一个装着水的大陶罐，但是陶罐太重、脖颈又长，乌鸦便衔来一颗颗小石子从罐口丢进去，直到罐中的水位上升到它能喝的位置。
③ [英]博里亚·萨克斯：《乌鸦》，魏思静译，生活·读书·新知三联书店2009年版，第13页。

第三节 "雅"与华夏

古代人对世界地理的认知是十分有限的，他们认为"天圆地方"，而自己处于这个世界的中心。研究中国古代社会的学者称"中国人也在自己的经验和想象中建构了一个'世界'，他们常常把它称为'天下'。他们想象：第一，自己所在的地方是天下的中心，也是文明的中心；第二，天下的大地好像一个棋盘，或者像一个回字形，由中心向四边不断延伸；第三，地理空间越靠外延，就越荒芜、越野蛮，文明的等级也越低"。① 在这一中心观的影响下，本土中原地区不仅成为地理位置上的核心，也成为文化的核心，"本土中原是上古东夷、西夏、南蛮、北狄四大集群的争夺区，也是四大集群文化交流、冲突、汇集之地，因此，以夷夏为基础的中原华夏文化成为吸收四方百族的'核心文化'"。② 这种天下中心观不仅呈现在对地理的认知上，也清晰地体现在氏族名称上。为事物命名，原本就是一件神圣的事情，这种神圣既在于命名之初的思维方式，即古人是如何将名与实形成对应关系的，也在于命名之后思想信念上的那种笃信无疑。普通事物的命名尚且如此，人的命名、氏族的命名自然更是如此。越是在古老原始的时代，名字所代表的含义越是神圣。中国古人除了有姓、有名，还有字，《礼记·曲礼》云"男子二十冠而字""女子十五笄而字"，也就是说男子二十弱冠、女子十五及笄时会取字。体现在称呼上的礼节也非常多，同辈或者晚辈只能称呼尊长的字，而不能直呼其名，直呼尊长的名，会被视做大不敬，也因此有了"避讳"一说。所以，在汉字家族中，用于表示氏族称号和氏族首领名称的那些字，比如华夏、蛮夷戎狄，是值得深究的。这些字的形成过程、选择原因和沿用历史往往都是有故事的，对研究一个族群的文化和

① 葛兆光：《古代中国社会与文化十讲》，清华大学出版社2002年版，第2页。

② 潜明兹：《中国神话学》，上海人民出版社2008年版，第263页。

心理有着重要的意义,它是氏族集体智慧的结晶,是这一群体中人进行自我体认的一种思维方式。

一、天下中心的表达

20世纪八九十年代,以萧兵、叶舒宪为代表的文化人类学者出版了"中国文化的人类学破译"系列丛书,其中有一本是专门研究"中"字的,作者引证非常丰富,就这一个字的破译,洋洋洒洒写了九十余万字,其开篇提到"世界各文明古国几乎都自认为居于'世界中心',亦即存在所谓'自我中心幻觉',尽管表达形式不尽相同。许多原始氏族、部落或家族也以处于宇宙之'中'点自豪。然而也几乎只有'中华民族'和'中国'至今仍以'中'自名"。① 据作者考证,"中"的原始意义是"神圣的杆柱"。

《说文》卷一上释"中":"内也,从口、丨,上下通也。"段玉裁注曰:"内者,入也;入者,内也。然则中者,别于外之辞也,别于偏之辞也,亦合宜之辞也。"②"中"的字形"象旌之旗,垂线之中加方形、圆形、点画以表示旌旗之中,古以旌集众,引申则为中央"。③《新编甲骨文字典》则对"中"的形成和作用说得更为详细:"中,本旗形,旗中之口为指事,中间之义。氏族社会都建旗徽,作为自己氏族之标志,凡有大事都'立中',立中即立旗,以便众人望而聚之……《左传·文公元年》'举正于中,民则不惑。'"④从汉字的构形来看,"中"乃指事字。甲金文"中"字出现的次数很多,我们从甲金文"中"字的各类形态中仍然能直观地感受到旗帜飒飒飞扬的动感(图6~图9):

---

① 萧兵:《中庸的文化省察——一个字的思想史》,湖北人民出版社1997年版,第3页。

② (汉)许慎撰,(清)段玉裁注:《说文解字注》,上海古籍出版社1988年版,第21页。

③ 方述鑫、林小安、常正光、彭裕商编著:《甲骨金文字典》,巴蜀书社1993年版,第29页。

④ 刘兴隆:《新编甲骨文字典》,国际文化出版公司1993年版,第27-28页。

图 6 中(合集 5595)

图 7 中(合集 389)

图 8 中(甲 398)

图 9 中(集成 370)

古代氏族将自己的氏族标志镌于旗帜之上,族内举凡有大事,则立中聚议。立中的位置在氏族领地的中心,那里一般也是首领的所在地。可见,"中"的字形是氏族社会立中(立旗)议事的一面旗帜,氏族中人抬头望见旗帜,即知氏族中心在哪里,便可望而聚之。所以"中"既成为氏族社会内部空间性的标志,也成为氏族首领权威性的代表。

中原、中华等概念,由以上"中"字的内涵演变而来,最初也是起源于空间上的界定,含有中央之意。所谓中原,又称中土、中州,狭义的中原指今河南省一带,广义的中原指黄河中下游地区或整个黄河流域。① 研究东亚考古史的日本学者宫本一夫先生认为,"中华"这一思想方式,"诞生于商周社会后期即春秋战国时期,它形成文化可说是在战国时代。而后这种称之为中华的思想方式在继承了战国时代思想的汉代得以完成"。② 先秦典籍中没有"中华"的说法,但有"中国"

① 张逸逦编著:《国学知识一本通》,中国纺织出版社 2015 年版,第 77 页。
② [日]宫本一夫:《从神话到历史:神话时代夏王朝》,吴菲译,广西师范大学出版社 2014 年版,第 387 页。

和"华夏"之称，如"唯仁人放流之，迸诸四夷，不与同中国"(《大学·传十章》)，"是以声名洋溢乎中国，施及蛮貊"(《中庸·第三十一章》)。

在出土文物中，"中国"一词最早出现在西周青铜器何尊，尊内铭文"宅兹中国"是"中国"一词最早的文字记载，铭曰：

> 唯王初壅，宅于成周。复禀(逢)王礼福，自(躬亲)天。在四月丙戌，王诰宗小子于京室，曰："昔在尔考公氏，克逑文王，肆文王受兹命。唯武王既克大邑商，则廷告于天，曰：余其宅兹中国，自兹乂民。呜呼！尔有虽小子无识，视于公氏，有勋于天，彻命。敬享哉!"唯王恭德裕天，训我不敏。王咸诰。何赐贝卅朋，用作庾公宝尊彝。唯王五祀。

典籍中出现"华夏"二字并称，最早为《尚书·武成》"华夏蛮貊，罔不率俾"；其次有《左传·定公十年》："裔不谋夏，夷不乱华。"《春秋左传正义》释"华夏"为："中国有礼仪之大，故称夏；有服章之美，谓之华。"从华夏先民对自己民族的命名来看，他们将自己与"华""夏"联系在一起，其中有着深深的对自身文化、礼仪的自豪感和崇敬感。

"华"，是花的本字，始见于金文，由花蕊和花瓣的象形构成，好似花朵盛开之状(图10)。小篆以后加了草字头(图11)。《诗经·桃夭》有"桃之夭夭，灼灼其华"。《说文》卷六曰："华，荣也。"引申为繁荣昌盛、美丽而有光彩之义。《尚书·顾命》以"华玉"与"文贝"并称，可以证明华乃华彩之华，文乃文采之文。"华"与"文"可以互文。

"夏"的甲骨文字从日、从页，页本是人首，故可以指人。人的头上顶着烈日，故也可以表示天气炎热(图12)。《说文》小篆的"夏"，省掉了"日"，但其下的"夂"与"足""止"同义(图13)。《说文》卷五下曰："夏，中国之人也。"段注补充曰："以别于北方狄、东北貉、南方蛮、闽西方羌、西南焦侥、东方夷也。夏引申之义为大也。"①《尚书·舜典》孔颖达疏云："夏训大也。"《方言》卷一云："自关而西，秦晋之间，凡物之壮大者而爱伟之，谓之夏。""华夏"二字联系起来，正是一个美丽而有光彩的大人形象。

图 10 华(集成 4112)

图 11 华(说文)

图 12 夏(合集 27722)

图 13 夏(说文)

古代中国人长期生活在天论和人论不分的传统之中，在中国古代神话中，人，尤其人群中的英雄人物常常被认为是神创的或神生的，在这样的一种传统中，人和物的联系、人和自然的联系是非常紧密的。从神话思维的特征上来看，原始人也常常将自己和自然界、动物界融为一体。以天为父，以地为母，人与世界万物一样，为天地父母所生，人类最初的时空观往往是混沌不分的。"夏"这个字不仅表示大人形象，还与自然界的物质(火)、与方位(南方)、与赤气相连，太阳的运行与人类的认知生活密切相关，不仅给人们带来四季的变幻，就连方位的确

① (汉)许慎撰，(清)段玉裁注：《说文解字注》，上海古籍出版社 1988 年版，第 233 页。

定、颜色与方位之间的串联，也与太阳的运行有关。①

华夏族主要居住在黄河中下游地区，在华夏族各国之间以及周围，还生活着许多的少数民族，最具有代表性的就是蛮、夷、戎、狄。据史书的记载，中原华夏与蛮夷戎狄之间，起初也是源于空间性的界定。司马迁在《五帝本纪》中讲述了上古的五位王者黄帝、颛顼、帝喾、尧、舜的英雄事迹和治理国家的历史事迹，其中提到历史上著名的涿鹿之战，"蚩尤作乱，不用帝命，于是黄帝乃征师诸侯，与蚩尤战于涿鹿之野"。相传蚩尤为九黎之君，九黎即九夷，从其地域来考定属于东夷集团。② 古音韵部、声母都相同或相近的属同源字。从字源上考察，黎、夷就是同源字。在上古音中，黎、夷二字均为脂部开口三等韵，声调都是平声。黎、夷的声母分别属来母、喻母，一为舌头音，一为舌面音，在声母系统的纽表中，属于同类同直行的准双声。

"三苗在江淮、荆州数为乱"，名为三苗的氏族处于江淮、荆州一带，也就是汉水下游地区至长江中游一带时常作乱。《战国策·魏策一》第七载："昔者，三苗之居，左彭蠡之波，右洞庭之水，汶山在其南，而衡山在其北。恃其险也，为政不善，而禹放逐之。"其中明确指出三苗居住在长江中游一带。③ 由此可以看出三苗和蚩尤一样，是与有正史记载的五帝处于不同系统的区域群体，其位置在南方。

《尚书·舜典》记载舜的治理功绩时，其中有"四罪而天下咸服"的"流共工于幽州，放驩兜于崇山，窜三苗于三危，殛鲧于羽山。"《史记·五帝本纪》记载巡视归来的舜向尧进言："流共工于幽陵，以变北狄，放驩兜于崇山，以变南蛮，迁三苗于三危，以变西戎，殛鲧于羽山，以变东夷……"这一段记载与《舜典》类似，只是更详细地强调了一

---

① 参见叶舒宪：《中国神话哲学》，中国社会科学出版社 1992 年版。

② 徐旭生：《中国古史的传说时代》，广西师范大学出版社 2003 年版，第52-53 页。

③ ［日］宫本一夫：《从神话到历史：神话时代夏王朝》，吴菲译，广西师范大学出版社 2014 年版，第 21 页。

下这么做的原因和好处。幽州、崇山、三危和羽山，分处北、南、西、东四个方向。此外，《史记·五帝本纪》在记载舜的功绩和天下太平的情状时，又出现了以舜的统治地域为中心的四方部族疆域概念的记述："南抚交趾、北发，西戎、析枝、渠廋、氐、羌，北山戎、发、息慎，东长、鸟夷，四海之内咸戴帝舜之功。"东、南、西、北等方位词，在这两段记载中同时出现，与之相连的均是有别于中原华夏部族的四方区域部族群体的名称和方位，这很显然是以中原华夏之地为中心而言的。

当是时，五帝活跃于黄河中游和渭水一带，而与之相对的几个部族分布其周边，这大概可以算是传说时代的世界观。不过这一世界观中特别显现出的"天下中心观"并不一定是五帝时代就已经具备的思想，正如日本学者宫本一夫所言："这里提及的北狄、南蛮、西戎、东夷等区域群体的概念是周代、特别是春秋、战国时代的区域概念，是当时的人们对周边各民族的称谓。而在五帝时代未必就存在这样的周边民族的概念。这段记述显示的是西汉司马迁在编纂《史记》时的区域概念和民族概念，未必就是传说中的时代的史实。"①历史的记载，与记述人所处的时代观念密切相关。即使如此，也可以说明，至少在春秋战国时期，以中原华夏部族为中心的"天下中心观"已经成型。

《尚书·禹贡》中，有"九州岛"和"五服"的记载，这是古代中国"天下中心观"的一个正式表达。《禹贡》将天下划分为由中心依次向外展开的一个回字形的空间层次，"九州岛"分别是：冀州、兖州、青州、徐州、扬州、荆州、豫州、梁州、雍州，大概相当于今天的河北、山东、江苏、湖北、湖南、河南、四川、陕西、山西等地，这就是大禹治水时所关心的"天下"，所以也被称作"禹域"。"五服"分别是：五百里甸服、五百里侯服、五百里绥服、五百里要服以及遥远的荒服。这"五服"就是环绕着中心"王畿"的方方正正的偏远区域。五服的"服"字，一

① ［日］宫本一夫：《从神话到历史：神话时代夏王朝》，吴菲译，广西师范大学出版社 2014 年版，第 22 页。

方面可以解释为"服,事也"。这一解释体现了外层空间区域对中央政权的如众星拱月般的服从和服侍之意。另一方面,"服"字也可以看做是"辟土服远"一词中的"服",这一解释则暗含有中央统治逐渐向外层拓展征服从而树立统治者的权威之意。

继《尚书》中出现的五服之后,《周礼》中又出现了九服的划分,《周礼·夏官·职方氏》云:"乃辨九服之邦国:方千里曰王畿,其外方五百里曰候服,又其外方五百里曰甸服,又其外方五百里曰男服,又其外方五百里曰采服,又其外方五百里为卫服,又其外方五百里为蛮服,又其外方五百里曰夷服,又其外方五百里曰镇服,又其外方五百里曰藩服。"正如叶舒宪先生所言:"从处于九服之外层的蛮、夷、藩这些名目看,显然是中央帝国对边远民族的习用蔑称;而'卫'与'镇'之类的名目则毫不掩饰地流露着文化冲突所导致的政治的、军事的意蕴,已根本不是纯粹空间划分意义上的地理概念。"①很显然,五服以及后起的九服,均体现了王教政化征服周围边远异族的政治意图。

二、蛮夷戎狄的界定

蛮夷戎狄,正是中原华夏之人在"天下中心观"的影响下,对位于四方的部落族群的汉字书写。先秦时期,中原人称自己为"华夏族",而称周边地区的民族为"四夷",即"东夷、南蛮、西戎、北狄"。从蛮、夷、戎、狄等字的古文字造型中,我们可以看出与"华夏"二字截然不同的寓意。上一节,我们讲过,华,是花的本字,其形是盛开的花朵形状;夏,是太阳下立着的伟大的人的形象。而蛮夷戎狄各自所代表和象征的形象又是什么呢?

"蛮",《说文》卷十三上:"南蛮蛇种,从虫□声。"徐笺曰:"南方多虫蛇,故蛮闽从虫,皆名其地,而移以言人尔。"②王筠《说文句读》

---

① 叶舒宪:《"大荒"意象的文化分析》,《原型与跨文化阐释》,暨南大学出版社 2002 年版,第 269 页。

② 丁福保编纂:《说文解字诂林》,中华书局 1988 年版,第 13022 页。

曰："《王制》南方曰蛮。《禹贡》三百里蛮。马注：蛮，慢从其俗，羁縻
其人耳，故云蛮蛮之言，昏也。《白虎通》：蛮蛮难化，执心为邪。"①
不过，在金文中，"蛮方""百蛮"的"蛮"，不从虫，而写作 （集成
10173），这一字形在西周时期的史墙盘、虢季子白盘和秦公镈的铭文
中可以见到。观其金文字体，很像是南方民族族徽上的装饰图案，并没
有任何贬义。"蛮"的篆文字体中，加入了虫，认为南蛮蛇种，故以虫
为形旁，并相应地生发出一系列贬义，其立足点，均暗含一种认为中原
华夏文化才是正统的傲慢姿态。这一点，从"蛮蛮之言，昏也"（语言层
面）、"蛮蛮难化，执心为邪"（教化和心性层面）可以看出。据《中国通
史》记载："蛮族生活在楚之南，分支较多，除卢戎外，统称'群蛮'和
'百濮'。春秋时期，群蛮和百濮的大部分为楚征服，与楚国人民融合
在一起……楚国是南方地区各族融合的中心，同时，楚又是沟通中原
华夏族和南方蛮族的文化交流的桥梁。"②

　　"夷"，《说文》卷十下："平也。从大从弓，东方之人也。"但"夷"
的甲骨文字体 （合集 17027）、金文字体 （集成 2805），都是箭矢置于
弓上、蓄势而发的形状。箭矢和弓，均为战争中的武器，箭在弦上发
射，重在平正，才能射中目标，故而，"夷"引申出了平的意思。夷族，
分为舒夷、淮夷、徐夷和莱夷，其中淮夷在齐国的东面，是夷族中较为
强大的一支，西周初年，曾与齐太公争营丘。公元前 567 年，齐国灭了
莱夷，将边境延伸到了渤海，在此之后，鲁国和齐国又不断地征伐淮夷
和徐夷，公元前 512 年，徐夷归顺了齐国。齐国逐渐成为东方各族的融
合中心。

　　"戎"，《说文》卷十二下："戎，兵也，从戈从甲。""戎"的甲骨文
（甲 2274）、（合集 21897），是持戈从盾之形。盾牌有做方形的，
也有做十字形的，十字形与"甲"的古文字类似，所以演变至说文的篆

---

① 丁福保编纂：《说文解字诂林》，中华书局 1988 年版，第 13023 页。
② 关中人编：《中国通史》第 1 册，延边人民出版社 2002 年版，第 211 页。

体,就被当作一个从甲的字。戎族支系甚多,历史书上常有记载,戎狄披发左衽、饮食衣服不与华同。春秋时期,与西戎关系最为密切的是秦国,从秦文公到秦穆公,不断将疆土向西部推进,秦国成为西部地区的融合中心。

狄,《说文》卷十上:"赤狄,本犬种。狄之为言,淫辟也,从犬,亦省声。"狄,"从犬从火,释狄,音笛。"①狄分为白狄、赤狄和长狄,活跃于今山西、陕西、河北一带。据《左传》的记载,自晋文公七年(公元前630)至晋景公六年(公元前594年),狄侵犯诸侯各国的记载就有十多次。② 但最终,北部的狄族部落还是为晋所灭,晋国成为北方各族的融合中心。

除了蛮夷戎狄之外,还有两个少数民族的族名命名也与华夏不同,那就是貉和羌。

貉,《说文》卷九下:"北方豸种,从豸各声,孔子曰貉之为言恶也。"《说文解字句读》云:"北方人也,豸种。"③《经籍纂诂》:"貉,似狐,善睡,兽也。"④貉,本义是一种类似于狐狸的野兽,所以有"貉狐之类"的说法。

羌,《说文》卷四上:"羌,西戎牧羊人也。"早在甲骨文的年代,中原华夏文明已经对位于中原西部地区的牧羊文化有所编码。羌,甲骨文写作𦫼(甲3338),从人羊声,《新编甲骨文字典》中指出:卜辞中的羌,

---

① 刘兴隆:《新编甲骨文字典》,国际文化出版公司1993年版,第636页。
② 《左传》:晋文公七年,狄间晋之有郑虞也,夏,狄侵齐。晋文公八年,冬,狄围卫,卫迁于帝丘。九年夏,狄有乱。卫人侵狄,狄请平焉。秋,卫人及狄盟。晋襄公五年,狄侵齐。晋灵公元年,狄侵我(鲁)西鄙,公使告于晋。晋灵公三年,夏,狄侵齐。晋灵公四年,冬,狄侵宋。晋灵公五年,郑瞒侵齐,遂伐我(鲁)。冬十月甲午,败狄于咸,获长狄侨如。晋灵公七年,狄侵卫。晋成公元年,赤狄侵齐。晋成公四年,秋,赤狄侵晋。围怀,及邢丘。晋成公五年,赤狄侵晋,取向阴之禾。晋景公四年,秋,赤狄伐晋,先縠召之也。
③ (清)王筠:《说文解字句读》,中华书局1988年版,第1307页。
④ (清)阮元纂:《经籍纂诂》,上海古籍出版社1989年版,第9306页。

指羌族人，卜辞中有"获羌""来羌""用羌""田羌""伐羌""征羌"等说法，① 就是记载了华夏民族与羌族人之间的征伐往来。王明珂先生在一本研究氐羌族的著作——《华夏边缘：历史记忆与族群认同》中，将氐羌族称之为"华夏边缘"②，这一称呼很明显地把华夏中原和氐羌少数民族分别视作中心和边缘。这一中心和边缘的区分，不仅仅是地域的划分，更多的则是出于文化的划分。

从字形上来看，南方蛮闽从虫，北方狄从犬，东方貉从豸，西方羌从羊，被作为华夏边缘的偏远少数民族，他们的信仰和图腾被编织进了他们的民族称呼之中。这些本应是他们族群神圣之物的图腾符号，在华夏族群所编字典中的引申义，与"雅""华""夏"诸字相比，却似乎常常带有贬义。这些都是因为文化的原因，其中隐藏着一种文化的征服者对被征服者的鄙夷。

三、正统文化的认同

人类学者 Marc Manganaro 指出：当代批评理论和社会理论中的"权力""他者"概念，特别是由福柯、萨义德和托多洛夫等人所做的理论化阐述，给人类学以及研究对象之间的关系带来相当的震动。此类研究表明，对另一种文化提出解释的是此文化中隐藏的权力，它足以对所解释的对象实施改造和重构，创制出符合其话语需要的另一种版本的他者形象。③ 中原华夏与蛮夷戎狄在命名上的区别，即体现了处于文化中心的霸权话语对于边远异族人的他者化的改造，历史典籍中关于"五服"和"九服"的记载，也在不同程度上表现了要征服和控制这些地区的人民

---

① 刘兴隆：《新编甲骨文字典》，国际文化出版公司 1993 年版，第 231 页。

② 王明珂：《序论：什么是中国人》，《华夏边缘——历史记忆与族群认同》，社会科学文献出版社 2006 年版。

③ Marc Manganaro, Myth, Rhetoric and the Voice of Authority, Yale University Press, 1992, p. 2. 转引自叶舒宪：《"大荒"意象的文化分析》，《原型与跨文化阐释》，暨南大学出版社 2002 年版，第 269 页。

和财产，使之服从于中央统治的野心和意图。①

中原华夏原本起于空间上的认同，但是历史上民族的迁徙造就了一个奇特的文化现象，那就是"中华"或"华夏"逐渐由空间性的界定，转为文化性的界定。这一转变或始于历史上的"五胡乱华"。此"五胡"就是匈奴、鲜卑、羯、氐、羌这五个少数民族。西晋末年，政权更迭频繁，国力空虚、民生凋敝，北方这些少数民族大规模举兵南下，与汉族分庭抗礼，"五胡乱华"的直接效应就是"生产生活方式都与汉晋华人大异的边疆诸族，趁晋室内乱，将中州华人赶往南蛮世居的江淮流域"。②五胡占据了黄河流域的中原腹地之后，便自居为"中华"，这一行为本身，恰恰说明五胡对于华夏先进文化的仰慕和认同。

夏商周三代的中华，就是汉族的先民华夏，也称作诸华或诸夏。与华夏相对称的，就是所谓的夷，故有华夏与四夷之称，夷因所处方位的不同，而分为东夷、西戎、南蛮和北狄。其实在整个民族的体系构成中，华夏和四夷之间是密不可分的，正是它们的融合才构成完整的民族共同体。张正明指出："华夏是蛮夷戎狄异化又同化的先进产物。从蛮夷戎狄方面去看，华夏是在他们自身因社会发展速度不同而发生的异化过程中出生的。从华夏方面去看，它是在蛮夷戎狄的某些部分因社会发展阶段相近和彼此频繁交往而发生的同化过程中合成的。无论从血统上来说，还是从文化上来说，华夏都是蛮夷戎狄共同创造的。"③"军事上的征伐，使一些戎狄蛮夷被强制性地接受了较为先进的华夏文化。到春秋末年，原来散居于中原各地的戎狄蛮夷差不多都已和华夏融合在一起了。"④

---

① 顾颉刚：《"几服"》，《史林杂识》初编，中华书局1963年版，第2页。
② 朱维铮：《中国史学史讲义稿》，廖梅，姜鹏整理，复旦大学出版社2015年版，第361页。
③ 张玉明：《先秦的民族结构、民族关系和民族思想》，《民族研究》1983年第5期。
④ 关中人编：《中国通史》第1册，延边人民出版社2002年版，第211页。

它们的分别，就在于军事、政治、文化领域的中心与边缘的区分。虞人出自东夷，周人出自西夷，西夷即西戎。孟子说："舜生于诸冯，迁于负夏，卒于鸣条，东夷之人也。文王生于岐周，卒于毕郢，西夷之人也。"(《孟子·离娄下》)夏人兴于西羌，司马迁说："禹兴于西羌。"(《史记·六国年表》)商人亦出自东夷一系，《尚书·泰誓》曾多次纣夷并举："纣夷处""纣夷之居""纣有亿兆夷人"。姜亮夫先生作《夏殷民族考》，认为"殷"字是由"夷"字分化而来。① 只不过，虞夏商周，后来成为这些民族中先进文化的代表者。

华夏借由这些边缘来界定自己，处在华夏边缘的蛮夷戎狄，如果想要被纳入华夏，便要寻找华夏的祖源，并且通过鄙视、敌视更为边缘的人来界定自己的华夏身份，所以"借着寻找、争辩谁是华夏祖先的后裔(谁是华夏)，以及重新定义哪些人是戎、狄、蛮、夷或羌(谁不是华夏)，华夏边缘由黄河流域逐渐向东、南、西方扩张。华夏因大量吸收边缘人群而成长壮大"。② 华夏作为雅文化的代表者，逐渐在边缘民族的人群中形成向心力和凝聚力，即使处在华夏边缘的那些民族也努力追寻着可以和华夏族群联结起来的祖源，处于华夏边缘的吴、越、楚、秦等国，都是借此种方式与华夏的祖先建立了联系，比如东方的吴国，自称是周人太伯的后代；越人，自称是夏人少康的后代。西北的秦国和南方的楚国，则都自称是帝颛顼的后代，《史记·秦本纪》："秦之先，帝颛顼之苗裔。"③屈原《离骚》开篇叙述祖先由来时即呈辞曰："帝高阳之苗裔兮，朕皇考曰伯庸。"④

---

① 姜亮夫：《夏殷民族考》，《民族》1933年第1卷第11、12期，1934年第2卷第1、2期。

② 王明珂：《华夏边缘——历史记忆与族群认同》，社会科学文献出版社2006年版，第120页。

③ (汉)司马迁撰；(宋)裴骃集解；(唐)司马贞索隐；(唐)张守节正义：《史记》，点校本二十四史修订本，中华书局2013年版，第221页。

④ 屈原著，金开诚、高路明选注：《屈原选集》，人民文学出版社1998年版，第3页。

华夏族群和边缘族群之间的文化认同，始终又是受到政治、经济以及军事等方面的影响。"到了汉代，华夏族群边缘大致已移到华夏能生存的生态极限，或华夏控制力的极限；东至海，北连大漠和草原，西接青藏高原边缘，南至两广云贵地区。"①这些地区以荒漠、草原为主，不适合华夏农业文明的发展，所以才没有成为华夏文明征服的对象。所以，想要融入华夏族群的民族，他们就会竭力证明自己是华夏之后裔，而那些离华夏政治军事势力"天高皇帝远"的少数民族，则又尽力维护着自身的本土记忆，将自己独立于华夏之外。

汉字，不仅仅是汉民族思维和交际最重要的书面符号系统，它的创制过程和形态也是汉民族图像化思维方式的重现和再生。另外，文字是独立于口语的第二语言，图像化的汉字更是独立于汉语的各种变化之外，它不随口语中各种方言方音的变化而变化。中国国土辽阔，东西南北各地方言发音差别极大，尽管在上下五千年的历史中，中华民族也经历过无数次的分裂，但是直到今天，却始终有一种强大的民族凝聚力，它促使中华民族历经风风雨雨依然能够屹立于世界民族之林。这样一种民族凝聚力的生成，与不随方言方音变化的表意汉字有着密不可分的关系。"对于文化大传统来说，文字符号的出现如同筛子的使用。书写的知识构成的是一种筛子中的世界，其所造成的文化断裂和文化失落是无可估量的。"②的确，文字的出现就像一个筛子，不断地去粗取精，既留下了经过筛选的文化传统，也因此而让更多的传统销声匿迹。但值得庆幸的是，相比于拼音文字，汉字意象性的思维以及图像化的符号呈现，却又在最大程度上，以最新鲜活泼的方式留存了文化的大传统，留存了先民对于世界的认知，这一点，在汉字的初始字形以及后期字形的发展

---

① 王明珂：《华夏边缘——历史记忆与族群认同》，社会科学文献出版社2006年版，第121页。

② 叶舒宪、章米力、柳梢月编：《文化符号学——大小传统新视野》，陕西师范大学出版社2013年版，第12页。

演变中可以得到清晰的认知。

日本汉学家白川静说:"汉字具备以影像记录的性质,在文字草创期的概念世界中,汉字以视觉化的形象固定下来,有共时性的特点,以此为基础形成的表现体系一直流传至今。"①对"雅"字的解剖分析,正印证了这一点。汉字所具有的"影像记录"的特质,让三千年之后的现代人依然能一路循着汉字的笔画和脉络,触摸到那无比深厚而又无限丰盈的历史。"一字一世界",文字既是先民对万物的表现,也是万物在人心灵中的自我呈现。在汉字中,这一表现(或曰呈现)以图像的形式固定了下来,长达数千年。

当我们想要探讨华夏文化的源头和萌芽时,汉字是始终无法绕过的一个重要起点。"有些文字可能在草创时期就具备了抽象的含义(例如"美"字),有些是在汉字创制之后的漫长历史时期中逐步获得或形成的(例如"德""阳"等字)",有的字及其抽象含义甚至是在轴心时代之后才产生的(例如"雅",今所见最早为秦代文字),但这些文字所蕴含的概念以及这些文字在历代文本中的使用,却多数与这些汉字的"初文"及本义高度相关。如果我们希望"寻根溯源"地追寻那些伟大文化成果(特别是轴心时代的文化成果)的源头,那么从汉字的初文及本义入手,"以字通其辞"(戴震语),则不失为一个可行的方法"②。

在"雅"与乌鸦、"雅"与乌呼、"雅"与华夏的关系中——抽丝剥茧,有一个共同的核心观念串联起了各式各样的存在,那就是远古时期的鸟崇拜和太阳崇拜。人类鸟崇拜的原始思维在神话传说、物与图像中多有投射,中国人的诗性思维里一直有一只翩翩于飞的鸟,它的名称有很多:玄鸟、青鸟、乌鸦、燕子、凤凰等。"雅"字,由左边的标记"牙"和右边的标记"隹"组合而成,"雅"与小有关、与鸟有关、与太阳有关、与一种语言的仪式有关。在"雅"这个简单的汉字中,蕴藏着

---

① [日]白川静:《汉字百话》,郑威译,中信出版社2014年版,第3页。

② 朱崇才:《中华文化之源——前轴心时代的汉字》,《文艺报》2016年1月18日。

"雅"观念最初的神话原型，那就是鸟崇拜和太阳崇拜的文化基因。轻盈而有灵性的青鸟，或许就是由人世间常见的栖于枯枝的乌鸦幻化而来，也成为汉民族与龙图腾并列的重要图腾——凤凰的前身。太阳崇拜，也是人对最伟大的自然力的崇拜，而"雅"（乌鸦、青鸟）在天地、人神之间搭建起一座可以倏忽往来、及时沟通的桥梁。由此引申开来，具备"雅"这一特质的事物，一定不会很宏大，而是飘飘然有灵气的；具备"雅"这一特质的思想，一定不会很大众，而是超凡脱俗，接近于观念和理想的本质。

第二章 "雅"的思想积淀及发展变化

世界上很多国家都有太阳崇拜的历史，太阳崇拜并非古代中国的独有之例，但是由太阳崇拜这一原型编码发展而来的雅正思想，之所以能够成为华夏民族所独有的思维模式，与春秋战国时期诸子们对雅正的三级编码①紧密相关，特别是孔子、孟子和荀子的论述在很大程度上奠定了雅正观最初的思想基础和行为规范。中国的历史陆续跨越了夏代的遵命文化、商代的尊神文化和周代的尊礼文化，② 到了春秋战国时期，礼

---

① 三级编码，来源于文化人类学领域的"N级编码理论"。"N级编码理论"倡导"用历时性的动态视野去看文化文本的生成"，它的主要观点是"将文物和图像构成的大传统文化文本编码算作一级编码；将文字小传统的萌生算作二级编码的出现；用文字书写成文本的早期经典，则被确认为三级编码；经典时代以后的所有写作，无非都是再编码。"文化人类学领域这一理论观点的建立，对文学理论的研究有着重要的启发作用。因为从这一理论观点出发，文艺理论家们一向视作圭臬的先秦典籍，在阐释学意义上的重要性，已然降低了两级，它们不再占据文艺理论研究的源头地位，而被列入了文化编码中的三级编码(用文字书写成的早期经典)。横亘在这些早期经典和人类最初的对于宇宙世界、对于自身认知的观念萌芽之间的，是一级编码(又称原型编码)和二级编码，作为文化文本的生成源头，这两级编码的历史更为悠久，且更能触及文化的根本。从某种意义上来说，比起早期典籍，以"巫术—宗教"以及"口头艺术和原始图像"为代表的原型编码和以汉字为代表的二级编码，对中国人审美观念的生成和发展具有更为显著、更加深远的影响。详见叶舒宪、章米力、柳倩月编：《文化符号学——大小传统新视野》，山西师范大学出版社2013年版，第3页。

② 《礼记·表记》记载孔子讲到夏商周三代的思想意识时说："夏道遵命，事鬼敬神而远之，事人忠焉"，"殷人尊神，率民以事神，先鬼而后礼，先罚而后赏，尊而不亲"，"周人尊礼尚施，事鬼敬神而远之，近人而忠焉"。详见(汉)郑玄注，(唐)孔颖达疏：《礼记正义》，北京大学出版社1999年版，第1484-1486页。

崩乐坏，旧的观念纷纷瓦解，这也使得各种思想百家争鸣，理论思维十分活跃，这一时期被誉为"中国美学史上的第一个黄金时代"①。由孔子肇端、孟子绍续、荀子集大成的儒家思想是其中一个重要的思想潮流，春秋战国时期的儒家思想经过后代儒者的不断补充、改造和发挥，形成了一个庞大的儒家思想系统，对中国两千多年来的政治、哲学、美学和文化艺术产生了重要而深远的影响。孔子继承并发扬了中国古代的礼乐传统，以"仁"为中心，作为分析、评判、处理审美和艺术的根本立场。"孔子美学的出发点和中心，是讨论审美和艺术在社会生活中的作用"，② 这个看法一语中的道出了孔子对待审美艺术的功利观点。孔子肯定审美、艺术具有独特性和重要性，那是因为他认为审美和艺术在社会生活中可以起到十分积极的作用，审美、艺术所呈现出来的独特的美，与善是密不可分的，恰好存在于美和善的交融统一中。审美和艺术在人们为了达到'仁'的精神世界而进行的主观修养中能起到一种特殊的作用。对孔子而言，审美和艺术在他的仁学世界中，不是目的，而是手段。孔子提到的"雅"，往往含有"正"之意；与此同时，孔子也直接言明："政者，正也。"所以，儒家的"雅"一开始就与政治紧密相连。《孟子》全文没有提到过"雅"，孟子用"仁声"代替了孔子所说的"雅乐"，赋予"雅"以"仁"的内涵。孟子对古代先王的赞慕也成为后世"以古为雅"的表率。"雅"在孔孟那里主要用于发扬他们的政治思想，即使讲的是诗歌、语言和音乐，也是为政治服务的。直到荀子提出了"雅儒"的概念，"雅"才开始用来形容人自身所具备的精神品格，也正是从荀子开始，"雅"初步具备了审美方面的意义。

第一节 "雅"：从政治到审美

从中国历史的实际情况来看，先秦儒家思想的形成并非开天辟地的

① 叶朗：《中国美学史大纲》，上海人民出版社 1985 年版，第 7 页。
② 叶朗：《中国美学史大纲》，上海人民出版社 1985 年版，第 42 页。

新思维，而是与上古三代的思想、文化和礼乐传统有着一脉相承的联系。孔子讲："志于道，据于德，依于仁、游于艺"（《论语·述而》），其中的道、德、仁三者是儒家哲学的核心观念。但这三者毕竟是抽象的理论范畴，它们必定有一定的思想来源以及具体的显现形式，这一思想来源即可追溯到孔子提到的"六艺"，也就是《易》《书》《诗》《礼》《乐》《春秋》六经。[①] 这些经典在孔子之前早已形成，本是周代贵族教育子弟的教材，先秦儒家的核心价值观念几乎都可以从这些经典中找到思想的基础，只是先秦儒家的孔子、孟子、荀子对此展开进行了论述，从各个不同的层面，如言语、诗歌、音乐、政治、伦理等进行了阐述，在这些阐述中，他们也将"雅"观念深深植入了人心。孔子、孟子、荀子是先秦儒家思想的奠基者，他们对"雅"观念的影响至为深远，很多重要的关于"雅"观念的论述都源自儒家典籍，比如"雅言""雅乐""雅儒"等。

一、雅言雅乐

孔子的美学思想、政治主张、伦理思想、道德观念和教育理念主要体现在《论语》中，他"述而不作，信而好古"，十分重视六经的教化作用：

> 孔子曰："入其国，其教可知也。其为人也温柔敦厚，《诗》教也。疏通知远，《书》教也。广博易良，《乐》教也。洁净精微，《易》教也。恭俭庄敬，《礼》教也。属辞比事，《春秋》教也。故《诗》之失愚，《书》之失诬，《乐》之失奢，《易》之失贼，《礼》之失烦，《春秋》之失乱。其为人也温柔敦厚而不愚，则深于《诗》者也。疏通知远而不诬，则深于《书》者也。广博易良而不奢，则深于

---

① 这里的"六经"也被称作"六艺"，也就是用《易》《书》《诗》《礼》《乐》《春秋》六部经典来施行教化，与西周时施行的"六艺之教"，即礼、乐、书、数、射、御不同。

《乐》者也。洁静精微而不贼,则深于《易》者也。恭俭庄敬而不烦,则深于《礼》者也。属辞比事而不乱,则深于《春秋》者也。(《礼记·经解》)①

相传孔子也对六经做过修订,在教授弟子的过程中,曾"删《诗》《书》,定《礼》《乐》,修《春秋》,序《易传》"。孔子通过对六经的重新整理、修订完善以及阐释发挥,完成了对儒家基本学说的创立。

综观《论语》,"雅"字在三个句子中出现过四次,分别是"雅言"(2次)、"雅颂"(1次)和"雅乐"(1次):

子所雅言,诗、书、执礼,皆雅言也。(《论语·述而》)
吾自卫反鲁,然后乐正,雅、颂各得其所。(《论语·阳货》)
恶紫之夺朱也,恶郑声之乱雅乐也,恶利口之覆邦家者。(《论语·阳货》)

第一例告诉我们:"子所雅言,诗、书、执礼,皆雅言也。"到底什么是"雅言",众说纷纭,大多数解说是认为雅言即正言,汉字的书面语言。何晏注:"孔曰'雅言,正言也'。郑玄曰'读先王典法,必正言其音,然后义全,故不可有所讳。"②孔颖达疏:"子所正言者,《诗》《书》《礼》也。此三者,先王典法,临文教学,读之必正言其音,然后义全,故不可有所讳。"③由以上注疏可知,雅言是一种在特定场合、从事特定的事时所采用的语言,以"正言其音"来表示对先王礼法、经典

---

① (汉)郑玄注,(唐)孔颖达疏:《礼记正义》,中华书局1999年版,第1368页。

② (魏)何晏注,(宋)邢昺疏:《论语注疏》,北京大学出版社1999年版,第91页。

③ (魏)何晏注,(宋)邢昺疏:《论语注疏》,北京大学出版社1999年版,第91页。

的尊重和推崇。大多数《论语》注释性文献中，注释者都是以"正"释"雅"，唯朱熹《论语集注》另辟一说，朱子曰："雅，常也。执，守也。《诗》以理情性，《书》以道政事，《礼》以谨节文，皆切于日用之实，故常言之。"①朱子将"子所雅言"之"雅"解释为"常也"，"雅言"即"常言也"。在这里，"言"做动词，即"说"的意思；"雅"为副词，即"常常"的意思。

清代刘台拱《论语骈枝》曰：

> 夫子生长于鲁，不能不鲁语。惟诵诗、读书、执礼三者，必正言其音。所以重先王之训典，谨末学之流失。②

其侄刘宝楠《论语正义》说得更详细：

> 周室西都，当以西都音为正。……夫子凡读《易》及《诗》《书》、执礼，皆用雅言，然后辞义明达，故郑以为义全也。后世人作诗用官韵，又居官临民，必说官话，即雅言也。③

春秋时期，各国语言不统一，吐字发音自然不同。孔子是鲁人，想必平时都讲鲁国方言，但唯独颂诗、读书、执礼时必用雅言。雅言，是当时较为通行的语言，也就是古代的官话，相当于现代以北京方言为基础的普通话。

当时为什么把标准语言、正言称作雅言呢？根据刘台拱的进一步研究，"雅"与古"夏"字相通，"雅"乃"夏"的同音假借字：

> 雅之为言，夏也。孙卿《荣辱篇》云"越人安越，楚人安楚、君

① （宋）朱熹：《四书章句集注·论语集注》，中华书局 2012 年版，第 97 页。
② （清）刘台拱：《论语骈枝》，上海古籍出版社 2002 年版，第 386 页。
③ （清）刘宝楠：《论语正义》卷八，中华书局 1990 年版，第 289 页。

子安雅。"是非知能，材性然也，是注错习俗之节异也。又《儒效篇》云"居楚而楚、居越而越，居夏而夏。"是非天性也，积靡使然也，然则雅夏古字通。①

对此，梁启超先生也曾做过深入研究，他在上述《论语骈枝》所用证据基础上又增添了《三都赋》和《说文》中的两条例证：

> "雅"与"夏"古字相通，《荀子·荣辱篇》："越人安越，楚人安楚，君子安雅"。《儒效》篇则云："居楚而楚，居越而越，居夏而夏"。可见"安雅"之雅即夏字。荀氏《申鉴》、左氏《三都赋》皆言"音有楚夏"，说的是音有楚音、夏音之别，然则风雅之雅，其本字当做"夏"无疑。《说文》："夏，中国之人也"，雅音即夏音，犹云中原声云耳。②

综上可见，雅音即夏音，雅言即夏言，是西周王都京畿一带的语音，因为西周所都丰镐，为夏之故都，所以周初人也称自己为夏人，将所说语言称作夏言。京畿王都一带既是全天下的政治中心，它的语言、文化也就自然成了统领四方的准则和规范。孔子以王都所在地的语音为正统语音，雅言既为正声，雅也就间接获得了正的含义。后来的《毛诗序》称"雅者，正也"，当来源于此。由此推演开来，"言天下之事，行四方之风，谓之《雅》"，"以一国之事，系一人之本，谓之《风》"。"雅"既广披天下，通行四方，故《毛诗序》疏曰："道披四方，乃名为雅。"

第二例记载孔子自卫返鲁，然后正乐，使得"雅、颂各得其所"。南北朝皇侃义疏："孔子以鲁哀公十一年从卫还鲁，而删诗书，定礼

---

① （清）刘台拱：《论语骈枝》，上海古籍出版社 2002 年版，第 387 页。

② （清）梁启超：《释四诗名义》，《梁启超全集》第 8 册，北京出版社 1999 年版，第 4387 页。

乐，故乐音得正。乐音得正，所以雅颂之诗各得其本所也。雅颂是诗义之美者，美者既正，则余者正亦可知也。"①历史上，关于孔子是否删诗的讨论众说纷纭，②但可以确定的一点是，孔子确实对诗做过一些次序编排，并对配诗之乐加以修正。司马迁《孔子世家》曰："三百五篇孔子皆弦歌之，以求合韶武雅颂之音。礼乐至此可得而述，以备王道，成六艺。"③

第三例讲到"雅乐"，孔子明确提出"恶郑声之乱雅乐"。因为"雅乐"涉及音乐这一艺术载体，我们可以从被孔子看做"雅乐"典范的《韶》的艺术内容和艺术形式中探析"雅乐"的内涵。《韶》作为"雅乐"的典型代表，孔子对其评价甚高，盛赞《韶》"尽美矣，又尽善也"（《论语·八佾》），孔子有幸在齐国听《韶》，听后曾"三月不知肉味"（《论语·述而》，可见《韶》乐曾给懂音律的孔子带去了多么美妙的精神享受。

《韶》，又称《大韶》或《九韶》，相传起源于五千多年前，为上古舜帝之乐，是一种融诗、乐、舞于一体的综合型古典艺术。夏、商、周三代帝王均把《韶》作为国家大典之乐，尤其是在礼乐兴盛的周代，《韶》更是祭祀四方的重要音乐形式。周武王初定天下分封功臣时，姜太公因首功封营丘建齐国，《韶》由此传入齐。在后代，《韶》乐依然是宫廷用乐的典范。据《隋书·何妥传》载："秦始皇灭齐，得齐《韶》乐；汉高祖灭秦，《韶》传于汉，汉高祖改名《文始》。"《汉书·礼乐志》载秦二世用《大韶》祭祀宗庙。《史记·孝文本纪》载："盖闻古者祖有功而宗有德，制礼乐各有由，闻歌者，所以发德也；舞者，所以明功也。高庙酎，奏

---

① （三国）何晏集解，（南北朝）皇侃义疏：《论语集解义疏》，清代知不足斋丛书本。

② 相关论述可参见王志：《周代诗歌制度与文化研究》，社会科学文献出版社 2012 年版。

③ （汉）司马迁撰，（宋）裴骃集解，（唐）司马贞索隐，（唐）张守节正义：《史记·孔子世家》，中华书局 2013 年版，第 2333 页。

武德、文始、五行之舞。孝惠朝酙，奏文始、五行之舞。"①《文始》舞者，即舜《韶》舞，汉高祖更名为《文始》，表示不相袭。也就是说，秦汉时期的帝王都曾把《韶》定为庙堂之乐。从内容上看，雅乐《韶》起初所歌颂的是古代圣贤的帝王，后来被夏商周及秦汉的帝王一直沿用；从使用的场景看，《韶》乐是用于国家祭祀的大型高级宫廷用乐。可见《韶》乐在雅乐中占据着极高的地位，是中国宫廷用乐中等级最高、使用最久的雅乐。

如此可见，雅言、雅乐、雅诗无不与政治相关。孔子在《论语》中讨论的地方有很多，有的是回答诸侯国大臣的提问，有的是回答学生的提问，有的未言明当时场景，只是记录了一句"子曰"。

季康子曾数次问政于孔子，他第一次问的时候，孔子对曰：

政者，正也。子帅以正，孰敢不正？（《论语·颜渊》）

朱熹《论语集注》引范祖禹注曰："未有己不正而能正人者。"②也就说欲正人者，必先自正。当时鲁国国政由季康子在内的三家大夫把守，孔子以此语告之，实际是希望季康子能够先正己，然后才可谈得上为政之道，可惜季康子贪恋权欲，不能做到孔子所说的那样。在此之后不久，季康子又来问政，并且他先提出了他自己的施政观点：

如杀无道，以就有道，何如？（《论语·颜渊》）

孔子不以为然，孔子对曰：

① （汉）司马迁撰，（宋）裴骃集解，（唐）司马贞索隐，（唐）张守节正义：《史记》，中华书局 2013 年版，第 544 页。
② （宋）朱熹：《四书章句集注·论语集注》，中华书局 2012 年版，第 138 页。

子为政，焉用杀？子欲善而民善矣。君子之德风，小人之德草。草上之风，必偃。(《论语·颜渊》)

可见孔子为政的观点一直是主张统治者自身要以身作则、以德服人，他认为上位者的一言一行，是老百姓观摩效仿的榜样。对这一观点，孔子曾经从不同的方面多次加以论述，比如：

苟正其身矣，于从政乎何有？不能正其身，如正人何？(《论语·子路》)

其身正，不令而行；其身不正，虽令不从。(《论语·子路》)

在和弟子论政的交流中，孔子也换汤不换药地再次强调了他的这一以身作则的观点，比如：

子路问政。子曰："先之，劳之。"请益。曰："无倦。"(《论语·子路》)

朱熹《论语集注》引苏轼注曰："凡民之行，以身先之，则不令而行。凡民之事，以身劳之，则虽勤不怨。"①孔子将政与正紧密地联系在一起，认为为政之道，以正名为先，"名不正，则言不顺；言不顺，则事不成；事不成，则礼乐不兴；礼乐不兴，则刑罚不中；刑罚不中，则民无所措手足"。其后，则应当"为政以德，譬如北辰，居其所而众星共之"。孔子论雅言、雅诗、雅乐，均带有政治性的标准和目的，孔子论政，将政释为"正"，强调正名、身正的重要性。雅，以政为中介，与正建立了连接，为之后的"雅者，正也"奠定了思想的基础。

---

① (宋)朱熹：《四书章句集注·论语集注》，中华书局2012年版，第142页。

二、和雅仁声

如果说在儒家的理论中，雅之正与政治、伦理的关系最为密切，雅之和则在政治、伦理和艺术中都有所显现。不管是语言（雅言）、诗歌（雅颂之诗）还是音乐（雅乐），孔子都有特定的选择、编排以及爱好。正是这些特定的选择、编排和爱好，奠定了"雅"观念的基本雏形。孔子提出雅言、雅乐等概念时，重在其伦理哲学中政治中心主义的表现，但与此同时又不可避免地与美学概念相联系。孔子说的雅乐，即古乐。孔子尤其推崇古乐中的庙堂之乐，其本义是从音乐的选择和内容出发，强调雅乐愉悦人心、引导人性的重要性。但音乐艺术，本身就是艺术门类中最能触动人心的那一种。所以，孔子当以"雅"论乐时，必然不可避免涉及他隐含在哲学、伦理学命题中的美学命题。比如，他将郑乐与雅乐相对，在中国美学史和文学理论批评史上，第一次鲜明地提出了"雅郑之别"，就具有重要的美学开创意义。孔子有"郑声淫""放郑声"（《论语·卫灵公》）之说，但是孔子删诗时却并不删郑诗，所以孔子的"郑声淫"或与郑诗无关，而是指郑国新兴的曲调。郑卫之声，虽然多用以表现男女之情，但却并非轻佻之作，只是太溺于放情，不能节制以求中和，故而谓之"淫"也①。因此与"郑"相对的"雅"，从孔子的美学思想出发，除了表示"正"之外，还有节制、中和的含义。"雅"中蕴含着"和"，这一意旨在孔子美学中初露端倪，而在孟子美学中被发扬光大。

《孟子》全书共分为七篇，每篇分为上下两章，从篇幅上看，《孟子》比《论语》要多三分之一。由孔子开创的儒家思想，经过孟子滔滔雄辩，得到了更为清晰而深刻的表达。与孔子偏重儒家仁学思想体系的确

---

① 许慎《说文解字》卷十一上水部释"淫"："侵淫随理也。一曰久雨为淫。"段玉裁注云："《月令》曰：淫雨早降。《左传》曰：天作淫雨。郑曰：淫，霖也。雨三日以上为霖。"由此引申为过度、不节制的意思。（汉）许慎撰，（清）段玉裁注：《说文解字注》，上海古籍出版社1988年版，第551页。

立不同，孟子更倾向于仁学思想在政治领域的效用和实践。有一次，孟子以"好乐"问梁惠王，梁惠王曰："寡人非能好先王之乐也，直好世俗之乐也。"(《孟子·梁惠王下》)这里的"先王之乐"其实就是"雅乐"，而"世俗之乐"即孔子所谓"郑声"之类的俗乐。梁惠王说这话的时候，隐隐之中有些羞惭。但孟子却将"先王之乐"与"世俗之乐"孰优孰劣搁置不论，提出了"独乐乐，与人乐乐，孰乐"的命题，并进一步阐发王者若能做到"与民同乐"，那么"今之乐犹古之乐也"。也就是说孟子认为问题的关键不在于王所爱音乐之"雅"与"俗"，而在于王欣赏音乐时能否做到"与民同乐"。这里，孟子已经不再讨论音乐的雅俗，而是更注重音乐的政治效用，期待音乐能够实现君民之间和乐融融的政治愿景。

事实上，在儒家的伦理关系和美学观念中，和，占据着非常重要的地位。儒家在诗歌方面最经典的关于"和"的论述，隐于孔子对《诗经》首篇《关雎》的评价，孔子谓《关雎》"乐而不淫，哀而不伤"(《论语·八佾》)。朱熹集注："淫者，乐之过而失其正者也，伤者，哀之过而害于和者也……盖其忧虽深而不害于和，其乐虽盛而不失其正，故夫子称之如此。欲学者玩其辞，审其音，而有以识其性情之正也。"[1]《关雎》"乐而不淫，哀而不伤"所表现的情感，虽欢乐却不至于淫，不失其正；虽悲哀却不哀伤，不害于和，有助于学者识其性情之正，所以为孔子所盛赞。孔子曾多次提及这种无过、无不及的中和之度，类似"乐而不淫，哀而不伤"这样的句式还有很多，下面略举几例：

子温而厉，威而不猛，恭而安。(《论语·述而》)
君子泰而不骄，小人骄而不泰。(《论语·子路》)
君子矜而不争，群而不党。(《论语·卫灵公》)
君子贞而不谅。(《论语·卫灵公》)
君子惠而不费，劳而不怨，欲而不贪，泰而不骄，威而不猛。

---

[1] (宋)朱熹：《四书章句集注·论语集注》，中华书局 2012 年版，第 66 页。

（《论语·尧曰》）

上述例句有一个共同的特征，就是惯用"A而不B"的句式来表达孔门一以贯之的中和思想。这里的A，是孔门坚守的君子之风；而B，则是A的过或不及。孔子不仅讲到正确的为人行事该遵守的风范规则，而且每每谈及，都会细致而微地加以比较，力求剔除那些看着形似、实该戒免的过与不及。《论语》中的这一表述方式，李泽厚曾借数学公式A≠A±解之。A≠A±强调的就是中庸，就是度的把握。"即今日所谓善于掌握分寸。这当然难。但不仅为人、做事、制礼、作乐，而且整个中国文化(包括医、农、兵、艺等等)最讲究的正是这个分寸感。它完全来自经验的历史积累，中国之所以重历史、重经验，与强调这个'中庸'、适度攸关。此貌似玄秘，实仍极平实，只是难于掌握和达到罢了。实用理性之艰难，在此。"①所谓和，正在于这不加不减、不多不少的分寸和平衡之中，这当然是极其艰难的，所以历史经验的积累才如此重要。

孔子曾多次谈到，大道实行的年代和夏商周的时代，是他所崇尚的，他曾屡屡叹息自己是看不到了，表示非常的可惜。《礼记·礼运》记载：

> 昔者仲尼与于腊宾，事毕，出游于观之上，喟然而叹。仲尼之叹，盖叹鲁也。言偃在侧，曰："君子何叹?"孔子曰："大道之行也，与三代之英，丘未之逮也，而有志焉。"②

孔子所叹息的，就是五帝以及夏商周英明君主当政的时代，自己未能看到，只能通过一些零碎的记载，了解那个时代的荣光，因此觉得非

---

① 李泽厚：《论语今读》，天津社会科学院出版社2007年版，第142页。
② (汉)郑玄注，(唐)孔颖达疏：《礼记正义》，中华书局1999年版，第656页。

常可惜。《礼记·礼运》对大同世界和小康世界进行了详细的描述：

> 大道之行也，天下为公。选贤与能，讲信修睦。故人不独亲其亲，不独子其子。使老有所终，壮有所用，幼有所长，矜寡孤独废疾者皆有所养。男有分，女有归。货恶其弃于地也，不必藏于己，力恶其不出于身也，不必为己。是故谋闭而不兴，盗窃乱贼而不作，故外户而不闭，是谓大同。
>
> 今大道既隐，天下为家。各亲其亲，各子其子，货力为己。大人世及以为礼，城郭沟池以为固。礼义以为纪，以正君臣，以笃父子，以睦兄弟，以和夫妇，以设制度，以立田里，以贤勇知，以功为己。故谋用是作，而兵由此起。禹、汤、文、武、成王、周公，由此其选也。此六君子者，未有不谨于礼者也。以著其义，以考其信，著有过，行仁、讲让，示民有常。如有不由此者，在执者去，众以为殃。是谓小康。①

大同世界和小康世界，分别是儒家政治之"和"的最高境界和次一等境界。孔子心中存在一个大同世界的理想，但在知道理想不可达成的情况下，也能创造出一个比大同世界次一等的替代品——小康世界，并毅然决然地为建成这个比大同世界次一等的小康世界而付出自己一生的努力。这正是孔子的可贵之处，这种"知其不可为而为之"的精神，在屈原身上的体现就是"吾将上下而求索""虽九死其犹未悔"，这种精神至今仍然流淌在无数中华儿女的血脉之中。

中国人的理想国之梦，有无数个瑰丽的阐述，老子也曾描述过他理想中的"大同世界"，从老庄的"乌有之乡"，到孔子的大同世界，到孟子的"王道之始"，再到东晋陶渊明的《桃花源记》，更是用文学艺术的

---

① （汉）郑玄注，（唐）孔颖达疏：《礼记正义》，中华书局 1999 年版，第 658-661 页。

手法打造了如梦幻泡影一般的桃花源。那个误打误撞闯进桃花源的人，也就只进去过一次，一旦出来之后，就再也找不到回去的路了。这里仿佛暗含着一个隐喻：那个人类的理想国，那个梦幻中的桃花源，也许曾是我们的来处，但永远无法成为我们的归处，它是一个我们从那里走出来之后就再也回不去的家园。不过正所谓"取法乎上，得乎其中；取法乎中，得乎其下；取法乎下，无所得矣"，天下大同的"和雅"之境，虽然只是一种理想，是人类对美好、善良、纯真的天然渴望和幻想，过去其实不曾有过，现在也未曾实现，但毕竟可以作为人类永恒追求的理想之境。

孟子的生卒年月不详，据《孟子》原书推断，是公元前 385 年前后至公元前 304 年前后，孟子出生时，孔子已经逝世将近一百年。到了孟子的时代，列国争霸的斗争愈加激烈，霸道渐行，王道渐衰。孟子已不再像孔子那样执着于礼乐文化等上层建筑的建构而放郑声、崇雅乐了，他着力于在政治领域提倡践行仁政与王道。

《孟子》一书中，关于"王道"最详细的描述记载于《孟子·梁惠王上》：

> 五亩之宅，树之以桑，五十者可以衣帛矣。鸡豚狗彘之畜，无失其时，七十者可以食肉矣。百亩之田，勿夺其时，八口之家可以无饥矣。谨庠序之教，申之以孝悌之义，颁白者不负戴于道路矣。老者衣帛食肉，黎民不饥不寒，然而不王者，未之有也。①

孟子的"王道"理想更像是一个政治理想国，这个政治理想国显然不是托马斯·莫尔塑造的人人平等、按需分配的自由乌托邦，也不是陶渊明描绘的安宁平和、与世隔绝的世外桃源，仍然是封建性质的，礼乐在建立封建社会秩序的过程中肩负着重任。孟子引申孔子的"正己以为

---

① 杨伯峻：《孟子译注》，中华书局 1960 年版，第 5 页。

政"，由之发展出"仁政"之道。孔子多次说到仁，也多次提到政，但并未将仁政二字并举。在雅正与政治相连的路上，孟子起到了非常关键的承上启下作用。

《孟了》全文虽然没有提到过"雅"。但他毕竟继承了孔子"仁学"思想体系，所以他关于"仁声"的论述实质上与孔子的"雅乐"概念是相通的。《孟子·尽心上》曰："仁言不如仁声之入人深也。善政不如善教之得民也，善政民畏之，善教民爱之。善政得民财，善教得民心。"汉代赵歧注曰："仁言，政教法度之言也；仁声，乐声雅颂也。仁言之政虽明，不如雅颂感人心之深也。善政不如善教之得民也，善政使民不违上，善教使民尚仁义，心易得也。善政民畏之，善教民爱之。善政得民财，善教得民心。畏之不逼息，故赋役举而财聚于一家也；爱之乐风化而上下亲，故欢心可得也。"孟子认为相比"仁言"，"仁声"更能够感化人心，进一步彰显了礼乐的作用，礼节之，乐和之。孟子发现并重点提出音乐在和睦民心、教民从善的政治教化活动中起到至关重要的作用。

三、由礼则雅

"雅"在孔孟的哲学中，含有道德教化的意义，到了荀子，"雅"得到了进一步的拓展，开始有了人物品藻的功能。荀子所具体阐述的"雅"，给出了在个人修为和政治行为两个方面的帮助，这一意趣是影响深远的。

《荀子·修身》曰："食饮、衣服、居处、动静，由礼则和节。不由礼则触陷生疾。容貌、态度、进退、趋行，由礼则雅，不由礼则夷固、僻违、庸众而野。"郝懿行曰："雅对野言，则兼正也、娴也二义，野者反是。"[1]这里以"礼"来规范人的行为举止，认为"由礼则雅"，将"雅"的内涵从"雅言""雅乐"的艺术内容的层面扩展到人的行为举止层面，荀子讲"雅"，一方面将"雅"与"礼"相连，另一方面将"雅"与"野"相

---

[1] （清）王先谦：《荀子集解》卷一，中华书局2013年版，第18页。

对，与"俗"相对。至此，"雅"和儒家最重要的两种教育工具"礼""乐"都联系了起来。

荀子依据儒者的言行表现，在孔子"君子儒"和"小人儒"的基础上①，将儒者分为"俗儒""雅儒""大儒"三类。

俗儒，外表上看起来像个儒者，"略法先王而足乱世术，谬学杂举"，而"不知法后王而一制度""不知隆礼仪而杀诗书"，俗儒，是身着儒服却无儒者之实，只知求衣食利禄、攀附权贵之徒。

雅儒，是具有一定的德才修养之儒，荀子认为其能"法后王，一制度，隆礼仪而杀诗书，其言行已有大法矣"，但也指出其智慧尚不能解决法制所没有明确规定的问题，所谓"明不能齐法教之所不及，闻见之所未至，则知不能类也"，但是雅儒的可贵之处在于"知之曰知之，不知曰不知，内不自以诬，外不自以欺"，故而"用雅儒，则千乘之国安"。

大儒，是荀子心目中最杰出的儒者，几乎相当于孔子心目中的"圣人"。大儒能够"法先王，统礼仪，一制度"，对于礼义修为达到了触类旁通的地步，可以做到"以浅持薄，以古持今，以一持万"。即使遇到未尝闻见的奇物怪变，大儒也能做到"举统类而应之，无所拟怍；张法而度之，则暗然若合符节"。这是因为大儒"其言有类，其行有礼，其举事无悔，其持险应变曲当，与时迁徙，与世偃仰，千举万变，其道一也"。所以不管是通达得志还是穷窘不遇，大儒的人格和德行都受到人

---

① 孔子把儒划分为君子儒和小人儒两种类型。《论语·雍也》记载："女为君子儒，毋为小人儒。"君子原指统治者，小人指被统治者。孔子把这两个概念运用到伦理学领域，赋予其道德意义，以君子代表有道德觉悟、道德修养的人，以小人代表没有道德觉悟和道德修养的人。并用一系列对比句道出了君子和小人之间的区别，如"君子怀德，小人怀土；君子怀刑，小人怀惠"，"君子喻于义，小人喻于利"（《里仁》）；"君子上达，小人下达"（《宪问》）；"君子求诸己，小人求诸人"（《卫灵公》）。并说明造成这二者之间道德差异的根本原因是君子能够始终不渝地坚守仁道，"无终食之间违仁"（《里仁》），"无求生以害仁，有杀身以成仁"（《卫灵公》）。君子即仁人，是最高的道德人格理想。

们的尊崇和景仰，正所谓"通则一天下，穷则立贵名"，能够起到在朝美政、在野美俗的化成天下之效。

总的来说，儒家思想对后世"雅"观念的形成，主要体现在下列四个方面：

第一是以正为雅。雅正思想的形成，是远古人类进入阶级社会之后的产物，此时，等级化的思想观念已经十分明确并且已经得到高度的重视了。雅正思想也是理性化思想体系的一种表现，这种理性化的思想体系当然并不是仅凭孔子或者儒家一人一派之力就能达成的，而是无比漫长的历史演进的结果。在中国历史上，夏以前是巫觋文化，到夏逐步发展为祭祀文化，祭祀文化至商代达到顶峰，到周代，则发展为礼乐文化。在巫觋和祭祀时代，尚"雅"的观念还没有真正形成，但已经有了一些萌芽，那就是与之相关的太阳崇拜、玄鸟崇拜以及祭天仪式。"雅"（鸦的含义）成为沟通上天和凡间的使者，人们渴望通过这种传递使需求达于上听。到了春秋时期，通过儒家（尤其是孔子）对雅言雅乐的阐述和提倡，为雅正文学思想观奠定了政治伦理的基础，才使得雅正思想在礼乐文化中取得一隅之地，并且在儒家的思想学说中得到了清楚明晰的界定。儒家以正为雅的文艺思想，使得雅在后代相当长的一段时间内成为封建统治阶级开展政治和思想宣教的工具和口号。

第二是以和为雅。孔子在中国美学史和文学理论批评史上首次提出"雅郑之别"，孔子对雅乐郑乐的辨析为后世"和雅"观念打下了坚实的理论基础。

第三是以古为雅。关于"古雅"，近代学者王国维专门写过一篇《古雅说》，不过王国维的古雅是从西方尼采、叔本华的意志论角度来谈论的。回到"古雅"这个词本身，含有"以古为雅"的意思。儒家孔子具有鲜明的复古倾向，据记载，孔子"信而好古"（《论语·述而》）、"祖述尧舜、宪章文武"（《礼记·中庸》），当然他并不是盲目"好古"，还是有所选择和有所保留的。《八佾》篇云："子曰：'夏礼，吾能言之，杞不足征也；殷礼，吾能言之，宋不足征也。文献不足故也。足，则吾能征之矣。"《卫灵公》篇又云:"行夏之时,乘殷之辂,服周之冕,乐则《韶》舞。"可见孔子对夏商周各代的礼乐制度都有所研究,有所择从。他通过比较认为周代的礼乐制度较为完备,值得继承和发扬。所以孔子又说:"周监于二代,郁郁乎文哉!吾从周。"(《论语·八佾》)孔子通过复古好礼为"古雅"之说提供了实在鲜活的有关于立身处世的实践样本。

第四是由礼则雅。众所周知,儒家思想具有浓厚的伦理色彩,儒家当然也十分注重个人的道德修养,但是儒家更重视的是将个人的道德修养与家庭、国家乃至社会的整体利益联系起来。儒家立下"修身、齐家、治国、平天下"的宏伟誓言,个人的道德修养是实现这一誓言的开端和根基。儒家把世界秩序作为最终目的,把个人修身作为基本的开始。儒家思想当然追求自我道德的完善,但这仅仅是做人的开始,其终极目标并不仅仅是自我完善,而是人与社会的统一、世界秩序的和谐。儒家自有一份孤绝的坚持,对自认为是正的东西,譬如"仁",譬如"义",即使历经重重苦难和挫折,仍然坚定地持守。孔子有"知其不可为而为之""杀身成仁"之说,孟子有"自反而缩,虽千万人吾往矣""舍生取义"之说。"礼"之一字,可扩充成典礼、礼节、礼貌之词,从更广的范围来看,礼,是一种万事万物皆得其所的理想的社会秩序。礼,具有半宗教的意义。

儒学常为政治所用,在中国人强调的"学而优则仕"的背后,有两种理解思路:第一种思路,"学而优"的最终目的是"仕",也就是"学得文武艺,货与帝王家";第二种思路,反其道而行之,"学"是最关键的,"学"是前提,"仕"是学有余力而为之的事情。其实这里面也有一个逻辑和实践上的先后次序问题,也就是"学而优"是大前提,在注重功利目的的人眼中,"仕"是目的;但在注重学识涵养的人眼中,"学"才是更关键的因素。所以才有"为己之学"和"为人之学"的分别。王安石对此有过明确阐述,他引《论语》中的"古之学者为己,今之学者为人"一语,并加以引申:

杨子之所执者为己，为己，学者之本也。墨子之所学者为人，为人，学者之末也。是以学者之事必先为己，其为己有余而天下之势可以为人矣，则不可以不为人。故学者之学也，始不在于为人，而卒所以能为人也。今夫始学之时，其道未足以为己，而其志已在于为人也，则亦可谓谬用其心矣。缪用其心者，虽有志于为人，其能乎哉？①

对儒家孔子思想的研究，几千年来汗牛充栋，有数不清的学者曾经研究过，我们所能够表达的只是作为一个个体的理解、感悟、评价和阐释。学贯中西的林语堂在他那本写给外国人看的《孔子的智慧》中说道："儒家思想，若看做是恢复封建社会的一种政治制度，在现代政治经济的发展之前，被人视为陈旧无用；若视之为人道主义文化，若视之为社会生活上基本的观点，未免失当。我认为儒家思想，仍不失为颠扑不破的真理。儒家思想，在中国人的生活上，仍然是一股活的力量，还会影响我们民族的立身处世之道。"②"孔子，则如现代的基督徒，他相信道德的力量，相信教育的力量，相信艺术的力量，相信文化历史的传统，相信人与人之间高度的道德标准。"③

儒家思想到了汉代得到了进一步的发展，汉武帝时期，为了加强中央集权，废弃汉初的黄老之学，采用了董仲舒"罢黜百家、独尊儒术"的建议，这标志着儒家思想进入一个新的发展时代。至此之后，儒家思想遂成为统治中国封建社会长达两千年的正统思想。事实上，一个高度强调礼乐的时代，恰恰是礼乐文化正在不断衰落、甚至缺失的年代，春秋战国时期，国与国之间战乱频起，旧的封建体制正在瓦解，孔孟荀子

① 《临川先生文集》卷六十八《杨墨》，《王安石全集》第六册，复旦大学出版社 2016 年版，第 1229 页。
② 林语堂：《孔子的智慧》，张振玉译，新世界出版社 2015 年版，第 4 页。
③ 林语堂：《中国先哲的智慧》，陕西师范大学出版社 2006 年版，第 5 页。

这一派的儒家学者，在提倡雅言雅乐，践行礼乐礼仪的同时，想必也清晰地认识到了这一点，所以才那么地忧愤。

第二节 "雅"：从正到真

道家之名，最初见于汉初司马谈《论六家要旨》。《汉书·艺文志》将道家列为九流之一。在中国思想文化史上，道家思想源远流长，占据着极其重要的地位，它与儒家思想相辅相成，共同构成了中国思想文化儒道互补的格局。可以说，"儒道互补是两千多年来中国思想一条基本主线"，① "在先秦，儒家美学成古典美学之大宗，虽诸子百家，蜂起并作，但足以另立一宗，跟儒家美学抗衡的，则为道家美学（或曰老庄美学）。儒道互攻，却又互补。……儒道互补是一种泛文化色彩的思想结构现象，勾画出了中国古代文化史的基本图形，在美学上亦如是。道家美学补充了儒家美学的不足之处，把艺术导向纯美学。儒家美学重社会功利，道家美学补其不足，尚天籁自然；儒家美学是群体意识的概括，受实践理性制约，而道家美学崇尚超越意识的发露，重在感性自由。正因为儒道互补，特别是道补儒之不足，才避免了中国文化美学的僵化，走向儒学的片面性"。② 道家对儒家特别崇尚的仁、义、礼、智、信持批评和反对的态度，③ 如果说儒家的美学理想体现了一种入世之雅，道家的美学理想则体现了一种出世之雅。儒家侧重在美与善的交融中阐述其审美观，道家则倾向于在美与真的关系中阐述其审美观。

---

① 李泽厚：《美的历程》，生活·读书·新知三联书店 2009 年版，第 51 页。

② 吴功正：《中国文学美学》下卷，江苏教育出版社 2001 年版，第 860-861 页。

③ 老子认为"夫礼者，忠信之薄，而乱之首"（《老子·三十八章》），庄子提出"绝圣弃知""攘弃仁义"（《庄子·胠箧》）。

一、天道自然

孔子较少讨论"天道""自然"，在孔子的哲学中，一直都是以活着的人和现世的事为关注焦点。孔子对于现实生活之外的东西，诸如宇宙、鬼神、死亡等，均不做教学和讨论的对象。孔子哲学一直强调"知其不可而为之"，当然也就不大可能做到"任自然"了。如果中国的哲学径直向孔子哲学的方向发展，大概会强直易断吧。幸好，道家哲学在孔子所忽略的地方起到了相辅相成的作用。孔子较少讨论的"天道""自然"恰恰成为老庄哲学中的中心命题。

在老庄哲学中，"天道""自然"是一个颇为复杂的概念。《老子》第一章云："无，名天地之始；有，名万物之母。"这就超脱了现实经验世界的束缚，直接将思绪远接玄渺幽微的宇宙生成秩序，探寻这天地之外的天地、这万物之上的造物者。老子认为"道"是天地万物之所以存在的本源，《老子》第二十五章云："有物混成，先天地生。寂兮寥兮，独立而不改，周行而不殆，可以为天地母。吾不知其名，字之曰道，强为之名曰大。大曰逝，逝曰远，远曰返。"无限循环、周而不殆的时空意识在老子的哲学中已经初显萌芽，"道"是这宇宙秩序的本源，"道"又名曰"大""逝""远""返"，这些命名本身既包含了空间的概念，又包含了时间的概念，对时间和空间的深层思索是老子哲学的起点和归宿。

《老子》论"道"，常将"道"与"自然"相联系，强调"道"的作用并非有意识的，而是自然而然发生的。"自然""无为"等概念在《老子》书中曾多次出现。正所谓"人法地，地法天，天法道，道法自然"（第二十五章），"道常无为，而无不为"（第三十七章）。"无为"也就是顺应自然，顺应自然则"无不为"。超拔于庸人之上的尚雅追求，以老子关于"道"的论说为哲学基础。陈鼓应先生说："老子'道'的论说之开展，乃是人的内在生命的一种真实感的抒发。他试图为变动的事物寻求稳固的基础，他更企图突破个我的局限，将个我从现实世界的拘泥中超拔出来，将人的精神生命不断地向上推展，向前延伸，以与宇宙精神相契合。而后从宇宙的规模上，来把握人的存在，来提升人的价值。"①

二、逍遥雅逸

《逍遥游》是《庄子》一书的开篇之作，全篇以神奇莫测、纵横跌宕的神话寓言向人们展现了一幅开阔壮观的图景，阐述了庄子心目中真正的"逍遥游"状态。《逍遥游》一开头便讲述了一个鲲鹏寓言：

> 北冥有鱼，其名为鲲。鲲之大，不知其几千里也。化而为鸟，其名为鹏，鹏之背，不知其几千里也。怒而飞，其翼若垂天之云。是鸟也，海运则将徙于南冥。南冥者，天池也。②

庄子借用"北冥""南冥""天池"这样的字眼，来表达不是人迹所能到达的地方，其旷远也不是世人的肉眼所能够看见，而需要用心灵之眼才能够领会。这个寓言启示我们要超越有形的空间和感官认识之限制，才能够实现旷远阔达的逍遥游。

陈鼓应先生在《庄子浅说》中揭示了鲲鹏寓言的两个要点：其一，"庄子托物寓意，以鲲鹏意示他心中的理想人物——他称为'至人'……庄子心中的理想人物实具有鲲鹏两者的性格：如鲲一般的深蓄厚养与鹏一般的远举高飞"。其二，"'北冥'、'海运'、'积厚'，意指人才的培育是需要优越的环境和自我准备。所谓'鲲之大，不知其几千里'，照此而推，则北海之大，必然是广漠无涯而不可以估量。大鲲非北海之广不足以蓄养，寓意人才亦需优厚的环境培养"。③

说鲲鹏是庄子心中的理想人物有一定的道理，这在鲲鹏与蝉和斑鸠的对比中能看出来。至于人才需要优厚的环境培养，大概并非庄子的本

---

① 陈鼓应：《老子今注今译》，商务印书馆 2016 年版，第 63 页。

② （晋）郭象注，（唐）成玄英疏，曹础基、黄兰发点校：《庄子注疏》，中华书局 2011 年版，第 2-3 页。

③ 陈鼓应：《庄子浅说》，生活·读书·新知三联书店 2012 年版，第 35 页。

义。庄子说"至人无己"，无己则顺物，顺物而至矣，此番论点强调的并非有所待，而是顺物之性。能够做逍遥游的至人，自然超脱了常人与凡夫俗子的思想境界。常人和凡夫俗子的境界就如庄子笔下的蝉与斑鸠，从自身的渺小境遇出发，嘲笑鲲鹏的南飞："我决起而飞，枪榆枋，时则不至，而控于地而已矣，奚以之九万里而南为？"（《庄子·逍遥游》）①蝉与斑鸠生长于榆枋，整日腾跃于其间，未曾见过广阔的天地，故而如同井底之蛙，而洋洋自得，怎么能够体会鲲鹏的宏大志向呢？庄子云："小知不及大知，小年不及大年，奚以知其然也？朝菌不知晦朔，蟪蛄不知春秋，此小年也。楚之南有冥灵者，以五百岁为春，五百岁为秋；上古有大椿者，以八千岁为春，八千岁为秋，此大年也。而彭祖乃今以久特闻，众人匹之，不亦悲乎！"（《庄子·逍遥游》）庄子通过小知与大知的对比，揭示了自我中心者的浅陋和洋洋自得，然而倘若这个寓言的宗旨仅止步于此，便也算不上是真正的逍遥游。郭象注曰："小大之殊，各有定分，非羡欲所及，则羡欲之累可以绝矣。夫悲生于累，累绝则悲去，悲去而性命不安者，未之有也。"②小大之分，是物之自然天性，"天地以万物为体，而万物以自然为正，自然，就是不为而自然者也。"③大鹏能高飞，蝉和斑鸠能下，椿木能长，朝菌能短，都是自然之性，若能顺万物之性，即得逍遥游也。

庄子记载了舜以天下让善卷，而善卷辞之的故事，善卷曰："余立于宇宙之中，冬日衣皮毛，夏日衣葛絺。春耕种，形足以劳动；秋收敛，身足以休食。日出而作，日入而息，逍遥于天地之间，而心意自

---

① （晋）郭象注，（唐）成玄英疏，曹础基、黄兰发点校：《庄子注疏》，中华书局 2011 年版，第 5 页。

② （晋）郭象注，（唐）成玄英疏，曹础基、黄兰发点校：《庄子注疏》，中华书局 2011 年版，第 8 页。

③ （晋）郭象注，（唐）成玄英疏，曹础基、黄兰发点校：《庄子注疏》，中华书局 2011 年版，第 11 页。

得。吾何以天下为哉！悲夫，子之不知余也。"（《庄子·让王》）①成玄
英疏："（善卷）处于六合，顺于四时，自得天地之间，逍遥尘垢之外，
道在其中，故不用天下。"②在天地自然之间，寻得了道之所在，故而不
复希求其他，而心意自得，这也是一种审美的境界。庄子的逍遥游，是
后代文人逸士隐于山林、纵情山水之雅逸情怀的源头之一。

宋代画家黄休复论画，说画有四格：逸格、神格、妙格、能格：

> 逸格：画之逸格，最难其俦。拙规矩于方圆，鄙精研于彩绘，
> 笔简形具，得之自然，莫可楷模，出于意表，故目之曰逸格尔。
> 神格：大凡画艺，应物象形，其天机迥高，思与神合。创意立
> 体，妙合化权，非谓开厨已走，拔壁而飞，故目之曰神格尔。
> 妙格：画之于人，各有本性，笔精墨妙，不知所然。若投刃于
> 解牛，类运斤于斫鼻。自心付手，曲尽玄微，故目之曰妙格尔。
> 能格：画有性周动植，学侔天功，乃至结岳融川，潜鳞翔羽，
> 形象生动者，故目之曰能格尔。③

黄休复的"四格"说颇成体系，他所崇尚的逸格，即来源于道家的
美学观。其中的"逸格"，最重要的特点就是"得之自然，莫可楷模"。
但"这一思想，在书画创作品评中，获得主流地位，而在诗文品评中则
又未必。中国美学，似乎于书画与诗文评判标准不够统一。书画更多讲
自然，讲逸，而在诗文品评中，则更多地讲情志，讲雅"。④ 然则，雅、

---

① （晋）郭象注，（唐）成玄英疏，曹础基、黄兰发点校：《庄子注疏》，中华
书局 2011 年版，第 504-505 页。

② （晋）郭象注，（唐）成玄英疏，曹础基、黄兰发点校：《庄子注疏》，中华
书局 2011 年版，第 504 页。

③ 北京大学哲学系美学教研室编：《中国美学史资料选编》下，中华书局
1981 年版，第 1-2 页。

④ 陈望衡：《中国古典美学二十一讲》，湖南教育出版社 2007 年版，第 12
页。

逸，也是可以互为注脚的。

三、真如赤子

庄子美学思想中，特别强调"真"，所谓"真"，主要体现在两个方面：一方面是偏重审美主体，强调审美主体尤其是创作主体的主观情感之真，关于这一点，庄子有一段经典的论述：

> 真者，精诚之至也。不精不诚，不能动人。故强哭者，虽悲不哀；强怒者，虽严不威；强亲者，虽笑不和。真悲无声而哀，真怒未发而威，真亲未笑而和。真在内者，神动于外，是所以贵真也。其用于人理也，事亲则慈孝，事君则忠贞，饮酒则欢乐，处丧则悲哀。忠贞以功为主，饮酒以乐为主，处丧以哀为主，事亲以适为主。功成之美，无一其迹矣；事亲以适，不论（其）所以矣；饮酒以乐，不选其具矣；处丧以哀，无问其礼矣。礼者，世俗之所为也；真者，所以受于天地，自然不可易也。故圣人法天贵真，不拘于俗。（《庄子·渔父》）①

真者，完全是发自本心，无伪饰的真实情感。礼，是世俗的要求，而真，则完全受之于天地，自然不可易。法天贵真，不拘于俗。

另一方面，还有一种真，主要体现在人生态度上，人生真正的快乐是什么？真正的得志是什么？庄子认为如果人将快乐建立在外物的基础上，那么快乐必定是不能长久的，人应该在内心坚持自己的秉性而不随波逐流，这样才能够在面对外界变化的时候，做到通达和顺应。而所谓的得志，就是能做到自得其乐，跟外在的东西是没有关系的。正如庄子所说：

---

① （晋）郭象注，（唐）成玄英疏，曹础基、黄兰发点校：《庄子注疏》，中华书局 2011 年版，第 538 页。

古之所谓得志者，非轩冕之谓也，谓其无以益其乐而已矣。今之所谓得志者，轩冕之谓也。轩冕在身，非性命也，物之傥来，寄者也。寄之，其来不可圉，其去不可止。故不为轩冕肆志，不为穷约趋俗，其乐彼与此同，故无忧而已矣! 今寄去则不乐。由是观之，虽乐，未尝不荒也。故曰：丧己于物、失性于俗者，谓之倒置之民。(《庄子·缮性》)①

老子从世间万物的兴衰演变中发现并提炼出"道"这一理念，"道"是难以言传的，更难以用形象的实体去表现，然而要想把它阐述出来，又必须让抽象的"道"重回到自然万物的实体中去。寻遍世间万物，赤子、婴儿应该是所有人可理解可把握的最切近于"道"的感性形象。所以《老子》中所有对于婴儿的赞美，归根到底还是老子对于"道"的体认和赞美。

然而"道"中毕竟还有一些东西是婴儿这一形象所无法表达的，婴儿只是在无意识中自在自为地符合了道的性质，还没能做到自我意识，也还没能做到"逍遥游"。婴儿还未受到外在环境的熏染，情感基本上还处于一个相对而言自我封闭的系统之中，他因此拥有更多的自由去表现他的专一和柔顺。这是天地所赋予他的禀赋，也是道的特征。毫无杂念是心气平和的前提，心气专一柔顺，本性才会顺着一条渠道缓缓前行，在这缓慢而深刻的流淌中达到平和。一旦婴儿成长为成人，就不免会受到许多外在事物的诱惑，于是心中欲念逐渐增多。那些欲念在心中奔流突涌，时时在寻找发泄出来的突破口。如此一来，心气便再也无法回到婴儿时期的平和。

"专气致柔，能如婴儿乎?"这是老子对人们(尤其是力求修道之人)所提出来的要求。它出自这样的语境之中："载营魄抱一，能无离乎?

---

① (晋)郭象注，(唐)成玄英疏，曹础基、黄兰发点校：《庄子注疏》，中华书局 2011 年版，第 303 页。

专气致柔，能如婴儿乎？涤除玄览，能无疵乎？爱民治国，能无为乎？天门开阖，能为雌乎？明白四达，能无知乎?"这里虽然有六条意见，事实上，人们只要能够做到第二条，即"如婴儿"，那么其他五条也就不难达到了。因为在婴儿的特性之中，它本身即包含了其他五点意见中的特性。精神与魂魄统一于一体，统一于道的要求，片刻也不分离，这一点婴儿在无知无觉中就做到了。在婴儿的世界，他的肉体在外在表现上就直接地体现出他的精神，他的所有的精神内容也牢牢地固守在他的肉体之中。就精神与肉体的统一来说，婴儿绝对没有成人世界中所常说到的灵肉分离之说。如果灵魂是内容，肉体是形式，那么，婴儿的形体与其精神表现是内容与形式的完美统一。

"沌沌兮，如婴儿之未孩"，"孩"同"咳"，咳，《说文》二上口部云"小儿笑也"。还未会笑的婴儿，若混沌未凿，一片天真混茫。会笑就意味着婴儿已经与外在世界建立了情感的连接，婴儿开始意识到他自己的欲念，一旦外在世界给予他欲念上的满足，他就会笑了。"有物混成，先天地生"，老子强字之曰"道"，还未会笑的婴儿与道有着同样混沌混茫的本性，这就是为什么老子那么崇尚婴儿的原因。因为婴儿是成人的本初。每一个人都是由婴儿状态慢慢成长为成人的。他在学习、在与他人的接触中渐渐丢弃一些东西，又慢慢得到一些东西。而这些所获得的永远难以弥补那些失去的东西。故而老子十分注重"本初"这一概念。车载先生说"老子最喜说根，说母，说一，说婴儿"。这四者名称虽然不同，但指的都是事物的本初或原初状态。"婴儿，是成人的本初，根，是植物的本初，一，是万物的本初。"老子提倡复归于婴儿，因为婴儿是成人的本初。他们无知无欲，蕴含着无限生机，与"母"和"根"的作用相同。①

柔弱的婴儿正是顽强生命力的象征，苏联学者杨兴顺解释老子崇尚

---

① 车载：《论老子》，上海人民出版社1960年版，第118页。

柔弱，是因为老子热爱生命，赞颂虽然稚嫩，却在发展壮大的生命力。① 这对我们理解老子为什么要求"复归于婴儿"具有一定的启发意义。

婴儿将柔弱、混沌、朴厚这三点特征完整无缺地融为一体，柔弱是它的外在表征，混沌、朴厚是其内在本质特点。它的柔弱是我们一眼可以望见的，老子从自然界中"水之柔弱"讲到"生之柔弱"，以自然界和生命界中的两种现象为例，最终指示出这样一个中心论点"柔弱胜刚强"。老子善于带着发展的眼光看待事物与事物之间的比较，因此，他揭开了事物表面所蒙的一层面纱看到了事物的内在本质，柔弱是婴儿的外在面纱，老子透过婴儿表面的柔弱，挖掘出其内在本质。

其次是有容。婴儿与水给我们的另一重要教义就是要有一颗包容的心。当遭受别人的侮辱、轻慢时，强烈反击并不一定就是最好的办法，有时反而降低了自己的身份。相反，优雅地转身，就像水遇阻时一样婉转而行，或许才是最好的选择。有容就可以无敌。如果对万事万物都能包容，用一颗和善、仁慈、宽厚的胸怀去吐纳万物，那么，万事万物就没有与你为敌的必要了。所谓敌人，很多时候，都是自己给自己树立起来的。拥有一颗包容的心，既成全了自己，也成全了别人。

无欲与有容是密切相关的，存在着必然的联系：只有首先无欲，才能做到有容。试想如果心中被欲念充满，整日里想着如何满足自己的欲念，哪里还能再有空间去容纳他人他物呢？有容也更能促进无欲，心胸广阔，像婴儿一样混沌质朴，不斤斤计较、不孜孜以求。心中能容万物，便不会被万物所束缚，而是获得了自由的洗礼，能无碍地畅行于万物之间。

钱穆先生认为，尽管各有各的理论，但是一切思想家都可以归在几大系统里，各自符合自己所在系统的最高原则，这个最高原则用佛家的

---

① ［苏］杨兴顺：《中国古代哲学家老子及其学说》，杨超译，科学出版社1957年版，第44页。

话来说，就是"第一义"。思想家的思想来源，往前推，总能够推演到这个"第一义"。钱穆先生认为全世界的思想家可以被囊括在三大宗派、四个系统之中，任何一个思想家必不外于这些宗派和系统。第一是"天统"，属于这一派的多是宗教家，以上天的意志为他们最后的根据，一切理论最后都归之于上帝。哲学家中但凡宗天、法天的，多属于这一派。第二是"人统"，这一系统又可分为两个宗派，一派就是从自己出发，"我"是第一义，钱穆把它称作"己统"；另一派就是从人类的大的群体出发，最后的归宿是一个大的群集体，在此群体之中，不太看重个人的地位，而是强调集体的价值，主张个人为集体做贡献。属于人统的这两个宗派，大抵多讲社会、政治、伦理、教育等。第三是"物统"，这类理论以物为立论的根基，这一派就演进成了自然科学和哲学中的"唯物论"者，达尔文的进化论就属于这一类。这派的思想家拿自然的眼光来研究一切，认为主宰一切的不是人，也不是上帝，而是外面的物。① 很显然，儒家介于钱穆先生所说的人统中的"己统"与"群统"之间，如前所述，儒家提到的雅言、雅礼、雅乐等，都是用来规范人的言语、心灵和行为的，正是从提升君子的自身修为和符合群体共同利益的观点出发的。纵观道家的经典著作《老子》和《庄子》，虽然通篇都没有提到"雅"字(提到"正"字的地方有不少)，但是老庄思想中"自然""逍遥""朴厚""真"等概念，却成为后世"雅"族词中"闲雅""雅逸""雅厚"风尚的重要源流。

况周颐云："作词有三要，曰重、拙、大。"②在这三者中，他着重解释了"重"，"重者，沉著之谓。在气格，不在字句。"③而何谓"沉著"，他说是"情真理足，笔力能包举之。纯任自然，不假锤炼，则'沉著'二字之诠释也。"④除此之外，他还提出了"雅""厚"，其《词学讲

---

① 钱穆：《讲堂遗录》，九州出版社 2010 年版，第 39 页。
② (清)况周颐：《蕙风词话》，人民文学出版社 1960 年版，第 4 页。
③ (清)况周颐：《蕙风词话》，人民文学出版社 1960 年版，第 4 页。
④ (清)况周颐：《蕙风词话》，人民文学出版社 1960 年版，第 8 页。

义》云："古今词学名辈，非必皆绝顶聪明也。其大要曰雅，曰厚，曰重、拙、大。厚与雅，相因而成者也，薄则俗矣。"①他评周邦彦词曰："愈朴愈厚，愈厚愈雅，至情之真，由性灵肺腑中流，不妨说尽而无尽。"②从这些评词标准出发，可以看出，"朴""厚""真""雅"的含义相互交织、层叠，甚至在一定程度上是相互统一的。在这里，这几个范畴的共同来源和最终旨归，正是"道法自然"的哲学观和美学观。

明代沈德符《万历野获编》卷二十三《王百谷诗》记载了一则关于"雅厚"之说的小故事："王(百谷)又有诗云：'窗外杜鹃花作鸟，墓前瓮仲石为人。'时汪太函介弟仲淹道贯偕兄至吴，亦效其体，作赠百谷诗，'身上杨梅疮作果，眼中萝卜翳为花。'时王正患梅毒遍体，而其目微带障，故云然。语虽切中，微伤雅厚矣。"③"杨梅疮""萝卜翳"之语虽真，却是有伤雅厚之语，所以即使语妙词工，也无法给人带来真正的审美享受。

德国哲学家雅斯贝尔斯在《论历史的起源与目标》一书中一反黑格尔以来西方中心论的观点，提出了他著名的"轴心时代"理论。雅斯贝尔斯指出，在公元前 500 年左右，在整个世界范围内集中出现了一种奇特的文化现象，那就是：

> 在中国生活着孔子和老子，产生了中国所有的哲学流派，墨翟、庄子、列子以及不可胜数的其他哲学家都在思考着。在印度出现了《奥义书》，生活着佛陀，所有的哲学可能性，甚至于像怀疑论和唯物论，诡辩术以及虚无主义都产生了。④

---

① (清)况周颐：《词学讲义》，《词学季刊》1933 年创刊号，第 107 页。
② (清)况周颐：《蕙风词话》，人民文学出版社 1960 年版，第 27 页。
③ (明)沈德符撰，杨万里校点：《万历野获编》卷三十二，上海古籍出版社 2012 年版，第 491 页。
④ [德]卡尔·雅斯贝尔斯：《论历史的起源与目标》，李雪涛译，华东师范大学出版社 2016 年版，第 8 页。

人类靠当时所产生、所创造、所思考的一切生活到了今天。在人类每一次新的飞跃之中，他们都会回忆起轴心时代，并在那里重燃火焰。自此以后，情况一直如此：对轴心期可能性的回忆和重新复苏—复兴引发了精神的飞跃。回归到这一开端，是在中国和印度乃至西方不断发生的事件。①

"雅"冲破了前轴心时代太阳崇拜和玄鸟崇拜隐约晦涩的重重帷幕，逐渐在轴心时代的政治、伦理以及美学领域凸显出来，成为人们在后来漫长的历史时期中一种不断轮回、复苏、复兴的精神追求，这与轴心时代孔、孟、老、庄的思想文化对之所做的铺垫、阐释有着紧密的联系。尽管其中有些思想观念在当时看似与之没有直接联系，但它们却在一定程度上成为后世"雅"之丰富内涵的养分。

儒、道两家看似截然不同的生存理想和价值追求，竟然在"雅"观念中得到了完美的交织糅合。正是因为构成"雅"观念本身的思想源泉和价值追求的多重性和不确定性，故而，后世的尚"雅"者，可儒，亦可道。儒家之"雅"对"雅"的追求总是与其政治的、伦理的思想观念相联系，在崇儒的尚"雅"者那里，"雅"是"正"的代名词，是温柔敦厚诗教观的政治和伦理的外在实现，是"中和"以及"美善合一"思想的完美融合。而在崇道的尚"雅"者那里，"雅"却几乎与"正"毫不相关甚至相悖了，道家飘然出尘的"闲逸"思想为他们提供了另一种生活实践的可能，那就是脱离朝廷政治、凡尘世俗的一切束缚和限制，在与自然的亲密和谐和对自我的放纵大化中做无比潇洒的"逍遥游"。后世的文人士子大多秉持儒家"达则兼济天下，穷则独善其身"的处世理念，却也或多或少受到了道家"闲逸"思想的沉潜濡养，因而他们才能做到达时雅（雅正）、穷时亦雅（雅逸）。

① ［德］卡尔·雅斯贝尔斯：《论历史的起源与目标》，李雪涛译，华东师范大学出版社2016年版，第14页。

第三节 禅宗与文人之雅

儒道经典为"雅"范畴的形成奠定了重要的根基,与此同时,也不得不谈谈对中国人的思想具有重要影响的佛家。来自印度的佛教,作为一个外来的宗教,要想在中国本土得到大的发展,必然要经历一个本土化的改造,在此本土化改造的过程中,中国本土的文化必然会掺入其中。佛教中的禅宗思想是印度与中国这两大文明古国智慧的结晶,是融合佛学、老庄思想和魏晋玄学而生成的一个中国本土化的产物。

魏晋南北朝时期,社会发生重大变革,自汉代董仲舒以来构建起来的强大的儒家体系,在乱世之中遭到了人们的不断怀疑和舍弃。面对政权的频繁更迭,社会的黑暗残酷,正直之人即使仍想秉承传统儒家精神,也是求而不得的。若想求取功名,就得放弃道义,对于知识阶层的士大夫而言,内心的迷茫、痛苦和愤恨可想而知。于是,他们从追逐功名转向抛弃功名、蔑视功名。在黑白颠倒的乱世,通过"佯狂""买醉""糊涂"的方式求得一身的清明。在这个时代,被称为"三玄"的《周易》《老子》《庄子》成为人们心中的圭臬,就像一剂良药,抚慰着人们的愤慨、愤恨之心,让士大夫们的灵魂得到了栖息之所。恰恰是魏晋玄学之风的兴盛,对传入中国的佛教以及禅学的发展起到了至关重要的作用。因为玄学特别重视对外部世界的内心体验,这与禅宗重视直觉体验式的认识方法非常的契合,于是禅宗成了佛教、玄学和道教之间互相吸收、融合和发展的纽带。

一、禅修顿悟

禅宗强调超验的顿悟,特别注重用隐喻和体悟的方式让人来顿悟禅。对于顿悟而言,语言是一种障碍。因为禅宗的修行者所追求的是直接与事物的内在本质相交流，外在的诸种实相反而成了抵达澄澈真理的障碍。参禅之人通过禅修或禅定的方式来获得内心的安宁平静。

禅宗的这种身体和心灵世界的"禅修"和"顿悟"，成就了一个人的世界中独属于个体心灵的静、定、慧，以及由此而生发出来的淡和韵。木心先生认为"禅宗是个人主义的极致"。① 受儒家思想的影响，原本中国人对集体的关注，远远大于对人的个体心灵的纯粹关怀，恰恰是禅宗，包括与禅宗有相通之处的老庄玄学，在最大的程度上抚慰了心灵。

随着禅宗思想在中国的广泛传播，禅宗所讲求的"自性说""顿悟说""意境说"，其在美学和哲学上的影响力不仅仅体现在宗教层面，而且也深深地渗透进了中国雅文化的主要创作者和欣赏者——文人士大夫的心中。在文人士大夫与僧人的交往切磋中，禅的思想和中国传统的雅文化交相融合，形成了具有独特审美意蕴的文体风格和精神内涵。元代诗人元好问有诗云："诗为禅客添花锦，禅是诗家切玉刀。"② 晚明钟惺亦云："金陵吴越间，衲子多称诗者，今遂以为风。大要谓僧不诗，则其为僧不清；士大夫不与诗僧游，则其为士大夫不雅。士大夫利与僧游，以成其为雅；而僧之为诗者，得操其权，以要取士大夫。"③ 晚明时期的文人墨客将士大夫与诗僧游作为文人之雅的一种体现，可见佛教（尤其是禅宗）与文人和文学（尤其是诗歌）的密切关系。清代沈德潜在《说诗晬语》中说："王右丞不用禅语，时得禅理。"

另外，禅宗的顿悟思想，也成为诗道妙悟的重要思想源头。严羽提出"禅道惟在妙悟，诗道亦在妙悟"。禅宗讲挑水担柴皆可悟道，在日常琐事中也可顿悟成佛，可见悟性之禀赋对于禅者和诗人都同样重要。《五灯会元》载："世尊在灵山会上，拈花示众。是时众皆默然，唯迦叶

---

① 木心：《爱默生家的恶客》，广西师范大学出版社 2013 年版，第 40 页。

② （元）元好问：《嵩和尚颂序》，《元好问全集》卷第三十七，山西人民出版社 1990 年版，下册第 55 页。

③ （明）钟惺：《善权和尚诗序》，《隐秀轩集》，李先耕、崔重庆标校，上海古籍出版社 2017 年版，第 306 页。

破颜微笑。世尊曰'吾有正法眼藏，涅盘妙心，实相无相，微妙法门，不立文字，教外别传，付诸摩诃迦叶。'"①所谓"微妙法门"，就是后世所说的禅学，所谓"拈花微笑"强调的正是妙悟。妙悟什么呢？正是事物的真相。真相是事物的本来面目，是事物存在的最高远的境界，真相超越名相逻辑，在事物的表象之外。"拈花微笑"的典故，正是说明真相是无法言说的，所有言说，皆有所系，落入名相之中，便有了限制，便难以真正地领悟了。所以中国文人的作品，常常讲究一个"外"字，言外之意、象外之象、韵外之致。王国维在《人间词话》中说："诗人对宇宙人生，须入乎其内，又须出乎其外。入乎其内，故能写之；出乎其外，故能观之。入乎其内，固有生气；出乎其外，固有高致。"②宇宙人生，诗人创作的源泉，须有"入乎其内"的亲身观察和体验，又要能"出乎其外"，对宇宙人生、日常生活的体验有一种超脱、超拔和升华。所以一首好诗，一篇好文，总是能由此及彼、由小见大。

二、定慧不二

中国是一个诗歌的国度，自古以来诗歌就是中国雅文学的重要代表，禅宗思想对中国古典文化的渗透，主要体现于对诗歌的两种审美意境——静和淡的影响。禅宗特别讲究"静"，无论是在坐卧修禅之时，还是在日常生活的挑水担柴时，都追求心灵归静，从而在静、定、止中生发出智慧。禅宗所认为的"定慧不二"，实际上包含了定与慧、止与观两个方面的内容，由止而定，由观而慧。《六祖坛经》云："定慧一体，不是二。定是慧体，慧是定用……口说善语，心中不善。空有定慧、定慧不等。若心口俱善、内外如一，定慧即等……定慧犹如何等？犹如灯光。有光即灯，无光即暗。灯是光之体，光是灯之用。名虽为

---

① （宋）普济：《七佛·释迦牟尼佛》，《五灯会元》卷第一，苏渊雷点校，中华书局 1984 年版，第 10 页。

② （清）王国维著，周锡山编校、注评：《人间词话汇编、汇校、汇评》，上海三联书店 2013 年版，第 232-233 页。

二，体本同一。此定慧法，亦复如是。"《俱舍论》中说："诸等持内，唯此摄支，止观俱行，最能审虑。"正是对定慧、止观的最好阐释，意思也就是说，只有"定慧不二"的禅，才能达到止观并行、通达智慧。禅宗之"静定禅修"，通过"止"来摒除外界的一切杂念纷扰，将精神、呼吸"定"于特定的对象，"观"照、"观"察一切真理，从而参悟佛性，抵达"慧"的境界。

在受到禅宗思想影响的文人创作中，也常常能见到这种"静""定""慧"的审美意境，尤其是在表现自然山水和文人淡泊心境的作品中。唐代诗人王维的《鸟鸣涧》："人闲桂花落，夜静春山空。月出惊山鸟，时鸣春涧中"，就是一首常被用来举例说明诗境之"静"的例子。这短短二十个字里，出现了两个"春"字、两个"山"字。这种重复在五言诗的格律中，本应是大忌。奈何这首诗实在是写得太好，几乎达到了一种静的极致，终于意胜于词，成就了唐诗中的名篇。这份表达了静之极致的诗境之美，回过头来化解和升华了在普通诗歌中必定会成为缺陷的重复，甚至让这个缺陷变成了这首诗的特色。

禅宗特别讲究平常心和顺应自然，《六祖坛经》云："若欲成就种智，须达一相三昧，一行三昧。若于一切处而不住相，于彼相中不生憎爱，亦无取舍，不念利益成坏等事，安闲恬静，虚融澹泊，此名一相三昧。若于一切处，行住坐卧，纯一直心，不动道场真成净土，此名一行三昧。"①"若于一切处而不住相"，就是说如果人能够安然地处在一切地方，或者一切境相之中，而不执着于一切境相。"于彼相中不生憎爱，亦无取舍，不念利益成坏等事，安闲恬静，虚融澹泊"，就是说对于所处所遇的一切境相，不生爱欲或憎恶之心，也没有竭力想要追求什么或舍弃什么的想法，一切纯任自然，处在一个安静的、闲适的、恬淡的状态中，而这种状态的达成，需要人的内心保持虚空，能够将人世间的万事万物包括一切境相，融入心中，只有这样，才能不再追求外在的

---

① 张其成：《张其成全解六祖坛经》，华夏出版社 2017 年版，第 262 页。

功名利禄，才能够修炼出澹泊的心境、清静寡欲的精神。

这一点体现在文学上，便是语言风格的朴素平实，同样也体现在创作题材上和意境的营造上，用一个"淡"字可以概括。正如陶渊明："结庐在人境，而无车马喧。问君何能尔，心远地自偏。采菊东篱下，悠然见南山。山气日夕佳，飞鸟相与还。此中有真意，欲辨已忘言。"

文化之于人，正如余英时所言，"是他'无所逃于天地之间'的第二层空气。""文化对人有'安身立命'的功能；个人想寻求精神的归宿仍舍文化莫属"。① 把文化比作空气，一点都不夸张，它突出了文化对一个人物质生存层面和精神思想层面的重要影响。人离开空气将无法生存，同样，人一旦离开文化也将无法生存，人在自己习惯的文化中会如鱼得水，正如人在空气中呼吸着空气却不自知。如果人换了一种文化环境，却又不能很好地融入其中，也许还会有水土不服，甚至上吐下泻之症。即使对于不再安土重迁的现代人来说，换了一种文化环境，内心也依然留存着对母国文化深深的依赖和眷恋。那些构成上下五千年来中华文明绵延不绝的文化因子，在数十万年前就已经开始慢慢发酵，它们以辉煌灿烂的物质形式留存在红山文化的玉器之中、仰韶文化和大汶口文化的陶器符号之中……又以顽强神秘的精神基因流淌于每一个华夏子民的血液之中。

在对中国人的人格规范上，虽然儒、道、禅三家的"法门"在表述上有所不同，儒家特别重视君子之道，强调"穷则独善其身，达则兼济天下"，儒家的"雅"与雅言雅乐相关，与政治教化相连，到了荀子开始将"雅"与人的品格联系起来。道家对天道自然和逍遥游有着深刻的理解和阐释，强调人与自然混成一体，寂寥独立，周行不殆。老庄思想对"雅"的影响体现在人们逐渐将对"雅"的观照从儒家的"正"转向"真"，强调赤子之真，此后，"真"成为"雅"观念的一个重要内涵。禅宗的基

① 余英时：《士史论衡》，傅杰编，上海文艺出版社1999年版，第32-33页。

本立场，则是达摩祖师著名的十六字玄旨"不立文字，教外别传，直指人心，见性成佛"。文人与禅的相遇相知，不仅深刻地体现在诗歌艺术的表达中，也影响了文人的生活方式、生活态度以及对"雅"的追求。

但这三者之间又是相通的，胡适先生曾用三个"超"来概括这三家思想，即儒之超远、道之超越、禅之超度。儒之超远，体现在有一个标准或规范树立在那里，那是一个身处于家庭、宗族、社会、国家之中的人，对内和对外所应该遵守的行为准则和规范。儒家对"知其不可而为之"的精神，有一种坚定的执着。"宋仁宗时，范仲淹说了'先天下之忧而忧，后天下之乐而乐'；以后理学家无不是从诚意、正心、修身做起，以至于齐家、治国、平天下。超度个人，不是最终的目的，要以个人为出发点，做到超度社会。"①儒家认为最重要的修齐治平的道理，胡适以佛教中的"超度"一词与之相比拟。超远、超越、超度之"超"，在古汉语中，是疾行、跑步、跳跃的意思，是疾速越过的意思。《释名·释姿容》曰："超，卓也，举脚有所卓越也。"②"超"，用英文表示，就是 super，这个词汇就有"超过，在……之上，在上方，向上"等意思。

所以，"雅"观念集结了儒、道、禅三家"超"的内涵，追求政治的、伦理的、人生的、哲学的、美学的超越。儒、道、禅三家的文化因子，深深地影响和镂刻着"雅"范畴的历史面貌。儒家之"雅"，倾向于往伦理政治的方向提升而去，将对家族、国家的责任看作是士所必须肩负的使命，趋向于忘我的集体主义情怀和家国同构的精神。儒家"对诗、礼、乐的高度重视，将人性与兽性、文明与野蛮相区分的主张，也表现了强烈的超越欲求"③。而道家则更强调一种返璞归真，希冀回到自然、回到本真状态的心灵世界中。道家以自然为自由的隐喻，也是一种自然的理想主义。道家的"雅逸"之风，大大影响了后世那些看透功名利禄、

---

① 胡适：《政制改革的大路》，光明日报出版社 1998 年版，第 169 页。
② （汉）刘熙：《释名》，愚若点校，中华书局 2020 年版，第 33 页。
③ 刘成纪：《青山道场——庄禅与中国诗学精神》，东方出版社 2005 年版，第 308 页。

寻觅自在逍遥隐士风流的文人士大夫们。当他们为了个人建功立业的政治抱负，在朝堂鞠躬尽瘁之余，也特别热爱回归到自然风物和山水清音的怀抱中，以获得心灵的慰藉。在道家哲学的浸润中，所有的功名利禄、责任抱负被抛掷一旁，只有在这个时刻，一个人才得以用他最本真的状态在天地自然之间来一场逍遥游。虽然儒家也有"吾与点也"以及"乘桴浮于海"的逍遥境界，但孔子的这两种逍遥情境都是有前提的：前一种，以"道之行"为前提，是儒家政治抱负达成之后的一种理想境界；后一种，是"道之不行"后的作为，孔子是在满怀怅惘和对现实的失望之后，才有了"乘桴浮于海"的纵情任性的遐想。佛教则执着于引领人到达彼岸世界，其间的超越性自不待言。"禅宗将佛教的对象性超越改造为人心性内部的自我超越，要让人通过灵魂的自我革命顿见真如本性，这明显也是理想主义的东西。"①

儒、道、禅三家在哲学上的共通点就是强调超越，超越是人类精神世界中的理想主义在不同层面的显现。"雅"作为一种审美理想，所追求的也是超越，无论是在政治的、文学艺术的、日常生活的层面中，"雅"都曾经是模范、是标准，后来是一个人内心中沉着的追求，既静淡，又醇厚，虽然其内涵在不断变化，但永远不变的，是它对凡庸的突破和对美好事物的恒远追求。尽管不同时代对于什么是美好的标准有变，但对"雅"的追求始终未变。

---

① 刘成纪：《青山道场——庄禅与中国诗学精神》，东方出版社 2005 年版，第 309 页。

第三章 "雅"的意蕴生成及意义辨析

中国的道家和禅，有一个最显著的特征，就是对相对性的崇拜。老子说："天下皆知美之为美，斯恶已。皆知善之为善，斯不善已。故有无相生，难易相成，长短相形，高下相倾，音声相和，前后相随。"有禅宗大师将禅定义为"在南天见到北极星之术"，① 这一禅语也同样说明了一个道理，真理只有通过相反的事物才能领悟得到，要想更好地认识和解释一件事物，最好的方法便是转头去认识与其相反的那个事物，将两者放在一起来理解。正如人们用愚蠢来注解智慧，把智慧看成是与愚蠢相对立的那种"知识面貌"。② 这些说法，无一不在彰显一个事实：真理只有通过相反的一面才能领悟到。一个概念内涵和外延的界定，往往不是在对这个概念的单独剖析中所形成的，而是在这个概念与其他概念的对比分析中，更能勾勒出清晰而深刻的理解图景。

因此，要想更深入透彻地了解和把握"雅"的意义内涵，将"雅"与历史上那些常常与"雅"相对排列的概念范畴进行对比分析，更能凸显它的真实内涵。我们也许很难说清楚"雅"是什么，但在每一个与之相对排列的词中，我们可以从相反的角度明确指出"雅"不是什么，而在无数个不是什么的集结联合中，"雅"的真实面貌渐渐显现了出来。"雅"的审美内涵和意蕴，就存在于与之相对的一系列概念的意义辨析中。"淫""鄙""俗"这三个概念，是中国文化和中国美学中常常用来与

---

① ［日］冈仓天心，九鬼周造：《茶之书·"粹"的构造》，江川澜，杨光译，上海人民出版社2016年版，第35页。

② 王铭铭：《心与物游·自序》，广西师范大学出版社2006年版，第6页。

"雅"对举的概念。长期以来，"雅淫观""雅鄙观""雅俗观"，在对文学艺术的品评以及人格评价中，常被用作表示肯定和否定的评判标准。这些具有浓厚文人色彩的相互对应的概念，在《礼记》《老子》《论语》《史记》《文选》等时期的作品中就已经普遍而明显地体现了出来。当然，这些对举意义的生成乃是一个渐进而缓慢的过程，为了深入探讨"雅"是如何成为一种表示肯定和正价值的审美理想的，有必要对这些与"雅"相对的表示否定和负价值概念的形成历史进行一个审察。

第一节 雅乐淫声：中和与过度

一、"淫"字探源

"淫"，最早见于战国文字，写作 (诅楚文)或 (睡虎地简八·三)。"淫"字本义和水有关，在汉字六书中属形声。

《说文》卷十一水部：" ，侵淫随理也。从水口声。一曰久雨为淫。"徐锴《说文系传》"侵"作"浸"，释为"随其脉理而侵渍也。"段注："浸淫者，以渐而入也。"《尔雅·释天》："久雨谓之淫，淫谓之霖。""淫""霖"相通，段注引郑曰："淫，霖也。雨三日以上为霖。"

上述是对"淫"字初文和本义的一些解释，由这些解释，我们可以看出"淫"字具有以下三个方面的意义内涵：

第一，久雨为淫。从现象来看，"淫"，描述的是自然界的一种天气状况(同"霖")：雨下个不停，至少下了三天。由久雨引申出过多、过度的意思。《左传·庄公二十二年》："酒以成礼，不继以淫，义也。"《论语·八佾》："乐而不淫，哀而不伤。"朱熹集注："淫者，乐之过而失其正者也。伤者，哀之过而害于和者也。"①古人凡过分以至于失当的地步就叫做淫，如言"淫祀"。《礼记·曲礼下》："非其所祭而祭之，名

_____

① (宋)朱熹集注：《四书章句集注·论语集注》，中华书局 2012 年版，第 66 页。

曰淫祀",即不应该祭祀而去祭祀,就叫做淫祀。除了"淫雨"之外,表示"淫"字久雨本义的用法少见,多用其表示过分、过度的引申义,以及由过分、过度进一步引申出的荒诞、放荡之意。凡事当止而不止,必有所陷,故《孟子·公孙丑上》曰:"诐辞知其所蔽,淫辞知其所陷,邪辞知其所离,遁辞知其所穷。"[1]刘勰《文心雕龙·乐府》:"若夫艳歌婉娈,艳志诛绝,淫辞在曲,正响焉生?"[2]前者指的是邪僻荒诞的言论,后者则是指放荡猥亵的言词。

第二,侵淫随理,随其脉理而侵渍也。从深度和广度来看,"淫",呈现了一种有章法的、完全占领的作用力:侵淫。《释名·释言语》:"淫,浸也,浸淫旁入之言也。"[3]"淫",由"侵淫随理"又引申出渐浸、浸渍的意思。《周礼·考工记·匠人》:"善沟者水漱之,善防者水淫之。"郑玄注:"淫谓水淤泥土,留着助之为厚。"凡水淫(侵淫、浸渍)过,即有加厚。水没过泥土,泥土完全浸润在水中。侵淫,所体现的是一种全然的占有和侵袭,由此也引申出沉溺、沉湎的含义。《小尔雅·广诂》:"淫,没也。"《庄子·在宥》:"而且说明邪?是淫于色也;说聪邪,是淫于声也。"成玄英疏:"淫,耽滞也。"[4]"淫",在这里表示人完全地沉溺于某一情境中(通常是声、色、酒等),这些情境具有迷惑人心的效果,足以使人昏乱,失去理智和判断力。因此,"淫"也具有迷惑、使人昏乱的意思。《孟子·滕文公下》:"富贵不能淫,贫贱不能移,威武不能屈,此之谓大丈夫也。"赵歧注:"淫,乱其心也。"

第三,以渐而入也。从时间上来看,"淫",是一个渐进而缓慢的蔓延过程。古代汉语中常用"淫然""淫淫"描摹事物的情状。《管子·内

---

[1] 杨伯峻译注:《孟子译注》,中华书局1960年版,第57页。
[2] (南朝梁)刘勰著,(清)黄叔琳注,李详补注,杨明照校注拾遗:《增订文心雕龙校注》(上),中华书局2012年版,第83页。
[3] (汉)刘熙:《释名》,愚若点校,中华书局2020年版,第55页。
[4] (晋)郭象注,(唐)成玄英疏,曹础基、黄兰发点校:《庄子注疏》,中华书局2011年版,第202页。

业》："正行摄德，天仁地义，则淫然而自至。"尹知章注："淫，进貌也。"《汉语大词典》载"淫淫"有四种义项：流落不止貌；增进貌；远去貌；行进貌。其中除了"流落不止貌"与"久雨为淫"有关，其余"增进貌""远去貌""行进貌"都表示一种时间和空间上的行进状态，显然由"淫"字渐进、渐入之意引申而来。马叙伦从汉语语音的角度，将"淫"与"润""泽"相联系，认为"淫为润之转注字。润音日纽。淫，从□得声。□从𡈼得声。𡈼从人得声。人音亦日纽也。又从𡈼得声之字多入澄纽。则淫亦泽之转注字"。① "润"，有教化、熏陶的含义，《新唐书·朱敬则传》："天下已平，故可易之以宽简，润之以淳和。""泽"，表光润，也表水流汇聚之处、水草丛生之地。想要对人施加正向的影响，必然要通过渐进的教化、熏陶等才能实现，就像水流润泽大地，虽无声无息，却无所不至。

"淫"有过多、过度之意，而中国的传统文化向来以中和、中庸为上，"不偏之谓中，不易之谓庸，中者天下之正道，庸者天下之定理"。"过犹不及"，事情做得过了头，就跟做得不够是一样的，都不合适。所以，"淫"的引申义以表示荒诞、放荡、邪僻等负面否定价值为主。"淫"做动词，表沉溺、耽滞和使人迷惑，沉浸于这种状态的人失去理智无法控制自己，显然这也是被正统文化所否定的精神状态。除了上述否定性的意义外，"淫"也有表示"渐进"的中性义，但在现代汉语中，"淫"的中性义不常见，而多使用其否定性的含义。

二、淫则忘善

早在上古时期，"淫"就常被认为是丧乱之先兆，贼国之祸首。《尚书·伊训》记载，成汤既没，成汤之孙太甲即位后，伊尹作书以戒之，其中提到"三风十愆"之说，"三风"，即巫风、淫风、乱风：

---

① 李圃主编：《古文字诂林》，上海教育出版社 1999 年版，第九册第 117 页。

敢有恒舞于宫，酣歌于室，时谓巫风。敢有殉于货色，恒于游畋，时谓淫风。敢有侮圣言，逆忠直，远耆德，比顽童，时谓乱风。惟兹三风十愆，卿士有一于身，家必丧；邦君有一于身，国必亡。①

孔颖达正义云："酣歌常舞并为耽乐无度，荒淫废德，俱为败乱政事，其为愆过不甚异也。恒舞酣歌乃为愆尔，若不恒舞，不酣歌，非为过也……故为游戏与畋猎为之无度，是淫过之风俗也。言十愆有一，则亡国丧家，邦君卿士虑其丧亡之故，则宜以争臣自匡正。"②可见，殷商时期，清明的政治家们就已经深刻地认识到荒淫、耽乐对统治者和国家的危害，因此早早提醒君主要以此为戒。然而殷商终于还是祸乱败国，原因也正是由于上面所讲的"三风十愆"，其中最主要的就是君主的荒淫、放纵。

商之末世，周人历数殷商之罪，言辞中多提到"淫"字：

《多士》曰："在今后嗣王，诞淫厥泆，罔顾于天显民祇。"
《多方》曰："乃惟尔辞，以尔多方，大淫图天之命，屑有辞。"
《酒诰》曰："在今后嗣王酣身，厥命罔顾于民祇，保越怨不易。诞惟厥纵酒淫佚与非彝，用燕丧威仪，民罔不尽伤心。惟荒腆于酒，不惟自息乃逸……罔爱于殷，惟逸。天非虐，惟民自速辜。"

由上述三例可见殷商君主等上层统治者，荒诞淫佚已久，亡国之象

①　（汉）孔安国传，（唐）孔颖达疏：《尚书正义》，北京大学出版社1999年版，第204-205页。
②　（汉）孔安国传，（唐）孔颖达疏：《尚书正义》，北京大学出版社1999年版，第206页。

早显。殷人自己对此也早已有所认识：

> 《西伯戡黎》曰："惟王淫戏用自绝。"
> 《微子》曰："我用沈酗于酒，用乱败厥德于下。"①

司马迁《史记·殷本纪》对统治者纵欲于声色之乐更有详细的描述：

> 帝纣……好酒淫乐，嬖于妇人。爱妲己，妲己之言是从。于是使师涓做新淫声，北里之舞，靡靡之乐。厚赋税以实鹿台之钱，而盈钜桥之粟。益收狗马奇物，充仞宫室。益广沙丘苑台，多取野兽蜚鸟置其中。慢于鬼神。大乐戏于沙丘，以酒为池，悬肉为林，使男女裸相逐期间，为长夜之饮。②

"凡肆意于声色之欲者皆曰淫"，淫、邪常连用，齐桓公说自己"有大邪三"，乃是"好田""好酒""好色"，③ 酒色、畋猎正是《尚书》"三风十愆"中所提到的淫风的内容。古之君主必熟读《尚书》，不可能不知道其危害，所以齐桓公也谓之为"大邪"，这些都是理智上的认知，但仍然心有所好，这就是出于情欲的需求。人是有情有欲的动物，情一旦失之于正，便易流之为欲。淫，与欲望横流密切相连。所谓淫欲，正是人性中过度贪婪的欲望，是人失去了中正平和心态后所剩下的动物性的情欲。君主，是位于国家权力金字塔尖的最高统治者，如不能修身养性，约束自己，比普通人更容易任由动物性的淫欲所驱使，以至于亡国败家。

---

① 上述例句参见王国维《殷周制度论》，彭华选编《王国维儒学论集》，四川出版社 2010 年版，第 249 页。
② （汉）司马迁撰；（宋）裴骃集解；（唐）司马贞索隐；（唐）张守节正义：《史记》，中华书局 2013 年版，第 135 页。
③ 黎翔凤：《管子校注·小匡》，中华书局 1982 年版，第 411 页。

周人深深吸取殷之教训，所以才有"我周公，制周礼"，力倡以礼来制约人性之欲。礼，不否认人之性情，而主张以理智来引导性情，主张情与理的自然交融和相互渗透。后来的儒家重情而主张节欲，"中国儒家，极看重情欲之分异。人生应以情为主，但不能以欲为主。儒家论人生，主张节欲、寡欲以至于无欲。但就不许人寡情、绝情乃至于无情"。①淫，远情近欲，是欲望无节制的表现，自然也就为儒家所深恶。孔子说："《关雎》乐而不淫，哀而不伤。"（《论语·八佾》）这里的"淫"和"伤"均作过度、过分解。孔子认为《关雎》所表达的情感，无论是快乐和悲哀，都很恰当，不过分。"淫"和"伤"均有违于中庸之道、中和之道。可见，孔子认为人的情感，不管是悲哀的宣泄还是快乐的表达，都要有节制、不过分才好，有节制、中和，才是雅的。

"淫"，除了对个体心灵层面有着腐蚀和败坏作用，对人的肉体本身也是有害的，中医"六淫"之说就阐述了这一危害。"六淫"，是中医对风、寒、暑、湿、燥、火这六种外感病邪的统称。"六淫"之始，本为六气，《左传·召公元年》："六气曰阴、阳、风、雨、晦、明也，分为四时，序为五节。过则为灾：阴淫寒疾，阳淫热疾，风淫末疾，雨淫腹疾，晦淫惑疾，明淫心疾。"②孔颖达正义曰："过即淫也，故历言六气之淫，各生疾也……阴、阳、风、雨当受之有节，晦、明当用之有限，无节、无限必为灾害。"③阴阳相移，寒暑交替，气候变化本应有一定的规律和限度，但如果气候变化发生异常，六气太过或不及，或非其时而有其气，或气候变化过于急骤，超出了一定的限度，而人的机体不能与之相适应的时候，就会导致疾病的发生。这时，本对人体无害的六气，就转化为对人体有害的六淫。六淫，是病邪产生的因素之一。人之

---

① 钱穆：《孔子与论语》，联经出版事业公司 1974 年版，第 198 页。
② （周）左丘明传，（晋）杜预注，（唐）孔颖达正义：《春秋左传正义》，中华书局 1999 年版，第 1166-1167 页。
③ （周）左丘明传，（晋）杜预注，（唐）孔颖达正义：《春秋左传正义》，中华书局 1999 年版，第 1167 页。

患病，不外七情六淫。七情所病，谓之内伤；六淫所侵，谓之外感。本为中性的自然界之六气，成为致病之因后，即被称作"六淫"，是对人体健康有害的邪气。

就人的身体而言，"六淫"为外感之源，当人的抵抗力降低，极容易为"六淫"所侵，感染致病。从人心之欲望来讲，"淫"代表心内欲望的过度和不加节制。这种由内生发出来的"淫"欲，于人、于家、于国的危害，必然更甚于医学上讲的外来邪气之"淫"。程颐《颜子所好何学论》中说："外物触其形而动其中矣，其中动而七情出焉，曰喜怒哀惧爱恶欲。情既炽而益荡，其性凿矣。是故觉者约其情使合于中，正其心，养其性，故曰性其情。愚者则不知制之，纵其情而至于邪僻，梏其性而亡之，故曰情其性。"[①]人有七情六欲，这是人的天性使然，然而个人心性的修养却离不开情性的中正平和，程朱将七情六欲的"既炽而益荡"看成是心性修养的对立面，强调要对情欲加以节制，使其中节，方有利于心性之修养。正所谓"性其情"，也就是以性为情，使得七情纳入五性的轨道。

在古代人的文化观念中，"淫"由自然界的现象转而深入到政治、军事、艺术、心理、生理等层面，是一种负面的力量。如何才能克服"淫"的危害？清代康熙皇帝《庭训格言》提出教民以劳的观念：

> 《训》曰：兵丁不可令习安逸，唯当教之以劳。时常训练，使步伐严明，部伍习熟，管子所谓"昼则目相视而相识，夜则声相闻而不乖"也。如是，则战胜攻取，有勇知方。故劳之适所以爱之。教之以劳，真乃爱兵之道也。不但将兵如是，教民亦然。故《国语》曰："夫民劳则思，思则善心生。逸则淫，淫则忘善，忘善则

---

① 李敖主编：《周子通书·张载集·二程集》，天津古籍出版社 2016 年版，第 136 页。

恶心生。沃土之民不才，淫也；瘠土之民莫不向义，劳也。"①

安乐的生活容易让人放纵，放纵就会放松对自我的要求从而失去善心，失去善心则会生出恶心。从统治者的角度来说，"教民以劳"可以做到防微杜渐，在生存境遇和生活环境等方面让人远离淫逸，有利于军事民生的发展。

三、雅致中和

在诸多艺术门类中，音乐最能沟通人的心灵，音乐是情感的流动，与人的情感之间有着最为密切的联系，"音乐不用客观事物的形象，只表现内心生活，也只诉诸内心生活"。② 我国早在西周时期，就建立了较为完备的宫廷雅乐体系，周人制礼作乐，其朝会享宴，均辅之以音乐，官府也设有掌管音乐的机关。《礼记·乐论》是一部系统的音乐理论著作，其中阐述了音乐、声音、情感、外物之间的关系。音乐通过声音来表现情感，情感是人对社会现实生活的反映和表现，外物引起人心情感的起伏波动，音乐则是情感起伏波动的外在表现：

> 乐者，音之所由生也；其本在人心之感于物也。是故其哀心感者，其声噍以杀；其乐心感者，其声啴以缓；其喜心感者，其声发以散；其怒心感者，其声粗以厉；其敬心感者，其声直以廉；其爱心感者，其声和以柔：六者非性也，感于物而后动。

《礼记·乐论》不仅论述了音乐的起源和本质特征，还指出音乐与政治、伦理道德之间的密切联系，赋予音乐一种伦理上的认知价值和政

---

① 王成君主编：《帝经三书通鉴·康熙庭训》，华夏出版社 2010 年版，第242-243 页

② [德]黑格尔：《美学》第三卷上册，商务印书馆 2006 年版，第330 页。

教功能，强调音乐对人有着潜移默化的教育作用，音乐可以陶冶情操，规范人的行为，提高人的道德素养，有利于政治清明和社会稳定。"是故先王制礼乐也，非以极口腹耳目之欲也，将以教民平好恶，而反人道之正也。"（《礼记·乐论》）

在中国传统的音乐思想中，起到礼乐教化作用的音乐，往往指雅乐，与之相对的则有淫声，虽然同为音乐，后者却是为圣人所摒弃的。孔子出于政治教化的目的，崇尚雅乐、摒弃淫声。淫声，也就是郑卫之声。《周礼·春官·大司乐》："凡建国，禁其淫声、过声、凶声、慢声。"郑玄注："淫声，若郑卫也。""郑声淫"也是孔子对郑声一以贯之的评价，颜渊曾经问孔子什么是为邦之道，孔子曰："行夏之时，乘殷之辂，服周之冕，乐则韶舞。放郑声，远佞人。"（《论语·卫灵公》）孔子从两个方面来讲为邦之道，该做什么和不该做什么，而那不该做的两条就是放郑声、远佞人，他将郑声与佞人置于同等位置，认为它们是治国为邦的两大危害，为政者必须加以警惕，若稍不注意就容易对人的情性产生极坏的影响。与之相反的则是雅乐对人的积极性的影响，《左传》昭公二十九年载季札观周乐，盛赞《颂乐》"直而不倨，曲而不屈，迩而不逼，远而不携，迁而不淫，复而不厌，哀而不愁，乐而不荒，用而不匮，广而不宣，施而不费，取而不贪，处而不底，行而不流。"说明《颂乐》所表达的各种情感都恰到好处，这样的情感表达影响到人的心灵，也将促进人心灵的净化。

历史上，不仅崇尚伦理道德的孔子重视雅乐对于人心教化的作用，即使是受老庄思想影响颇深的阮籍和嵇康，也无法忽视雅乐对政教和人心的影响。阮籍《乐论》用设问的方式展开论述，以刘子引《孝经·广要道章》孔子云"安上治民，莫善于礼，移风易俗，莫善于乐"开始，提出了关于乐的教化功能的问题：

> 夫礼者，男女之所以别，父子之所以成，君臣之所以立，百姓之所以平也。为政之具，靡先于此。故"安上治民，莫善于礼"也。

夫金、石、丝、竹、钟、鼓、管、弦之音，干、戚、羽、旄、进、退、俯、仰之容，有之何益于政？无之何损于化？而曰："移风易俗，莫善于乐"乎？①

阮籍肯定了刘子的这一提问，首先对音乐的性质和教化作用做了解释。他提出："夫乐者，天地之体、万物之性也。合其体、得其性则和；离其体、失其性则乖。""昔者圣人之作乐也，将以顺天地之体成万物之性也。"圣人所作之乐即雅乐，雅乐与天地万物之性相和，"乾坤易简，故雅乐不烦。道德平淡，故五声无味。不烦则阴阳自通，无味则百物自乐，日迁善成化而不自知，风俗移易，而同于是乐。此自然之道，乐之始也"。阮籍认为雅乐对风俗的移易作用，合乎自然之道，这一点受到了道家思想的影响。

不过，《乐论》重点宣扬的还是符合儒家礼乐思想的音乐观。《乐论》分析了郑卫淫声的社会文化根源，认为人的性情受当地风俗之潜移默化的影响，当地风俗和人的性情也会反过来影响音乐的风格，阮籍认为："楚越之风好勇，故其俗轻死；郑卫之风好淫，故其俗轻荡。轻死，故有蹈火赴水之歌；轻荡，故有桑间濮上之曲。"《汉书·地理志》记载郑卫风俗时云："（郑）右雒左沛，食溱、洧焉，土狭而险，山居谷汲，男女亟聚会，故其俗淫。""卫地有桑间濮上之阻，男女亦亟聚会，声色生焉。"在这种习俗之下产生的音乐必然充满了男欢女爱的内容。这也正是为何郑卫之风被称作淫风，郑卫之声被称作淫声的原因。淫声"各歌其所好，各咏其所为"，多吟咏抒发个人的情绪流动、放纵个人的行为举止，"不尊中和之节、礼义之制，而崇尚自我情感的表达，这些正是'郑声淫'的一种表现"。② 因为被认为是没有节制的自我情感的表达，所以被称作"淫声"。

---

① 吴钊等编：《中国古代乐论选辑》，人民音乐出版社 2011 年版，第 107 页。
② 杨宗红：《"郑声淫"及其社会生成管窥》，《重庆邮电大学学报》2011 年 11 月。

　　阮籍在礼乐教育中提倡正乐(即雅乐),认为正乐能够起到抵制淫声的效果。然而当圣人不作、雅乐衰败的时候,淫俗之风则又兴起,所谓"夫正乐者,所以屏淫声也,故乐废则淫声作。""刑弛则教不独立,礼废则乐无所立。"事实上,郑卫淫声的兴起,固然与郑卫的地理环境、民风民俗有一定的关系,但也是当时社会礼崩乐坏尤其是周礼衰落的一种表现。而有着完美的礼乐教化的社会,应该是如阮籍所说"礼定其象,乐平其心;礼治其外,乐化其内;礼乐正而天下平"。礼,节制人们外在的行为规范;乐,则对人的内在心灵发挥着作用。外礼内乐,互相协调,缺一不可,两者共同完成教化的功能。

　　雅乐"平正易简,心澄气清",淫声则失德、失和,乃靡靡之音,有亡国之征,阮籍也举夏后之末、殷之季君沉湎于酒肉乐舞的例子说明了这一点。《礼记·乐论》载:"郑卫之音,乱世之音也,比于慢矣。桑间、濮上之音,亡国之音也,其政散,其民流,诬上行私而不可止也。"①由一国之音乐的流行,足以看出一国之政教的施行是荒散还是勤勉,音乐与政治教化密切相连。

　　在《乐论》的最后,阮籍借季流子与弟子的对话驳斥了当时音乐欣赏中"以悲为乐""以悲为美"的观念:

　　　　昔季流子向风而鼓琴,听之者泣下沾襟。弟子曰:"善哉鼓琴,亦已妙已!"季流子曰:"乐谓之善,哀谓之伤;吾为哀伤、非为善乐也。"

　　阮籍认为,使人流涕感动、唏嘘伤心的音乐是应该被否定的,"乐者,使人精神平和,衰气不入,天地交泰,远物来集",好的音乐应该有指引人向善的力量,而哀乐仅仅使人悲伤而已,离善还很远。这段话

──────────

① (汉)郑玄注,(唐)孔颖达疏:《礼记正义》,北京大学出版社 1999 年版,第 1080 页。

可谓深谙乐之妙理，说明乐以中正平和为上。扬雄《法言·吾子》："或问：交五声十二律也，或雅或郑，何也？曰：中正则雅，多哇则郑。""雅郑"之别，即正声和淫邪之音的区别。在音乐上，中正平和成为雅乐的审美特质。雅乐与淫声的区别就在于，"淫"，是过分和过度，是沉迷而放纵；而与之相对的"雅"，则很好地把握了情感上的度，有指引人向上和向善的力量，符合儒家的政教观。

中和，长期以来被看做中国美学中的最高审美理想，① 在"雅"与"淫"的分野中，也清晰地体现了这一审美理想。淫俗、淫声，因为过度，会对人的身心带来极具破坏性、甚至毁灭性的影响，而雅乐则在政治、伦理、教育和审美方面都带给人滋养和向善的力量。李泽厚在《论语今读》中提到儒家对"度"的辩证观念，来源于其实践理性(用)，而非像希腊哲学那样来自语言的辩论或思维的规律。② 确实，无论是中医的"六淫"之说，还是雅乐与淫声的区别和效用，都是来源于古老先民在自然和社会生活中的实践，也就是李泽厚说的来源于其实践理性。

第二节　雅鄙之别：中心与边缘

"雅"与"鄙"，是古代文论中常常用来对举的两个概念。从字源上看，"雅"与"夏"相通，"雅""夏"代表地理上的中心位置，周王朝时，"雅"为王都所在之地，"鄙"则是边疆、边境、郊野的代名词。后来，随着词汇意义的演变，雅鄙之别，逐渐从地理领域引申到文化和审美领域，"雅""鄙"二字的意义对立逐渐彰显。"雅"从表示地域的中心，演变为表示社会文化和文学审美的中心。"雅"更强调一个人的精神性和高尚的人格境界，言之有物、深沉而有寄托；"鄙"则由表示地域的边缘，转变为表示社会文化和文学审美的边缘，并进而发展出狭小、粗

① 参见萧兵：《中庸的文化审察——一个字的思想史》，湖北人民出版社1997年版。

② 参见李泽厚：《论语今读》，天津社会科学院出版社2007年版，第68页。

俗、浅陋、低贱等一系列表示负面否定的含义。"雅""鄙"引入文论话
语，则成为历代文论家们品评作家、作品之品格高低的重要概念。

一、"鄙"字探源

"鄙"，初文作啚，甲骨字形像一个粮仓，甲骨卜辞用"啚"为
"鄙"，写作𠆢（甲3401）、𠂤（遗186），《甲骨文字典》解释为"象禾麦
堆积于仓廪之形"。①"啚"字由"口"和"囗"组成，"囗"，是"廪"的本
字，《说文》卷五下云："囗，谷所振入，宗庙粢盛，仓黄囗而取之，故
谓之囗。"②段玉裁《说文解字注》云："囗，所以受谷。"③《玉篇》："藏
米室也，所以受谷。""囗"字中的"回"，像屋形，"啚"字上面的方框，
代表人所聚居之地，所以"啚"既表示仓廪所在地，即有粮食储备的地
方，也表示地域。后人又在"啚"的甲骨字形上增添了表示地域的义符
"邑"，更加明确了其表示地域的含义，这就是现在通用的"鄙"，"邑"
这一义符进一步强调"鄙"作为人所聚居之所的意思。《说文》卷六下云：
"鄼，百家为鄼。""鄙，五鄼为鄙。"④《周礼·地官·遂人》曰："五家
为邻，五邻为里，四里为鄼，五鄼为鄙，五鄙为县，五县为遂。"⑤
"鄙"，也就是五百家的意思。

"鄙"字右边的义符"邑"，甲骨文作𠂤（合集94正），上部为封地，
下部为人形，表示有土地和人民的方国所在地。《说文》中从"邑"的那
些字，一般都与分封地名或者方位有关。"邦""都""鄙"，皆以"邑"为

① 徐中舒主编：《甲骨文字典》，四川辞书出版社，卷五第610页。
② （汉）许慎撰，（宋）徐铉等校订：《说文解字》，陶生魁点校，中华书局
2020年版，第169页。
③ （汉）许慎撰，（清）段玉裁注：《说文解字注》，上海古籍出版社1988年
版，第230页。
④ （汉）许慎撰，（宋）徐铉等校订：《说文解字》，陶生魁点校，中华书局
2020年版，第202页。
⑤ （汉）郑玄注，（唐）贾公彦疏：《周礼注疏》，中华书局1999年版，第390
页。

义符，"邦，国也。《周礼》注曰：大曰邦，小曰国，析言之也。许云：邦，国也。国，邦也。统言也……古邦封通用。"①"古谓封诸侯为邦……汉高帝讳邦，邦之字为国。"②《周礼·天官·大宰》："以八则治都鄙。"郑玄注："都鄙，公卿大夫之采邑，王子弟之所食邑。"③从封地性质和大小来看，"邦国"属于诸侯的领地，"都鄙"与"邦国"对称，是王子弟、公卿、大夫的采邑，是相对"邦国"而言比较小的封地。

"鄙"除了表示上述行政区划和封地的意思之外，还有边邑、边境的意思。《说文解字注》："春秋经传鄙字多训为边者，盖《周礼》都鄙距国五百里，在王畿之边，故鄙可释为边。"④早在甲骨卜辞中，就有"东啚""西啚"之说，如《甲骨文合集》6057 正载："土方围于我东啚……侵我西啚田。"⑤春秋时期，也有与此类似的说法，如《左传·隐公元年》："继而大叔命西啚、北啚贰于己。"《公羊传·庄公十九年》："冬，齐人、宋人、陈人伐我西鄙。"根据上述卜辞和史料的记载，可知"啚""鄙"和方位词联系在一起使用，所谓"东啚""西啚""北鄙"，均指一国不同方位之边境所在地。"都鄙"在《周礼》中连用，共同表示公卿大夫之采邑，"都之所居曰鄙。《大司徒》云'凡造都鄙'，郑云：'其界曰都；鄙，所居也。'"《左传》和《国语》中"都鄙"仍然有连用，但分别代表国都和边邑，相连使用代指全国。《左传·襄公三十年》："子产使都鄙有章。"杜预注："国都及边鄙。"《国语·吴语》："天夺吾事，都鄙荐饥。"韦昭注："都，国也，鄙，边邑也。"从军事安全的角度考虑，国君所居之

①　（汉）许慎撰，（清）段玉裁注：《说文解字注》，上海古籍出版社 1988 年版，第 283 页。
②　丁福保编纂：《说文解字诂林》，中华书局 1988 年版，第 2784 页。
③　（汉）郑玄注，（唐）贾公彦疏：《周礼注疏》，中华书局 1999 年版，第 28 页。
④　（汉）许慎撰，（清）段玉裁注：《说文解字注》，上海古籍出版社 1988 年版，第 284 页。
⑤　（汉）郑玄注，（唐）贾公彦疏：《周礼注疏》，中华书局 1999 年版，第 28 页。

地，往往位于一国之中心，而分封给诸侯王公子弟们的封地，则围绕国都所在地，呈"回"字形逐渐向外辐射。从地理位置上来看，"鄙"也是边邑、边境的代名词。国与国之间军事上的侵略攻伐，多起于一国靠近邻国之地，也就是偏远的边境所在地。

所以，"雅""鄙"之别，首先体现在各自所代表的行政区划和地域的不同，"雅"，与"夏"相通，表示中原华夏所处的中心位置；"鄙"，则与中心位置相对，位于国境的郊野和边缘。

"鄙"，表示郊野和边缘，自然是相对于国都而言，因而"都"也有着与"雅"类似的含义。《说文》云："有先君之旧宗庙曰都。"①《左传》曰：凡邑有先君之旧宗庙曰都，无曰邑。"②《释名·释州国》云："国城曰都者，国君所居，人所都会也。"③国城，即一国之政治中心所在地，而一国的政治中心，往往也是文化中心的所在地，当今世界各国仍然如此。国都、都会、都市成为雅文化的发祥地和雅文化的中心，所以"都"字也引申出闲雅、美好等含义。

"都""鄙"由所在地域的不同，又引申出文化审美上的差异，因此也具有相互对立的含义。《诗经·郑风·有女同车》："彼美孟姜，洵美且都。"孔颖达疏："都，闲也。"④汉代时，"都""鄙"常常对举，作为审美上的一对反义词使用。《文选·长笛赋》："是以尊卑都鄙，贤愚勇惧。"李善注："毛苌《诗传》曰'子都，世之美好者也；鄙，陋也。'"

"都"，何以训美？其原因在于"都"所在的区域是京城国都，"都"的地域特征产生了其特有的雅文化，这一文化，与"鄙"相对。清代杨慎曾有论及：

---

① （汉）许慎撰，（宋）徐铉等校订：《说文解字》，陶生魁点校，中华书局2020年版，第202页。
② （汉）许慎撰，（清）段玉裁注：《说文解字注》，上海古籍出版社1988年版，第283页。
③ （汉）刘熙：《释名》，愚若点校，中华书局2020年版，第23页。
④ （汉）毛亨传，（汉）郑玄笺，（唐）孔颖达疏：《毛诗正义》，北京大学出版社1999年版，第298页。

都者，鄙之封也。左传曰"都鄙有章。"《淮南子》曰"始乎都者，常卒乎鄙。"辇毂之下，声名文物之所聚，故其士女雍容闲雅之态生。今云京样，即古之所谓都，《相如传》"车从甚都"是也。边民所居，蕞尔之邑，狐狸豺狼。①

《汉语大词典》载"鄙"的释义共有十二条，前四条与行政区划和地理位置相关，分别为：①周代地方行政单位；②采邑、小邑；③边邑、边境；④郊野、郊外。后八条释义，则由表示行政区划和地理位置的本义引申到对主体的评价和品评中。概括来看，这些引申义主要可以分为以下三类：第一类是形容人之品性、品格、见识、地位的，如粗俗、质朴、浅陋、低贱、蔽固、不通达；第二类是由上述负面的形容词义进而引申出的动词义，如贪吝、鄙视、蔑视、以为羞耻等；第三类则引申作谦辞，用来自称或称呼与自己有关的事物，最常见的用法就是鄙人。

"鄙"字引申义的来源，与其本义所表示的地理位置的性质(边邑边境、郊野郊外之荒凉、偏远)密切相关。由上述"都""鄙"二字的比较可以看出，"鄙"字很重要的一个引申义，就是与美好相对的浅陋或丑陋。"都鄙"与"尊卑""贤愚""勇惧"处于同一语境中，可见，这里所谓的美好或丑陋，并非指人的外貌，而是用于形容人的品性、品格。

二、君子与小人

雅鄙之别在社会文化中的意义区别，突出表现在春秋时期人们对人物品评所作的一系列论断中，君子之"雅"与小人之"鄙"，无数次相对出现在古代典籍中，在此强烈而突出的对比中，彰显着当时士人的选择和坚守。

---

① (明)杨慎撰；王大亨笺证：《丹铅总录笺证》上，浙江古籍出版社 2013 年版，第 47-48 页。

古人常有"大雅君子""博雅君子"之说，如"士不非其所事，不事其所非，既以策名新朝怀贰志，岂大雅君子出处之分哉""详尽更俟博雅君子相与正之"等。《论语》中常将君子与小人对举，如：

> 君子坦荡荡，小人长戚戚。(《论语·述而》)
>
> 君子固穷，小人穷斯滥矣。(《论语·卫灵公》)
>
> 君子怀德，小人怀土。(《论语·里仁》)
>
> 君子上达，小人下达。(《论语·宪问》)

君子，指士大夫之徒，小人，则是普通的老百姓。君子与小人最主要的区别不在于政治、经济上的差别，而在于德行。君子、雅士无论处于什么样的境地都有自己坚持的操守，无愧于天地，无愧于自己，身处贫穷却能够安于贫穷；而鄙夫、小人在同样的现实情况下，却不能够坚守自己，容易偏离道德上的修为。

《论语·子罕》中有关于孔子"多能鄙事"的记载，孔子对学生子贡说"吾少也贱，故多能鄙事"。因为少年时贫贱，所以会干很多粗活。前文"肉食者鄙"是指处于高位者的见识浅薄、思虑不够，此处的"多能鄙事"是由贫贱所致而能够干很多不需要很多精神性发挥的粗活。杨伯峻先生释"有鄙夫问于我，空空如也"中的"鄙夫"为"庄稼汉"，① 所谓的"雅""鄙"，和人精神含量的多少密切相关。精神性的含量越少，也就越接近鄙陋，越多也就越雅了。

"鄙"，表粗俗、庸俗、浅陋，在《论语》中已经出现。《论语·泰伯》曰："出辞气，斯远鄙倍矣。"意指言语谈吐不俗，则可以远离鄙陋。到了汉代，"鄙"开始有了直接表示否定的含义。

《释名·释州国》释"鄙"云："否也，小邑不能远通也。"②《尚书·

---

① 杨伯峻：《论语译注》，中华书局 2009 年版，第 88 页。
② (汉)刘熙：《释名》，愚若点校，中华书局 2020 年版，第 23 页。

尧典》"否德忝帝位"中的"否德"，司马迁《史记》作"鄙德"。《论语》"予所否者"，王充《论衡》引作"予所鄙者"。可证"鄙""否"同字，且音义相通。①《广雅》曰："鄙，小也。"人们常说的一句自谦语"鄙人"，就有小人之意。司马相如《子虚赋》曰："臣，楚国之鄙人也。"②

　　孔门弟子颜回，在《论语》中就被描绘成一个物质生活贫乏而精神境界很高的人。他深受孔子的赏识，孔子每次提到颜回均为溢美之词，他曾数次称赞颜回是一个非常有贤德的人，其中最详细的论述要数下面这段话：

　　　　贤哉，回也！一箪食，一瓢饮，在陋巷。人不堪其忧，回也不改其乐。贤哉，回也！（《论语·雍也》）

　　颜回具有什么样的专业知识和才能呢？《论语》中提及最多的是他能在陋巷中孜孜以求，始终以修道为乐。颜回正是因为这种高尚的人格境界而被孔子认为是最好的学生。孔门弟子根据各自的特长分为四科：德行、言语、政事、文学。颜回排在德行第一的位置，孔子称赞他的正是那种大部分人所不具有的贫而无忧、贫而好学、"其心三月不违仁"的精神。

　　《论语·阳货》曰："鄙夫可与事君也与哉？其未得之也，患得之；既得之，患失之。苟患失之，无所不至矣。"鄙夫是患得患失之人，而人之所以有患得失和不患得失之分，主要在于每个人志向的不同。古人云"士之品大概有三：志于道德者，功名不足以累其心；志于功名者，富贵不足以累其心；志于富贵而已者，则亦无所不至矣。"③志于道德者，自然是士中的君子，而志于富贵者，也就是孔子所谓的鄙夫了。人

---

　　①　（清）毕沅：《释名疏证》，商务印书馆1936年版，第22页。
　　②　（南北朝）萧统编，（唐）李善注：《文选》胡刻本，第175页。
　　③　（宋）朱熹：《四书章句集注·论语集注》，中华书局2012年版，第180页。

一旦深陷于物质性的追求，也就极容易患得患失，从而丧失了精神上的追求。人为物欲所控制，自然也就浅陋、庸俗、丑陋，以至于成为鄙夫了。"鄙"之一字，用之于人，多指人缺乏高尚的精神性追求，没有自身品格上的操守，鄙夫也正是在此层面上与君子相对立。

精神上的丰富绝不取决于物质上的丰富，相反，物质上的富足有时候反而还容易使人脱离实际，影响人精神和智慧的生长。据传由苏东坡所作的《艾子杂说》就记载了一个典故，讲述"肉食者鄙"的故事：

> 艾子之邻，皆齐之鄙人也。闻一人相谓曰："吾与齐之公卿，皆人而禀三才之灵者，何彼有智，而我无智？"一曰："彼日食肉，所以有智；我平里食粗粝，故少智也。其问者曰："吾适有粜粟钱数千，姑与汝日食肉试之。"数日，复又闻彼二人相谓曰："吾自食肉后，心识明达，触事有智，不徒有智，又能穷理。"其一曰："吾观人脚面，前出甚便，若后出岂不为继来者所践？"其曰："吾亦见人鼻窍，向下甚利，若向上，岂不为天雨注之乎？"二人相称其智。艾子叹曰："肉食者其智若此。①

艾子的邻居，都是粗鄙之人。有一天邻居们讨论，既然大家都是秉承三才(天、地、人)之灵气而生，为什么公卿贵族有智慧，而自己没有呢？他们中有人认为是因为饮食的缘故，公卿贵族们日日食肉，而自己吃得粗粝。于是他们试着吃肉，自认为自己的智慧真的会因此而有所增加，其后说出一些叫人啼笑皆非的道理来证明这一点。他们的话，不但不能证明他们的智慧，反而说明了他们的粗鄙不堪甚至还把愚蠢当作聪明：人的智慧当然不是取决于吃肉的多少，而是要依靠主观努力在学习和实践中获得。

"肉食者鄙"之说，最早出自《左传》庄公十年(公元前684年)"曹

---

① 梦华主编：《中华典故全编》，北京联合出版公司2015年版，第420页。

刿论战"，齐国军队攻打鲁国，鲁国即将迎战，曹刿请见鲁庄公欲献上作战计策。"其乡人曰：'肉食者谋之，又何间焉？'刿曰：'肉食者鄙，未能远谋。'"所谓"肉食者"正是养尊处优、物质生活十分优渥的当权者。曹刿所言"肉食者鄙"，意指由于当权者们长期脱离现实生活的实际，见识浅薄，不能够深谋远虑。

"肉食者鄙"，在中华传统饮食文化中有着源远流长的历史。清代李渔在《闲情偶寄》"饮馔部"中也谈到了"肉食者鄙"，他说"'肉食者鄙'，非鄙其食肉，鄙其不善谋也。食肉之人不善谋者，以肥腻之精液结而为脂，蔽障胸臆，犹之茅塞于心，使之不复有窍也。"①所谓"肉食者鄙"，真正所要表达的并非对食肉者的鄙视，而是对不善谋者的鄙视。鄙者，正因为其有所蔽，所以不够开明、不够开窍。但李渔接下来所说，却又从另一个角度论述了食肉对人的智慧显然也是有影响的。人是杂食动物，但在人类的所有食材中，文人常常认为植物性的食材相比于动物性的食材要更加优雅一些，比如植物中的菊与竹，常常被认为是一种清雅的食材，屈原《离骚》中有"朝饮木兰之坠露兮，夕餐秋菊之落英"②的名句，陶渊明《饮酒》也有"采菊东篱下，悠然见南山"。古人借食菊、采菊来喻示自身品格的清洁雅致。就连喜欢吃肉的苏东坡，也曾作诗表示笋与肉是最好的搭配。笋的清香美味可以中和肉的油滑肥腻，这一饮食搭配之所以长期流传，除了食材搭配的客观原因之外，还有一个主观方面的原因就是竹与君子之间的心理对应关系。

君子小人之间的雅鄙之别，最明显的物质性象征，体现于"宁为玉碎，不为瓦全"。公元 550 年，东魏丞相高洋胁迫孝静帝让位，建立北齐政权，自立为齐皇帝。公元 559 年，为了斩草除根，他大开杀戒，处死东魏宗亲七百多人。东魏宗室的一些远房亲戚急忙商量对策，魏昭成王五世孙元景安提出一条保命的对策，那就是脱离原来的宗族，请求高

---

① （清）李渔：《闲情偶寄》，云南人民出版社 2016 年版，第 290 页。
② 金开诚、高路明选注：《屈原选集》，人民文学出版社 1998 年版，第 10 页。

洋允许他们改姓，跟随齐氏皇族改姓高。元景安的堂弟元景皓愤而对曰："岂得弃本宗，逐他姓，大丈夫宁可玉碎，不能瓦全。"意思是说道德高尚的大丈夫，宁可做玉器被打碎，也不愿屈辱地活着，做品质低下的瓦器而得以保全。元景安将此话汇报给了高洋（齐文宣帝），因告密有功，得到高洋的赐姓，还做了官，而元景皓则被高洋处死。"宁为玉碎，不为瓦全"，比喻宁愿为正义守大节而死，也不愿做一个品质败坏、苟且偷生的人。

"雅""鄙"用于人时，形容一个人内在精神性的高低，人所拥有的精神性是人与物、人与动物之间的分别，也是人与人之间的分别。"但我们所标榜的精神性时常却是以物质性来营造的"，① 人与物之间又有着紧密的联系。人内在的精神气息充盈于内，但这种精神气息不免流露于外，得以具体物质性显现，都说"物以类聚，人以群分"。最终，那些被灌注了人的精神气息的物，也获得了与他物截然不同的精神性。比如，人们常常将高洁不屈的意志寄托于无生命的竹、菊，当这种精神性的气息落实到了本无生命的物上，久而久之，这些原本没有生命的物质本身仿佛也具有了人所赋予它的精神性，从而拥有了独立的精神特质，成为可以脱离人的存在而独立存在的生命体。这也是为什么物也可以和人一样，被形容成拥有或"雅"或"鄙"气质的实体，其根源还是来自人的精神性在物质上的显现，从而使得物本身也具有人类思想性和艺术性的精神气息。黑格尔在《美学》中讲到，为什么世人都喜欢古希腊人高耸的鼻子，认为这样才是美的，而那种鼻孔朝天的鼻子就是丑的，因为后者更接近于动物的属性。可见即使是在外貌上，人们的审美需求仍然是远离动物性的特征，始终倾向于拥有属于人的精神气息。荀子说："子赣季路，故鄙人也，披文学，服礼仪，为天下列士。"（《荀子·大略》）文学和礼仪，是人类世界重要而独特的发明，文学的修养和礼仪的熏陶，是春秋时期士人君子之所以能脱离鄙俗境界的必要条件。

---

① 王铭铭：《心与物游》，广西师范大学出版社2006年版，第85页。

三、心灵与感官

三国时期，曹丕《典论·论文》曰："盖文章，经国之大业，不朽之盛事。"将文章列为不朽盛事的这一思想，最早源于《左传》。《左传》中就有所谓"三不朽"之说："太上有立德，其次有立功，其次有立言，虽久不废，此之谓不朽。"立德是道德修养上的事；立功是实实在在地为民办事、为国效劳，有功于国家和民族；立言，也就是著书、立说、写文章。文章由人而作，"雅""鄙"在审美视域的不同（主要用于文论品评），不仅指语言、修辞等形式技巧方面的外在评价，而更多地与作者本身的内在精神品格相联系。

即便是同一个主题，由不同的人写，也会有雅鄙之分。比如同样是表达相思之情，"怕相思，已相思，轮到相思没处辞，眉间露一丝"（俞彦《长相思》），句句说相思，却远没有"曾经沧海难为水，除却巫山不是云"（元稹《离思》）、"衣带渐宽终不悔，为伊消得人憔悴"（柳永《蝶恋花》）来得刻骨铭心、不落痕迹而又简劲有力。同样是表达闺怨之苦，"君恩如水向东流，得宠忧移失宠愁"（李商隐《宫辞》），也远不及"过尽千帆皆不是，斜晖脉脉水悠悠"（温庭筠《望江南》）更能引发人绵长的情思。

甚至同一个人在不同时期、不同情境下所写的作品，也会有雅鄙之分。南唐后主李煜写于亡国前后的词作，可谓代表。李煜曾写过"狎昵已极"的艳情之作，如："花明月暗笼轻雾，今宵好向郎边去。刬袜步香阶，手提金缕鞋。画堂南畔见，一向偎人颤。奴为出来难，教君恣意怜。"（《菩萨蛮》）真是写尽了当时宫闱之中的淫靡之风。其描写固然生动，但其意境确实是鄙俗之尤。

当其遭遇了家国之变后，却也写出了被王国维赞为"以血书"的文字，如"问君能有几多愁，恰似一江春水向东流"（《虞美人》）、"独自莫凭栏，无限江山，别时容易见时难。流水落花春去也，天上人间"（《浪淘沙》）、"世事漫随流水，算来一梦浮生。醉乡路稳宜频到，此外不堪行"(《乌夜啼》)。

唐圭璋先生在《唐宋词简释》中评论最后这一句词说："末两句，写人世茫茫，众生苦恼，尤为沉痛。后主词气象开朗，堂庑广大，悲天悯人之怀，随处流露。"[1]后主个人的人生苦难，经其艰难咀嚼之后，凝聚成了能够表现众人心声的诗句，这就将个人的一己悲欢上升到了表现人类普遍情感的高度。

在中国人的文学观念中，作品内容的"雅""鄙"与作品本身所能感发人的情感境界的高低相关，也与作者本身的品格密切相关。中国文化中一直以来都提倡"文以载道"，在正统文学，特别是诗文之中，这一观念根深蒂固，总会在有意无意之中支配着创作主体的情思，他们会在诗文之中竭力表现其符合社会道德的"雅"的一面。如此一来，作为"诗余"的小词，则更能够释放文人的心性，"因为它不是严肃的、言志的诗篇，所以反而流露了那些诗人、词客内心之中最幽微、深隐的一种情思"[2]。但正是因为词适合表现这种幽微、深隐而无所矫饰的情思，词也比诗更能见出词人本身的精神品性。

词中的"雅""鄙"，最明显的区别就在于，前者以心灵去感应和描摹这个世界，后者则是以感官感受作为体验世界的主要途径。在《大晏词的欣赏》一文中，叶嘉莹先生通过大晏(晏殊)词与柳永词的对比，对二者艳情词作的不同境界做过如下论说：

> 至于写艳情者如其《诉衷情》之"此时拼作千尺游丝，惹住朝云"，《踏莎行》之"樽中绿醑意中人，花朝月下常相见"，《破阵子》之"多少襟怀言不尽，写向蛮笺曲调中，此情千万重"。若以这些词句与柳永《定风波》之"绿线慵拈伴伊坐"，《菊花新》之"欲掩香帏论缱绻"诸作相较，则大晏正所谓"虽作艳语，终有品格"。那

---

① 唐圭璋：《唐宋词简释》，人民文学出版社 2010 年版，第 40 页。
② 叶嘉莹：《小词大雅——叶嘉莹说词的修养与境界》，北京大学出版社 2015 年版，第 55 页。

便是因大晏所唤起人的只是一份深挚的情意，而此一份情意虽或者乃因"儿女之情"而发，然而却并不为"儿女之情"所限，较之一些言外无物的浅露淫亵之作，自然有着高下雅鄙的分别。①

晏殊之词与柳永之词有高下雅鄙之别，皆因"一者是写其心灵上的感受，而一者则是写其感官上的感受的缘故"。② 以心灵去感受者，则能与所观照的艳情对象拉开一段距离，心中顿生一种"可远观而不可亵玩焉"的情感，譬如"多少襟怀掩不住，写向蛮笺曲调中，此情千万重"，当时所感发词人的这份情究竟是什么，都已经不重要了，因为一颗完整心灵的倾情流露所吸引到的，自然也是另一颗类似心灵对此情感的强烈呼应。词人自身的抒情，清晰而又完整地表达了读者自己朦胧感受到，想要抒发却又不知如何表达的情感。于是，由一人一心所生发出的情思，却表达了属于每个人的情思。称得上"雅"的艳词，正是能够以艳情为始，最终却在文字的呈现、情感的表达和感染力的深度上，完全超脱了艳情，成为"此中有深意"的含蓄蕴藉之作。

反观柳永《定风波》《菊花新》中"彩线慵拈伴君坐""欲掩香帏论缱绻"之类的句子，不管它是现实生活中的真实写照，还是想象世界中的虚拟场景，缺点就在于，它的写实过于感官化，这种感观化的写实，虽在某种程度上照见了极具真实性的场景，但恰恰因为这种极度的真实和写实，让人丧失了文学想象的空间，剥夺了人们由文字生发出去进而产生审美联想的乐趣。由"彩线""香帏"可以看出，诗中描述的环境必然是在闺房之中，感官物质的确定性，在一定程度上限制了情感的表现空间。此外，"慵拈""论缱绻"等词，虽有情感的因素暗含其中，但却弥漫着一种已经确定了的慵懒情调和感官上的奢靡情怀，除此之外，很难给人什么更新、更深的联想了，词作所言之情的基调已被限定。

① 叶嘉莹：《迦陵谈词》，生活·读书·新知三联书店2015年版，第152页。
② 叶嘉莹：《迦陵谈词》，生活·读书·新知三联书店2015年版，第152页。

在《人间词话》中，王国维更是通过永叔、少游与美成的对比，道出了词的雅郑之别（郑，与鄙相通）：

> 词之雅郑，在神不在貌。永叔，少游虽做艳语，终有品格。方之美成，便有淑女与娼妓之别。①

雅、郑对举，本为音乐术语，指雅乐与郑声。在这里，王国维用雅、郑来指词风的不同以及词作格调的高低，并由词作的格调延伸到词人的品格。判断一首词是否粗鄙猥琐，"在神不在貌"，重点是词作所呈现出的人的精神境界的高低，而非由表面的文辞来判别。同为写艳情的词，永叔、少游与美成相比，则有如"淑女与娼妓之别"。这句"刻薄"之语，将王国维抑美成而扬永叔、少游的爱憎之情表现得无以复加。王国维"不在形式上回避'艳语'、'淫词'、'鄙语'，主张从本质上判断语言的雅郑。……'辞之雅郑，在神不在貌'，意味着从本质上看问题。只要能表现'真景物、真感情'，即使'淫鄙之尤'也可以。雅郑关键在于一'真'字"。②

也就是，雅鄙之别，不在于文辞是否精美，而在于情意是否真挚。王国维《人间词话》在分析《古诗十九首》时，也有谈道：

> "昔为娼家女，今为荡子妇。荡子行不归，空床独难守。""何不策高足，先据要路津；无为守贫贱，轗轲长苦辛。"可谓淫鄙之尤，然无视为鄙词者，以其真也。五代、北宋之大词人亦然。非无淫词，读之者但觉其亲切动人；非无鄙词，但觉其精力弥满。可知淫词与鄙词之病，非淫与鄙之病，而游词之病也。"岂不尔思，室

---

① （清）王国维著，周锡山编校、注评：《人间词话汇编汇校汇评》，上海三联书店 2013 年版，第 147 页。
② 吴奔星：《王国维的美学思想——境界论》，《江海学刊》1963 年第 3 期。

是远而。"而子曰："未之思也，则何远之有。"恶其游也。①

"昔为娼家女，今为荡子妇。荡子行不归，空床独难守"，出自《古诗十九首》之《青青河畔草》，"何不策高足，先据要路津。无为久贫贱，辗轲常苦辛"，出自《古诗十九首》之《今日良宴会》。前者借已脱籍嫁人但丈夫远游不在家的娼家女之口，讲出空床独难守的寂寞，是典型的思妇词；后者则是表达了失意之士图谋富贵功名却欲而不得的牢骚愤懑之情。其用语大胆奔放、直接露骨，这种赤裸裸的思念之情，以及对富贵功名利禄的坦言追求，与含蓄蕴藉的传统诗教是不相容的，因而被王国维视作"淫郑之尤"。

而所谓的"真"，则是"就诗人的主观思想来说，它是对不合理的黑暗现实所表示的激切的不平与强烈的讽刺；就诗的客观意义来说，它是处在长期封建社会里任何一个时代的失意人们在经济生活和政治生活中所能感受到的最切身的苦痛；同时，也是他们所想说的而又不敢把它正面表现出来的心情"。② 按照王国维的论述，表现了"真"的词，可远郑倍矣。正因其真，所以即使是淫词、郑词，仍可以使"读之者但觉其亲切动人""精力弥满"。

按理来说，淫、郑、游三者，均离"雅"甚远，但王国维认为淫词与郑词的危害，不及游词。所谓游词，则是游离于真性情之外的言不由衷、虚情假意的应酬、应付之作。

孔子批评"岂不尔思，室是远而"（难道我不想念你？因为家住得太遥远。）这样的说法就很虚假，因为"未之思也，夫何远之有"（他是不去想念哩，真的想念，有什么遥远呢？）③所以"岂不尔思，室是远而"这一类的话语就是游词。一切的理由都是借口，不去思念，正说明思念

---

① （清）王国维：《人间词话》，中国华侨出版社 2015 年版，第 136 页。

② 马茂元：《古诗十九首初探》，商务印书馆 2017 年版，第 77 页。

③ 括号中的译文，参见杨伯峻：《论语译注》，中华书局 2009 年版，第 95 页。

的心意还不够真切，只是做做样子罢了。所以王国维认为孔子"夫何远之有"的反驳，正是因为"恶其游也"。确实如此，这与孔子向来倡导的"仁远乎哉？我欲仁，斯仁至矣"（《论语·述而》）的思想也是一脉相承的。

《古诗十九首》之所以不被看作鄙词，就在于它的真。真，是《古诗十九首》的灵魂。陆绎曾《诗谱》曰："古诗十九首情真、景真、事真、意真，澄至清、发至情。"①陆时雍《古诗镜》曰："十九首深衷浅貌，短语情长。"②当然，也有论者将诗中主题和情感，往传统比兴和寄托的雅正之道上凑，如《青青河畔草》这首，有人说是"刺轻于仕进而不能守节者"，有人说是"伤委身失所"，有的说是"喻君子处乱世"，有的说是"见妖冶而儆荡游之诗"。③ 但似这般竭力将之归于大雅的刻意，反倒失之于雅，显得鄙俗不堪了。

在审美视域中，"雅""鄙"的不同，来源于主体人格高下不一的精神品格和精神境界，有着质的分别。雅，因情而感发，却不为此情所限；雅，以寄托为上，深具言外之意；雅，需要用心灵去感受，而非用感官去感受。诗品如人品，诗文的品格是作者自身品格的外显，"品，指作品应达到的高品位。格，指作品应具备的高格调。作品的品格，一是作者本人的品格和作品内容的结合的结果，即审美主体与审美客体完美结合才能达到的。达到的途径是审美主体的品格向审美客体潜移默化地渗透，再由后者即作品反映出前者即作者的品格。没有高度的技巧，作者空有雄心壮志，眼高手低，力不从心，也无法达到，作者的品格无法转化为作品的品格。作品的品格反映作者的品格，用作者和作品的真实性作为桥梁，使两者具有一致性或统一性，我国古代美学家据此建立

---

① 隋树森集释：《古诗十九首集释》，中华书局 2018 年版，第 201 页。
② 隋树森集释：《古诗十九首集释》，中华书局 2018 年版，第 203 页。
③ 参见马茂元：《古诗十九首初探》，商务印书馆 2017 年版，第 163-164 页。

了'诗品犹如人品'的著名美学原理"。① 文学作品的"雅""鄙"之别，与作者本身精神品格的高低以及作品所能感发人的境界深浅有着密切的联系。

综上，雅鄙之别，首先源自地域视角上中心与边缘的区别，"雅"为国都所在之地，"鄙"为郊野。随着词汇意义的演变，雅鄙进而又由地域视角上的区别向社会、文化上的区别演进，体现在人物品评上，有大雅君子和卑鄙小人之分；体现在文学文论上，则是深刻的心灵表现和肤浅的感官呈现上的区别。

第三节　雅俗之辨：超拔与凡庸

近现代文学语言中，雅俗常常对举，从俗不伤雅、以俗为雅、雅俗共赏、大雅大俗这些字词中也可以看出雅俗是中国文化中的重要概念。在古代文论的评价话语体系中，雅俗常常作为表示肯定和否定意义的一对高频词出现。俗，是原始的、初生的、未经雕琢和修饰的底层民众的日常生产生活以及情感流露；雅，往往带着深深的上层精英文化的印记，与理想的境界联系更为紧密。雅文学的践行者们发现了深藏于俗中的璞玉，他们做出了试图塑造每一种文学形态理想的努力。美学上的雅俗逐渐演变成人生理想和艺术理想的评判标准，崇雅卑俗，以雅为上成为这一标准的主旋律。从个体层面来看，一个人的生命是有限的，人生百年，如白驹过隙，人区别于动物的很重要的方面，不在人的单纯的情欲流动(这与动物的快感又有什么区别)，而在于人所独有的记忆、理智、想象等能力。从人类群体的层面上看，文明的历史是漫长而值得追溯的，将"雅"作为一种人生理想、艺术理想和审美理想，往个体生命和群体生命的来处和去处纵深挖掘，方能凸显人作为人的价值和意义。

① 周锡山：《王国维美学思想研究》，中国社会科学出版社1992年版，第178页。

"俗"，与人的欲念相关；而"雅"，将人的情感从动物性的欲念中超拔出来，从动物的快感到人的美感，由一时的感官享受、情欲流动到永恒不朽的精神追求，这正是"雅"的努力方向。

一、"俗"字探源

"俗"字，始见于金文，写作 𢓜（集成 2817）。《说文》卷八上云："俗，习也，从人谷声。"段注曰："习者，数飞也，引申之凡相效谓之习。"①《礼记·曲礼》："入国而问俗。"郑玄注："俗谓常所行与所恶也。"俗，也就是地方上的风尚习惯，老百姓相效相习所累积形成的习俗、风俗，包括"所行"与"所恶"两个方面："所行"，即婚姻丧纪等乡风民俗；"所恶"，即地方上的一些禁忌。

俗，在周代的社会政治系统中占据着重要的位置，被认为具有一定的政教意义，对上位者治国安邦能起到工具性作用。礼俗，被看做"治都鄙"八条原则中用来"驭其民"的重要工具，《周礼·天官·大宰》曰："以八则治都鄙：一曰祭祀，以驭其神；二曰法则，以驭其官；三曰废置，以驭其吏；四曰禄位，以驭其士；五曰赋贡，以驭其用；六曰礼俗，以驭其民。七曰刑赏，以驭其威；八曰田役，以驭其众。"郑玄注："礼俗，婚姻、丧纪旧所行也"，贾公彦疏："俗谓昏姻之礼，旧所常行者为俗，还使民依行，使之入善，故云以驭其民。"②在这里，"俗"表示习俗、风俗，是一个中性词。因为其在政治治理中的作用，还具有一定的积极意义，因为它"深刻关涉着众生凡庶生存、生活的地方风习和成规，既能世代常行下去，其间必有作为社会秩序基础的、不可忽视的合理、合宜之处。在这些重要的社会政治文献中，'俗'于是不

---

① (汉)许慎撰，(清)段玉裁注：《说文解字注》，上海古籍出版社 1988 年版，第 376 页。

② (汉)郑玄注，(唐)贾公彦疏：《周礼注疏》，北京大学出版社 1990 年版，第 27-28 页。

仅被作为政治管理、教导、建设的直接对象，同时也被用作政教的手段。"①

乡土风俗有着地域差异性，正所谓"百里不同风，千里不同俗"。俗，由"土地所生习也"，必然会因为自然条件和历史传承的不同而具有一定的差异性。《汉书·地理志下》："凡民函五常之性，而其刚柔缓急，音声不同，系水土之风气，故谓之风；好恶取食，动静亡常，随君上之情欲，故谓之俗。"应劭《风俗通义·自序》："风者，天气有寒暖，地形有险易，水泉有美恶，草木有刚柔也。俗者，含血之类，像之而生。故言语歌讴异声，鼓舞动作殊形，或直或邪，或善或淫也。圣人作而均齐之，咸归于正；圣人废，则还其本俗。"②风、俗常连用，但二者也稍有不同。风，与自然环境相关，主要指自然水土之风气以及人的言语音声等；俗，与处于这一环境中的人相关，主要指人因好恶、动静、取舍等形成的世代常行的习惯、习俗等。北齐刘昼《新论·风俗》曰："风者，气也；俗者，习也。土地水泉，气有缓急，声有高下，谓之风焉；人居此地，习以成性，谓之俗焉。风有厚薄，俗有淳浇，明王之化，当移风使之雅，易俗使之正。""俗"在周代还能与礼并列，成为政教手段，到了强调大一统的封建专制时期，已经完全让位给礼，成为明王(封建君主)需要用礼的手段和雅的原则加以感化和改造的东西。

俗，与欲望有关。《释名·释言语》："俗，欲也，俗人所欲也。"③《礼记·乐记》"移风易俗"，孔颖达疏："俗，谓君上之情欲，谓好恶取舍。"④也就是说俗的形成，与人之爱恶好欲有着紧密的联系。俗人所欲，随其取舍之情欲，从君上之情欲，皆谓之俗。在古文中，"俗"

---

① 于迎春：《雅俗观念自先秦至汉末演变及其文学意义》，《文学评论》1996年第3期。

② (汉)应劭：《风俗通义校注》(上)，王利器校注，中华书局2010年版，第8页。

③ (汉)刘熙：《释名》，愚若点校，中华书局2020年版，第53页。

④ 宗福邦、陈世铙、萧海波主编：《故训汇纂》，商务印书馆2003年版，第123页。

"欲"二字有时也通用。《荀子·王制》:"天下不一,诸侯俗反,则天王非其人也。"于省吾曰:"俗通欲,《毛公鼎》'俗我弗作先王忧',俗即欲。"①这里的"俗",表示想要的意思。想要,正是"欲"的动词意义。《荀子·解蔽》:"故由用谓之,道尽利矣;由俗谓之,道尽嗛矣。"杨倞注:"俗当为欲,言若从人所欲,不为节限,则天下之道尽于快意也。"②这里的"俗",也被理解为欲望的意思。欲者,"贪欲也","人六情之所生也"③在强调情感节制和寡欲论的孔孟看来,欲,是需要引起警惕的,无论是对外的"事君",还是对内的"养心",都不能"随心所欲"。《论语·先进》:"所谓大臣者:以道事君,不可则止。"朱熹注曰:"以道事君者,不从君之欲。不可则止者,必行己之志。"④前说"从君上之情欲"谓之俗,那么"以道事君",绝不从君之欲,如此行事,自可谓不俗。

孔孟没有明确表示对"俗"的抵制,但他们始终如一地坚持着的对道的持守和对欲的克制。孟子曾多次谈到欲,他提出:"养心莫善于寡欲。其为人也寡欲,虽有不存焉者寡矣;其为人也多欲,虽有存焉者寡矣。"(《孟子·尽心下》)孟子认为,恶产生的原因就在于物欲,虽人性本善,但如果不加以正确的引导,也会因为欲的存在而被遮蔽,最终不能发挥其善。

欲望来自人心,于是俗也与心的追求相联系。在佛、仙、俗这组人旁的字中,有一个有趣的汉字结构现象:佛,左边是人,右边是弗,弗即"不是"的意思,不是人,不是普通的凡人,也就是佛了;仙,左边是人,右边是山,人的心如果一心向往着向上攀登,登到高山顶上"御风而行",也就成仙了;俗,与仙相反,左边是人,右边是谷,人的心

---

① 梁启雄:《荀子简释》,新编诸子集成续编,中华书局1983年版,第113页。

② 于省吾:《双剑誃诸子新证·荀子新证》,中华书局2009年版,第189页。

③ 丁福保编纂:《说文解字诂林》,中华书局1988年版,第8718页。

④ 朱熹:《四书章句集注·论语集注》,中华书局2012年版,第130页。

如果没有更高的追求，自愿沉埋于低洼的山谷，也就不可避免地成为一个俗人了。俗，由普通群众的风尚习惯而引申出世人、一般人、世间、尘世间的意思，也就真的成了与仙、佛相对的概念了。

俗的意义，主要分为名词和形容词两类。俗的名词义有三种：一是群众的风尚习惯；二是世人、一般人；三是尘世、世间。俗的形容词义也有三类：一是粗鄙的；二是平凡的，平庸的；三是大众化的，浅近的。由普罗大众的风尚习惯这个本义推演而来的引申义，基本上有两种含义：第一表示尘世间，第二表示大众化的、平凡的、甚至粗鄙的。雅俗对举，也正是基于这两个引申义的基础上。

二、雅俗对举

由雅、俗的本义可以知道，雅和俗本是不相关的概念。在早期先秦文献，如《周礼》《礼记》《仪礼》中，俗，主要是指风俗、习俗。《周礼·曲礼》有"入国而问俗"，《周礼·大司徒》有"以俗教安则民不愉"，《礼记·王制》曰："修其教，不易其俗；齐其政，不易其宜。"这里提到的关于"俗"的表述，无一例外都是指乡风民俗，并且还高度肯定了"俗"在社会政治治理中的重要作用。可见，在当时人的眼中，"'俗'不仅被作为政治治理、教导、建设的直接对象，同时也被用为政教的手段"。①

那么，"俗"开始表示反价值和否定性的意义，并对之加以轻视、鄙视，最早开始于什么时代？翻开先秦诸子的论著，我们可以发现在老庄和荀子的论述中，"俗"的意义是混杂的，既有表示风俗、习俗等中性义的表达，也有表示轻抵等否定意味的流露。

下面引的这两个例子，都是"俗"的中性义的表达：

其一，老子描述他心目中的"理想国"时说："小国寡民，使有什伯

---

① 于迎春：《雅俗观念自先秦至汉末演变及其文学意义》，《文学评论》1996年第 3 期。

之器而不用，使民重死而不徙。虽有舟舆，无所乘之；虽有甲兵，无所陈之；使人复结绳而用之。甘其食，美其服，安其居，乐其俗。邻国相望，鸡犬之声相闻，民至老死不相往来。"（《老子·第八十章》）

其二，庄子比较伯夷和盗跖之死，曾大发议论："伯夷死名于首阳山下，盗跖死利于东陵之上。二人者，所死不同，其于残生伤性均也。奚必伯夷之是而盗跖之非乎？天下尽殉也；彼其所殉仁义也，则俗谓之君子；其所殉财货也，则俗谓之小人。其殉一也，则有君子焉，有小人焉。若其残生损性，则盗跖亦伯夷已，又恶取君子小人于其间哉！"（《庄子·骈拇》）①

此外，有些地方用到的"俗"，虽然字面上没有显示出明确的否定意义，但是仔细辨析，还是能够感受到知识分子与"俗"正勉力地保持着一定的距离。例如当老子说："俗人昭昭，我独昏昏；俗人查查，我独闷闷。"（《老子》第二十章）"众人皆有余，而我独若遗，我愚人之心也哉！""众人皆有以，而我独顽且鄙。"他真的是在赞赏俗人和众人吗？恰恰相反，其实他是用一种反讽的语气来强调自己"我独异于人，而贵食母"精神品格。他"在'众人'、'俗人'与自我的对峙中所表现出来的强烈的自我意识，体现了士的鲜明的社会批判意识与卓然不群的超然境界。这样的境界，对其后士大夫的精神提升、价值观念、人格追求影响至深至巨"。②

孔孟也非常反对"同乎流俗，合乎污世"取媚于俗众的乡愿。荀子说："故人知谨注错，慎习俗，大积靡，则为君子矣；纵性情而不足问学，则为小人矣"。（《荀子·儒效》）③这里就可以很明显地看出，俗，虽然还是习俗的意思，但却是想要成为君子者需要谨慎对待的对象了。

---

① （晋）郭象注，（唐）成玄英疏，曹础基、黄兰发点校：《庄子注疏》，中华书局 2011 年版，第 178-179 页。

② 赵晓兰：《宋人雅词原论》，巴蜀书社 1999 年版，第 22-23 页。

③ 梁启雄：《荀子简释》，新编诸子集成续编，中华书局 1983 年版，第 96 页。

最早将雅俗这对原本不相应的概念相对使用的，也是荀子。荀子将人分为四个不同的等级层次：俗人、俗儒、雅儒和大儒，这四者在言行举止、礼仪学问、志向追求和为政效用上有着明显的区别：

故有俗人者，有俗儒者，有雅儒者，有大儒者：不学问，无正义，以富利为隆，是俗人者也。

逢衣浅带，解果其冠，略法先王而足乱世，术缪学杂，不知法后王而一制度，不知隆礼义而杀诗书；其衣冠行伪已同于世俗矣，然而不知恶者，其言议谈说已无以异于墨子矣，然而明不能别；呼先王以欺愚者而求衣食焉，得委积足以掩其口，则扬扬如也；随其长子，事其便辟，举其上客，患然若终身之虏而不敢有他志；是俗儒者也。

法后王，一制度，隆礼义而杀诗书；其言行已有大法矣，然而明不能齐法教之所不及闻见之所未至，则知不能类也；知之曰知之，不知曰不知，内不自以诬，外不自以欺，以是尊贤畏法而不敢怠傲；是雅儒者也。

法先王，统礼义，一制度，以浅持博，以古持今，以一持万；苟仁义之类也，虽在鸟兽之中若别黑白；倚物怪变，所未尝闻也，所未尝见也，卒然起一方，则举统类而应之，无所拟㤊；张法而度之，则暗然若合符节；是大儒者也。

故人主用俗人，则万乘之国亡；用俗儒，则万乘之国存；用雅儒，则千乘之国安；用大儒，则百里之地久而后三年，天下为一，诸侯为臣；用万乘之国，则举错而定，一朝而伯。（《荀子·儒效》）

大儒和俗人，是这一等级序列的两个极端。大儒这一等级人数极少，荀子以周公、孔子为例，其圣与贤自不待言。俗人，即俗世之中离礼仪学问最远的人，他们"不学问、无正义，以富利为荣"，这样的人自然是为荀子所鄙视的。重点是俗儒和雅儒的对比，俗儒在外表上很有欺骗性，但其"谬""杂""伪""欺"一旦被识破，也就与"俗"划上等号了。于迎春指出："在荀子那里，'俗'既被视为暗昧、浅鄙、苟且、欲望、不义而好利诸人生品性、质素的综合，则所谓'雅'，在强调智行正当的同时，就有了超拔于流俗凡庸之上的鲜明色彩。"①因此在雅儒、俗儒的对举中，"雅"是肯定性的评价，"俗"也已经见出否定的意味，这是很显然的。当然，正如日本学者村上哲见所说，因为还有比雅儒更高一级的大儒的存在，所以"雅"和"俗"，"它们之间的高下之分是确实存在的，但这只是次序上的高下之分，却不能说是具有排他性的对立关系"。②

这一时期，对"俗"的否定性表达常常与对"道"的追求相互勾连。受老庄具有超越性品格的"道"的影响，与之相对的"俗"，是世俗社会和人生现实局限性的缩影。如果想要脱离庸常的生活境界，追求自己心中的道，"离世异俗"自然就成为当时有识之士的一种追求，《庄子·山水》："吾愿君去国捐俗，与道相辅而行。"屈原也有过类似的论说："悲时俗之迫厄兮，愿轻举而远游。"（《远游》）③"将游大人以成名乎？宁正言不讳以危身乎？将从俗富贵以偷生乎？宁超然高举以保真乎？"（《卜居》）④

日本学者村上哲见在《雅俗考》中说："后代只要说'俗'（或'世俗'、'时俗'等）就是做出反价值、否定性的评价，有时尚带有嘲骂的意味。但在先秦时代，这样的含义却几乎没有，或者即使有的话，也可

---

① 于迎春：《雅俗观念自先秦至汉末演变及其文学意义》，《文学评论》1996年第3期。

② ［日］村上哲见：《雅俗考》，顾歆艺译，《中国典籍与文化论丛》第四辑，中华书局1997年版，第431页。

③ 金开诚，高路明选注：《屈原选集》，人民文学出版社1998年版，第249页。

④ 金开诚，高路明选注：《屈原选集》，人民文学出版社1998年版，第280页。

以说是极为淡薄。"①他认为到了汉魏六朝时期，"俗"才具有了明确而普遍的轻蔑意义。

于迎春认为在战国时期老庄和荀子的思想里，已经出现了对"俗"的轻抵意味，特别是在《荀子》中，"'俗'之为义，已经显现出明确的价值贬抑倾向。在由地方乡土及其上所常行，转而指普通的、平常的、一般的之后，又程度不同地染上粗鄙、浅陋、不足观之类的轻抵色彩。从俗者难免乎鄙，而至德者不和于俗，有道者有异乎俗，在战国诸子的著作里，成了几乎不争的判断"。② 我们同意后者的观点，即在战国诸子的思想里，"俗"已经有了明确的价值贬抑倾向。不过"雅"和"俗"还没有出现绝然的对立，与"雅"对立的，主要还是"郑""淫"。

从汉代开始，人们对"俗"开始有了激切而频繁的抨击，其中雅俗对举的例子也有很多：

> 夫田婴俗父，而田文雅子也。婴信忌不实义，文信命不辟讳。雅俗异树，举措殊操，故婴名暗而不明，文声驰而不灭。实说世俗讳之，亦有缘也。(《论衡·讳篇》)③

东汉后期以降，作为价值否定评断的"俗"字，成为一个积极、活跃的构词元素，"俗说""俗议""俗论""俗好""俗人""俗儒""俗士""俗吏""俗主"等词的频繁、广泛使用，无疑反映了这个时代的士人对社会现实生活以及他们自身际遇的诸多不满。

这种士人们特有的愤世嫉俗心态，来自他们以个体身份体现的士阶层的自我意识。士阶层在汉代不断扩展和成熟，而在王纲解纽的东汉后

① ［日］村上哲见：《雅俗考》，顾歆艺译，《中国典籍与文化论丛》第四辑，中华书局 1997 年版，第 431 页。
② 于迎春：《雅俗观念自先秦至汉末演变及其文学意义》，《文学评论》1996 年第 3 期。
③ 黄晖撰：《论衡校释》，新编诸子集成本，中华书局 1990 年版，第 698 页。

期，社会正统价值逐渐溃毁、瓦解，观念和行为难以规范，潮流和时尚遂在民众、士林中不断自生自灭。缺乏精神凝聚力和观念核心的社会飘摇、摆荡，不断交易，"大人之志，不可见也，浩然而同于道；众人之志，不可掩也，察然而流于俗。同于道，故不与俗浮沉"（《申鉴·杂言下》）。与日益混乱无序的社会所发生的较多碰撞，刺激了士人们自我意识的迅速增长和强化，从而也提供了固化其价值对立物的需要和可能。

在雅俗对立之前，俗的意义，经历了"中性义—中性义与否定义的混杂—强烈的否定义"三个发展阶段，最终在魏晋南北朝时期，雅俗对立开始频繁而鲜明地出现于人格评价和艺术审美中。在魏晋南北朝时期的士林人生和艺术中，雅俗严重对立，士人们甚至通过反社会、反常规的方式以极端的表现来彰显其与世俗决然不同的人生态度和价值取向，士大夫以"骄蹇为简雅"（《晋书·熊远传》），"指礼法为流俗，目纵诞以清高"（《晋书·儒林传序》）。文人将"雅""俗"用于对艺术作品的评判上，主要也是以超越流俗为上。南齐谢赫《古画品录》以"体制不凡，跨迈流俗。时有合作，往往出人"称赞陆杲的画风体制不落俗套。所谓"流俗"，据朱熹所解，"风俗颓靡，如水之下流，众莫不然也"。① 颓靡的风俗，就像是水流，就下不就上。人群之中，以俗者居多，俗者就像水流，多是就下的；唯有高雅的艺术家方能"跨迈流俗"，出人意表。

唐宋大多数文人仍然秉承了魏晋遗风，延续着对俗的摒弃和雅的追求。刘禹锡在《观市》一文中描述了他眼中的世俗市场的景象，真是一派乱哄哄、臭熏熏的脏乱景象，"鼓嚣哗，忿烟埃，奋膻腥"，集市中的商贩也是利欲熏心、贪婪奸诈，"利心中骛，贪目不瞬""诋欺相高，诡态横出"，因此他认为古礼"命士以上不入于市"是有道理的，这与孔

---

① （南齐）谢赫、姚最：《古画品录·续画品录》，王伯敏译，人民美术出版社1959年版，第17页。

子所谓"君子远庖厨"正相类，不过出发点却大为不同。孔子是因为不忍之心，刘禹锡则是为了离俗而弃市。

雅俗，常用于形容人的风格气度，不雅曰俗。黄庭坚《山谷论书》就将学书与人品修养联系在一起：

> 学书要须胸中有道义，又广之以圣哲之学，书乃可贵。若其灵府无程政，使笔墨不减元常、逸少，只是俗人耳。余尝为少年言，士大夫处世可以百为，唯不可俗，俗便不可医也。或问不俗之状，老夫曰："难言也。视其平居无以异于俗人，临大节而不可夺，此不俗人也。平居终日如含瓦石，临事一筹不画，此俗人也。"①

黄庭坚认为不俗之状很难用言语来形容，平常小事不足以评判雅俗，只有在遇到大是大非的时候方能见出英雄本色，不俗之人心中有坚守，"临大节而不可夺"。与之相反，俗人也许就会随波逐流、毫无操守了。雅俗，用于艺术创作和评判，往往首先指向个体人格的评价，并从人生品格向艺术品格的价值评判转移，重点还是要言常人所未言，与众不同。南宋词人姜夔《白石道人诗说》："人所易言，我寡言之，人所难言，我易言之，自不俗。"②

虽然如此，雅俗从毫不相关，到对立对举，再到相互融合，唐宋时期是一个重要的转折点。时代的风尚从唐代开始，渐渐开启了一个大雅渐去、世俗兴起的序幕。李白在提出他的复古主张的同时，曾慨叹"大雅久不作，吾衰竟谁陈"，"郢客吟白雪，遗响飞青天。徒劳歌此曲，举世谁为传。试为巴人唱，和者乃数千。吞声何足道，叹息空凄然"。(《古风》)雅者曲高和寡，俗者一呼千应，这既是无可奈何的事，也是

---

① （宋）黄庭坚：《山谷论书》，马博主编：《书法大百科》第 4 册，线装书局 2016 年版，第 142 页。

② （宋）姜夔：《白石道人诗说》，（清）何文焕辑：《历代诗话》下册，中华书局 1981 年版，第 680 页。

时代发展的必然。

综上所述,"雅""俗"二字是以人为中心的对天上之物和地上之物的观察和描述。"雅"从佳牙声,本义是楚乌,是天上高飞的鸟。"雅"的义符"佳"作为一种鸟形灵的符号,成为人与上天和神灵建立起联系的中介物。《说文解字》"俗"是"土地所生习也",从人谷声。"泉出通川为谷",《淮南子·说山》:"江河所以长百谷者,能下之也。""谷",本义是两山之间的水流,引申为两山中间的低洼地。"雅""俗"二字的字形生成,也从一个形象的角度证明了汉字是古人在"仰观""俯察"之际创造出来的。

在周文化的繁盛期,"俗"还是一个中性词,不具有后代关于否定性价值评判的意义,当它被统治者作为一种政治治理的工具使用时,还具有一定的政教方面的积极意义。到了春秋战国时期,随着西周贵族文化的衰落,统治阶级原本所具有的强大的礼乐文化力量也逐渐式微,不足以礼俗并举实现移风易俗的时候,缺乏礼乐引导的"俗"文化的缺点也就渐渐暴露了出来。这一时期,"俗"表示风俗、习俗的中性义渐渐向表示轻视、蔑视的否定性意义过渡,因而这两种意义常常是并行使用的。到了汉魏南北朝时期,对"俗"的抵制和蔑视开始变得频繁和激烈了,"俗"的凡庸、一般、大众、普遍的意义成为自我意识觉醒的士人和知识分子们想要竭力摆脱的状态,与"俗"相对的表示正向价值的"雅"开始成为人们普遍的人格追求和艺术追求。唐宋时期基本秉承了魏晋时人崇雅卑俗的遗风,但也拉开了元明清时期雅俗关系的新的序幕。雅俗有了新的演变,由深刻的对立发展到互相的转化和融合。

三、雅俗转化

中华民族的传统文化可以被划分为不同的种类,有学者按照文化与社会结构的关系,将之分为三种干流:上层文化、中层文化(市民文化）和下层文化，其中的中下层文化也被称作"民俗文化"。① 也有学者在此基础上去掉了中层文化，直接将文化分为上层文化和底层文化这两个对立的层次：上层文化，指的是宫廷文化或由上层的文人所创造和拥有的文化；底层文化，指的是民间文化，即不依赖于统治阶级的广大人民以及精英人物所创造的、拥有的文化。② 出自宫廷或者上层文人之手的上层文化，常被称作雅文化；而来自底层的民间文化，也就是所谓的俗文化。事实上，雅俗文化的发展，并不像上面所区分的这么泾渭分明，中国文化的发展演变，就是雅俗文化不断交织、转化和融合的历史。这主要体现在以下这些方面：

第一，由俗到雅的转化。以中国古典白话小说为例，早期较为粗糙的《水浒传》，经历了从容与堂本到袁无涯本再到金圣叹本的"评"与"改"，才有了如今的面貌。无独有偶，《水浒传》的这一雅化过程，在明代四大奇书之其他三部作品《三国演义》《金瓶梅》《西游记》中也有着类似的体现。这些小说最初的文本都比较粗粝，无一不是在经历了文人的数次修改之后，才成为了今天为大众所接受的版本。③ 古典白话小说的雅化，正是雅俗两个不同阶层文化的巧妙结晶，其中一个重要的因素就是不同文化阶层之间的交流和融合，文人群体的参与使得雅的元素逐渐渗透到俗的文体中，实现了文人审美趣味对平民审美趣味的修饰和改造，实现了小说之小与大雅之道的融合。骆冬青教授在《心有天游：明清小说美学》中曾详细解说了这一结合过程：

> 一方面是"小说"的"小"使其不必顾忌"身份"，既敢于大胆实行"拿来主义"，将诗词歌赋之类任意使用，只求艺术效果而不求

---

① 钟敬文：《民俗学发凡》，《中国民间文学演讲集》，北京师范大学出版社1999年版，第10页。

② 王宁主编：《中国文化概论》，湖南师范大学出版社2000年版，第10页。

③ 参见曾晓娟：《"评"与"改"：中国古典白话小说之雅化过程——以《水浒传》为中心》，南开大学2012年博士论文。

艺术原创；另一方面又是因为身份卑微而需要借助"大道""大雅"来提高身份，增加自己的文化资本；而原本自视甚高的文人士大夫在"暴发"的"小说"面前既感愤怒，又不免眼热，"利用"便成为与之结盟的最佳借口，在小说中一试史笔、诗才及议论，便将"高层次"的文化资源注入了"小说"之中，虽然常常会损害小说的特质，却有意无意地使"小说"向"大道""大雅"进行了靠拢。因此，不同层位的文化之间的融通和交合，是明清小说繁盛的重要因由。①

由俗到雅的转化还有一种方式，准确地说应该是俗文学中雅元素的重新发现。原本被看做是俗的作品，自身其实也含有一定的雅元素，随着时代审美风尚和接受主体审美观念的转变，这些雅元素被凸显了出来，其文学地位也逐渐得到提升，最终跻身于雅文学的行列。以柳永词在宋金元明清时期的评价为例，就经历了"俗—雅俗并存—以雅为主"的发展演变。②

对雅俗的认定，不仅在于创作主体和文本本身的属性，更多地体现为主客体之间，包括创作主体与接受主体，接受主体与描写对象、描写形式之间的一种关系。雅俗的转化，很大程度上取决于这种关系的变化。其中最重要的转化条件，是审美要素之间因距离而产生的"陌生化"，这种陌生化带来了文学欣赏中必要的张力，从而使接受者在审美感觉上发生从俗到雅的变化。朱崇才教授在《从柳永词的评价看雅俗观念的转化》一文中详细列举了六种主客体之间的距离：个体距离、角色距离、心理距离、供求距离、空间距离以及时间距离，③ 并认为这些距

---

① 骆冬青：《心有天游：明清小说美学》，南京大学出版社 2008 年版，第 14 页。

② 参见朱崇才：《从柳永词的评价看雅俗观念的转化》，《江海学刊》2001 年第 6 期。

③ 朱崇才：《从柳永词的评价看雅俗观念的转化》，《江海学刊》2001 年第 6 期。

离是柳永词从俗到雅的重要因素。除了小说和词的雅化，元曲的雅化也是经典的例子，《牡丹亭》《西厢记》之类在其诞生之初，无疑都是离经叛道的俗文学，而今也已经进入了高雅的文学殿堂。

第二，由雅到俗的转化。先秦和秦汉，一直到魏晋南北朝之际，事实上，雅与俗的对立，只具有相对的意义。雅俗可以是相互包含、相互交叉的。俗中可能有雅的成分，雅中也会有俗的成分。叶燮《原诗》中对比元稹和白居易的诗说："白俚俗处而雅亦在其中，终非庸近可拟。"① 雅俗在一定条件下的相互转化，也包括由雅到俗的转化，不仅俗可以转化为雅，雅同样也可以演变为俗。人们常说"一代有一代之文学"，楚辞、汉赋、唐诗、宋词、元曲、明清小说，这些文体伴随着时代而依次出现，本身也暗含了文学文体"由雅到俗"的过程。前一个朝代的文体，本是雅的，可是当用的人越来越多，慢慢也就俗了。文学的本质是人学，文学是用来抒发和表现独属于人的情志的。当一种文体俗化泛滥，其表达方式开始远离人性、人情的时候，新的文体就会出现。又如梅兰竹菊，本是极其雅致的四君子，很多人在起名时都会选用这些字，但一旦用的人多了，带有这些字的名字就又不免流于俗气。

朱自清先生在 20 世纪 40 年代曾经写过一篇文章讨论雅俗共赏问题，文章开头以陶渊明的诗"奇文共欣赏，疑义相与析"做引子，认为"赏奇析疑"这类雅事是属于"素心人"或者说雅人、士大夫的。他认为在"雅俗共赏"这个成语中，总还是有一种"雅人多少得体会到甚至迁就着俗人的样子"。② 我们从这里所用"迁就"一词即可看出，"雅""俗"确实是分属两个不同阶层的事情，"雅"的欣赏层级显然是要高于"俗"的。从历史的实际情况来看也是这样，"雅"本是上层阶级、文人雅士的专属，直至唐代安史之乱之后，原本的门第等级迅速地垮了台，再加

---

① （清）叶燮、沈德潜：《原诗·说诗晬语》，凤凰出版社 2010 年版，第 60 页。

② 朱自清：《论雅俗共赏》，生活·读书·新知三联书店 2008 年版，第 1 页。

上宋代印刷术的发达，知识传播的便利，士与民的等级便不再那么泾渭分明了，而是上下流通着。下层的老百姓加入士流的越来越多了，但他们却还"多少保留着民间的生活方式和生活态度，他们一面学习和享受那些雅的，一面却还不能摆脱或蜕变那些俗的"，① 自然而然的，雅俗共赏也就成了新晋阶层的新的尺度、标准以及发展趋势了。

雅俗共赏之所以能够实现，是不同阶层的转化和结合所带来的文化上的融合。这时，雅与俗不再那么泾渭分明了。虽然，雅被认为是一个人有气节、有操守、有品格的体现，而俗常是"随情欲之趋舍"。但是随着明清时期人们对情、欲的重新认识，对俗中之"真"的发现，俗成为文人可以从中学习借鉴的宝贵载体。尤其是当雅文学、雅美学发展到它的极致，出现矫揉造作、过犹不及的现象时，俗，反而成了一副最好的良药，往往被作为一种反拨的力量，拯救病入膏肓的雅。

在一贯强调正统的中国文学史上，雅化的文学传统常常是根深蒂固的。不管再怎么说"雅俗共赏""以俗为雅""俗不伤雅"，不能被雅化的作品，最终也只能游离于雅文学的边缘，难以"登堂入室"，跨入以雅文学为传统的正统文学的殿堂。即使有幸进入，到底也是不会有太高的地位。唐五代、北宋的词再怎么雅，仍被称作"诗余"，元代的散曲比词更加地俗化，于是被称作"词余"，距离正统文学的核心（诗）也就更远一步了。

雅文学和俗文学对举，向来是中国文化传统中的一大特色。尽管俗文学的产生，有着和雅文学一样甚至更为悠久的历史，但一般正统的文学史，只是一部雅文学史，俗文学一向不被列入正统文学史的行列。真正为小说、戏曲等俗文学作传写史，始于王国维《宋元戏曲史》和鲁迅《中国小说史略》，而以俗文学来命名的俗文学史，当属商务印书馆1938 年出版的由郑振铎先生编写的《中国俗文学史》。关于俗文学的定义，郑振铎先生在《中国俗文学史》的开头就做了这样的解释：

---

① 朱自清：《论雅俗共赏》，生活・读书・新知三联书店 2008 年版，第 2 页。

　　"俗文学"就是通俗的文学，就是民间的文学，也就是大众的文学。换一句话，所谓俗文学就是不登大雅之堂，不为学士大夫所重视，而流行于民间，成为大众所嗜好，所喜悦的东西。①

　　正因为俗文学是产生于民间、流行于民间的，所以与雅文学相比，它与普通群众的联系更为紧密，较少地受到上层文明的影响，它没有经过多么专业的加工，能够更多地保持着原始的状态，所以也是更接近本色的。这里所谓的俗文学，其实也就等同于民间文学，因此这部书也被称作"中国民间文学研究的先声和经典之作"。② 在《中国俗文学史》之后，又陆续出现《中国俗文学发展史》《中国俗文学概论》，俗文学开始有了和雅文学一样的史的研究概念，真正引起学术上的重视。

　　雅俗，有古今之别。古雅今俗，以古为雅，以今为俗，是人们的普遍观念，也是审美上的常见观点。王国维在《文学小言》中以"古雅"与"今俗"相对，认为"今俗"与现实生活中的名利欲望紧密相关，而"古"是对"今"的一种解脱，"雅"又是对"俗"的一种解脱。

　　王夫之《明诗选评》论顾开雍《游天台歌》："青莲、少陵，是古今雅俗一大分界。假青莲以入古，如乘云气渐与天亲；循少陵以入俗，如瞿塘放舟顷刻百里。欲捩柁维樯，更不得也。"③王夫之在这里，借品评顾开雍之诗，以雅俗来区分李杜之别，以李白为雅，杜甫为俗。雅，是一种向上的力量，所以说"假青莲以入古，如乘云气渐与天亲"。

　　鲁迅先生说："歌、诗、词、曲，我以为原是民间物，文人取为己有，越做越难懂，弄得变成僵石，他们就又去取一样，又来慢慢地

　　① 郑振铎：《中国俗文学史》，上海人民出版社2006年版，第15页。
　　② 郑振铎：《中国俗文学史》编辑后记，岳麓书社2011年版，第607页。
　　③ （明）王夫之评选，陈新校点：《明诗评选》，文化艺术出版社1997年版，第71页。

绞死它。"①俗文学为雅文学提供了新鲜活泼的源头活水。哲学家冯友兰先生曾经说:"对古人的东西有两种态度,一是照着讲,二是接着讲。照着讲,实际就是还古人本来面目,重述古人的东西;接着讲,即从古人的东西出发,将古人提出的问题向前推进,开出一个新的局面,达到一个新的境界。"在"照着讲"的不断重复中,再新鲜的东西都会有僵化、俗化的可能,所以需要"接着讲",既有传承又有创新,在此过程中,才能推陈出新,雅与俗的博弈也正在此过程中。

从词、昆曲和小说这三种文体形式的雅化历程可以看出,民间艺术的雅化经历了一个螺旋上升的转变模式。精神的惰性和趣味性让人们喜欢和亲近被称为"俗"的艺术,但是精神的严肃性又让人们,尤其是具有传统文化素养的文人士大夫们,自觉不自觉地修正那"俗"的艺术,为之注入"雅"的元素。

雅俗之辨中,所谓的"辨",有辨别、分别之意,似乎是试图将雅和俗剥离开,相对立而独自存在。事实上,雅、俗之间的关系就像人的灵魂与肉体之间的关系。人们对雅、俗进行区分的强烈渴望,一如人想要超脱自己的肉体,升华自己灵魂的努力。以人的五感为例,虽然五感都是肉体对外在世界的感知,但是在这五感之中也有雅俗高下的分别。一般认为,视觉和听觉较接近人的精神性。基于视觉的,有绘画的艺术、雕塑的艺术和建筑的艺术;基于听觉的,则有音乐的艺术;而味觉、嗅觉和触觉,则因为它们与人的肉体的关系更为密切,具有较少的精神性,而被认为是俗的了。清人顾禄《清嘉录》记载吴地四时风俗,卷四《四月》中有《茶贡》一条,讲述了碧螺春茶的命名由来:起初,当地人因茶之异香而呼之曰"吓杀人香",茶上贡之后,康熙皇帝"以其名不雅训",故更名为"碧螺春"。②"碧螺春"和"吓杀人香",这两个名

---

① 鲁迅:《致姚克》,《鲁迅全集》第十卷,人民文学出版社1956年版,第174-175页。

② (清)顾禄:《清嘉录》,陈伟军编注:《明清闲情小品》(三),东方出版中心1997年版,第210页。

字一雅一俗，正得雅俗相应之趣，前者因茶之视觉上的形色而命名，重点关注茶的形状和色泽；后者由茶之香味而命名，属于嗅觉层面的感物心动，更能够给人以强烈的感官感受。这一雅一俗两个名字相结合，恰恰更能够圆满地从一个立体的角度展现该茶的风采和特色。

雅俗的分别，起源于主体自我意识的觉醒，想要超脱于凡庸的精神渴望，雅的分量，取决于其客观对象中所包含的主体精神的层次。但是，也有一个有意思的现象，虽然主体的精神性(或曰独立之精神、自由之思想)是雅的重要标识，一旦缺少这种精神性，不免会被视为庸俗、凡庸的俗人，但若是精神性的含量超出了一定的度，变得晦涩难懂、佶屈聱牙的话，就又离雅甚远，被称作附庸风雅、故作风雅而受到鄙视了。

春秋战国时期，相对于"淫""鄙""俗"的直露和浅白，人们对"雅"的审美认识还是比较模糊和浅淡的，对"雅"的理解主要集中在孔子所说的"雅言""雅乐"等含义上。春秋战国诸子们还没有像后世那样对"雅"的审美价值加以正面的大力弘扬和提倡，因为他们还没有清晰而深刻地感受到这一审美价值对人生、对艺术的强烈冲击。但在他们对"淫""鄙""俗"这一系列负面价值毫不留情的否定和抨击中，无疑已蕴含着对与之相反的正面价值——"雅"的肯定和赞许。"雅"具有不同于流俗、力求超拔于俗世的人生价值。这一点，先秦诸子们虽未明言，但却一直用自己的人生实践在生活世界和艺术世界中默默践行着。

到了魏晋南北朝时期，崇尚豁达宏远、孤高清淡的"雅"开始大放光芒。"雅"在这一时期的弘扬和实践，建基于战国诸子和东汉文人对"淫""鄙""俗"的猛烈抨击之上。正是因为有了对这些表否定价值概念的体认，"雅"才有了如此清晰和鲜明的参照物，从而迅速确立起自身独具魅力的审美内涵。

"雅"与"淫"的意义辨析，重点在情感的中和和过度，是量的区别。通过历史上的真实事件可以看出，沉湎于靡靡淫声最终会带来量变引起质变的后果，导致国破身败。呈现在艺术的表达中，强调"雅"，就是在强调一种有节制的情感表达。

"雅"与"鄙"的分别，首先从地理位置的区分开始。"鄙"的本义是边境、边邑，相较于国都的雅文化，边境的文化是粗俗、浅陋的。因此雅鄙之分，从表示地理位置之别，又发展到形容人的品格和精神性，主体内在品格和内心的精神性，是"雅"区别于"鄙"的重要方面，体现在文学中，就是"诗品即人品"这一著名的美学原理。

"雅"与"俗"原本是不相关的词汇，在先秦文献中，"俗"是习俗、风俗之义。"俗"的引申义有两个，第一表示尘世间，第二表示大众化的、平凡的甚至粗鄙的。雅俗对举，也正是基于这两个引申义的基础上。"雅"的追求，是主体自我意识的觉醒，体现了其想要超脱于凡庸的精神渴望。但是"雅""俗"是无法相独立而存在的，两者始终在不断地演化，由俗到雅、由雅到俗，时时刻刻都随着时代的审美风尚和接受主体审美观念的转变而转变。

雅淫、雅鄙、雅俗之间的辩证分析，告诉我们，每一个时代对独属于这个时代和这个民族的人文精神的传承，必然要从经典开始。严羽《沧浪诗话·诗辨》云："夫学诗者以识为主：入门需正，立志需高……学其上，仅得其中；学其中，斯为下矣。"不仅学诗、作诗如此，一切文化艺术的学习都应当如此。无论是对我们的下一代进行启蒙式教育，还是想通过学习来进一步提升自身的文化修养，所谓"入门需正"，首先要对经典的雅文化做一番研习，并努力传承，这才是正途。

第四章　"雅"的理想建构及美学风貌

　　一直以来，"雅"处于正统文化的中心地位（与"鄙"相对），其所体现的审美情感是儒家所倡导的中和（与"淫"相对），"雅"是文人雅士所努力追求的与世俗庸人区隔开的高尚清冷的精神境界（与"俗"相对）。作为中国人的一种审美理想，人们对"雅"的追求必然也会呈现在具体的艺术作品和艺术评论之中，"在雅美学那里，美学家们更为关心的常常是文学艺术，是文人雅士们的审美观念，是已经被高度概括化了的审美范畴、审美理论等，而在俗美学那里，它所关心的则主要是人们在日常生活中所表现出来的审美情趣和审美趋向"。① 在"雅"的美学境界中，文学、艺术是其最集中的精神载体。与此相对，日常生活中的服饰、器物、装饰、娱乐等，因为与肉体生活的关系更密切，则常被视为"俗"美学的研究领域。我们无比认同丹纳的环境决定论，即"作品的产生取决于时代精神和周围的风俗"。② 所以，体现"雅""俗"这两种美学形态和美学风貌的作品，无一不是时代的产物。研究"雅"的美学形态，也少不了对一个时代政治、经济、文化、思想上的觉察，以及在整个历史层面将之放入时代的长河中加以考虑。

　　如前文所述，大部分"雅"的美学形态，在魏晋南北朝时期就已经形成，其美学阐释在往后的美学和文学发展进程中，不过是在过去基础

---

　　① 樊美均：《俗的滥觞》，许明主编：《华夏审美风尚史》第九卷，北京师范大学出版社 2016 年版，第 1 页。
　　② ［法］丹纳：《艺术哲学》，傅雷译，生活·读书·新知三联书店 2016 年版，第 42 页。

上的复古或演化，基调早已定下，后来者只是补充一些新的材料罢了。在众多"雅"的美学形态中，仅选取雅正、典雅、清雅加以剖析，探寻它们在中国文学艺术发展史上较为悠久的历史和更加深远的影响。

第一节 雅正：士人心理与文学阐释

一、"雅"：正而有美德者

雅，是人世间很多美好的、高尚的、不俗之物的代名词：正道，谓之"雅道"；正音，谓之"雅音"；"雅算"，即正确的决算；"雅学"，即正道之学；高尚文雅之人，称之"雅士"；美好的愿望，称之"雅望"；中国的古诗文中常常还有"雅人深致""雅量高致""雍容闲雅"等说法。《荀子·荣辱篇》："君子安雅。"集解："雅，正也，正而有美德者谓之雅。"这一注解，在通常的"雅者，正也"之外，还加上了对"美德"的着重强调，体现了一种更为积极向上的价值观。

实际上，从"正"字的意义内涵来看，其本身也含有价值取向的表达。"正"字的本义，与它的字形有着十分密切的联系。从甲骨文到金文、战国文字、再到小篆，"正"的字形主要经历了以下几种演变：

甲骨文： ꟼ（甲193）　　　ꟼ（甲404）　　　ꟼ（甲3940）

金文： ꟼ（集成5412）　　　ꟼ（集成4044）　　　ꟼ（集成4264）

战国文字： ꟼ（包2·77）　　　ꟼ（包2·177）　　　ꟼ（郭·语2·40）

篆文： ꟼ（说文）　　　ꟼ（说文古文）　　　ꟼ（说文古文）

《说文》卷二下云："正，是也，从止，一以止。凡正之属皆从正。"徐锴释义为"守一以止也"，注它的音为"之盛切"，与今音差不多。但古文"正"也有从二或从一足者，写作：ꟼ、ꟼ。"二"，是古上字；"足"者，亦止也。《说文》释"是"曰："是，直也。从日、正。"段玉裁《说文解字注》曰："以日为正则曰是，从日、正，会意。"许慎释"正"

为是，又释"是"为直，"正"也就与"直"有了密切的联系。

由上述"正"字的甲骨字形演变可知，许慎的"从止，一以止"的释义并非"正"的本义。对"正"字的字形和本义，很多学者都做过探讨。"正"在甲骨文中虽然没有一个固定的文字形状，但基本可以确定的是，"甲骨文'正'字从囗（围），或从●（丁。围、丁皆为城之象形）会向城邑前行的意思"。① 吴其昌以为"正之原始本义为征、为行，但象止向囗之悬鹄的之方域进行，故征之义其初本未尝固定军旅讨伐，或巡省邦国，或纵狩郊畿，因皆可通称为征也"。②

从字形上来看，"正"字上面是一个囗或●，下面则是一个正在奔走中的 ঙ（足）的形象。甲骨文中，囗代表城邑之形，卜辞中的"止"代表人的运动及其方向，"正"字中，"止"指向"囗"，表示人在向着城邑行进。在甲骨文中，类似 ঙ 的字形在构造合体字时，一般带有表示方向或指向的功用。"正"字中的 ঙ 就是一个起指向作用的部件，而字中的囗或●则表示标的物，是 ঙ 正对着的标的物。③

通过对卜雨卜辞、祭祀卜辞和其他卜辞中"正"字意义的研究，"正"字主要有以下五个义项：（1）征伐；（2）第一个（月）；（3）适宜、合适；（4）对……适宜、对……合适；（5）适合；官职。④

此外，对"正"字字形的取义，还有学者从阴阳之道上来解释：

实则正从止，从一，一为阴，止喻阳。合之为正，谓阴阳之和乃天、地、人之正道、直道、是道也。是亦取象于阴（"一"）阳（"止"）之交合（"日"），"是"犹言对焉、正确焉、合乎道焉，故正

---

① 季旭升：《说文新证》，艺文印书馆 2004 年版，上册第 108 页。

② 季旭升：《说文新证》，艺文印书馆 2004 年版，上册第 108 页。

③ 参见张溢木编著：《中国人的美德：正》，天津人民出版社 2013 年版，第 4 页。

④ 张玉金：《殷墟甲骨文"正"字释义》，《语言科学》2004 年 7 月。

道、直道、是道，合乎法则者也。《尔雅·释言》曰"是，则也。"晋·郭璞注曰："是，事可法则。"正为正直，正直则不偏、不邪，中正不曲，故正亦则也，准则也，是为正则。则亦取象于阴(贝)阳(刀)之合矣。"一阴一阳之谓道"，凡人事、自然合乎阴阳之道者，即为正、为是、为直、为则也。①

正因为"正"乃阴阳之和，所以，正者合乎道焉，合道则公正，公正则正直，继而又引申为色之正、味之正，所以有正色、正味之说。"正"用于男，则为君、为伯、为长。《尔雅·释诂下》曰："正，伯，长也。"《广韵·劲韵》曰："正，君也。""正"用于女，则为嫡，如正妻、正室，正妻、正室之子则为嫡子。《周礼·春官·小宗伯》："其正室皆谓之门子，掌其政令。"郑玄注曰："正室，嫡子也。"

在古书中，"正"常被解释为"无倾邪"，如《周礼·天官·小宰》："四曰廉正"，郑玄注："正，行无倾邪也。"《易·系辞下》："吉凶者，贞胜也者"，韩康伯注："贞者，正也，一也。"孔颖达疏："正者，体无倾邪。"《大戴礼记·主言》："教定是正矣"，王聘珍解诂："正，谓民无倾邪也。"《吕氏春秋·古乐》："有正有淫"，高诱注："正，雅也"。《管子·权修》曰："凡牧民者，欲民之正也。欲民之正，则微邪不可不禁也。"在这里，"正"也是与邪是相对的。

《诗经·小雅》中有一首诗，名为《雨无正》，《诗序》说："雨无正，大夫刺幽王也。雨自上下者也。众多如雨，而非所以为政也。"郑玄笺："亦当为刺厉王，王之所下教令甚多而无正也。"孔颖达疏："经无此'雨无正'之意，作者为之立名。叙又说名篇及所刺之意。雨是自上下者也。雨从上而下于地，犹教令从王而下于民。而王之教令众多如雨，然事皆苛虐，情不恤民，而非所以为政教之道，故作此诗以刺之。"②

---

① 任学礼：《汉字生命符号》，广西师范大学出版社 2016 年版，第 603 页。
② (汉)毛亨传，(汉)郑玄笺，(唐)孔颖达疏：《毛诗正义》，北京大学出版社 1999 年版，第 730 页。

根据上述解释，我们知道"雨无正"的"正"就是合适、适宜的意思。"'正'有不偏、不邪之义，引申为正当、合适、适宜。从位置上说不偏不斜叫'正'，从数量上说不多不少叫'正'；《诗经》'雨无正'中的'正'正是此义，卜辞'有正雨'中的'正'也是此义。"①

"雅"的意义和"正"相联系，是"雅"族词中比较早的一种联系。文论典籍中释"雅"为正，首见于《诗大序》。"雅者，正也"这一释义，即出于此。《诗大序》云："一国之事，系一人之本，谓之风。言天下之事，形四方之风，谓之雅。雅者，正也，言王政之所由废兴也。政有大小，故有小雅焉，有大雅焉。颂者，美盛德之形容，以其成功告于神明者也。是谓四始，《诗》之至也。"②《白虎通·礼乐》云："雅者，古正也。"都认为"雅"也就是"正"的意思。后来的释"雅"者，也多沿袭了这一说法。

朱熹在《诗集传》中释"风"为"风俗歌谣之诗也"，释"颂"为"宗庙之乐也"，均为直接解释，唯独在释"雅"的时候，加了"雅者，正也"作为过渡，接下来才说"正乐之歌也"。也是强调了"雅"和"正"的联系。"雅"在《诗经》中作为与风、颂并称的一种诗歌形式，其所表现的内容为"言王政之所由废兴也"，"雅"从《诗经》开始，在意义内涵上就与王事政治密切相关。"政"有一种释义也就是正，在《论语·颜渊》中，季康子问政于孔子，孔子对曰："政者，正也。子帅以正，孰敢不正。"杨伯峻将之释为"政字的意思就是端正，您自己带头端正，谁敢不正呢？"③政治的含义，被孔子用一个"正"字就概括了。综合"雅者，正也"和"政者，正也"这两个释义，以"正"作为中介，"雅"与政治重新建立起紧密的连接。

还有一种说法，是从字形上来看"雅"和"正"的联系。"从文字看，

① 张玉金：《殷墟甲骨文"正"字释义》，《语言科学》2004 年 7 月。
② （汉）毛亨传，（汉）郑玄笺，（唐）孔颖达疏：《毛诗正义》，北京大学出版社 1999 年版，第 16-19 页。
③ 杨伯峻：《论语译注》，中华书局 2009 年版，第 127 页。

许慎以为古文写作《大疋》《小疋》，陆德明引古文本作《尔雅》，郭忠恕、夏竦所搜古文'夏'有繁简体，简体近'疋'；'疋'、'夏'声近，《广韵》'疋'、'夏'，五下切，马韵，同音；'夏'，胡雅切，马韵，同韵，二字应该有关系；《荀子》有'雅'、'夏'混用的情况，王引之有过考证，'夏'可有'正'义，则'雅'很可能是隶古的原因：《集韵》以为古文从'足'，隶作'夏'。如是，则'尔雅'本与所谓'雅正'并没有关系，因为受了'雅'字的影响，刘熙又训为'正'，郑玄又有'必正言其音'的话，于是，'雅正'大行其道。"①

古文曾以"疋"字为《诗经》中大雅、小雅的"雅"字，"疋"字小篆为，与"正"字十分相似，故而附会训"正"。朱俊声《说文通训定声》说得最为详细："疋，《说文》古文以为诗大雅字，疋、正形相似，故有雅者正也之训。今经传皆以雅为之。"其实古文借"疋"为谓，后又借"雅"为谓也。

可见，"正"的甲骨文字形有正朝着城邑行进的意思，引申为朝着既定的目标不偏不斜地走下去，这个目标是合乎道的，因而又进一步引申出适宜的、合适的、"行无偏邪""体无偏邪"等含义。"雅"和"正"的联系，既有意义上的联系，也有字形上的联系。

二、以何为正：从大丈夫到妾妇

正如前文所述，"正"的甲骨文字形仿佛一个人迈开步伐朝着一座城邑（目的地、目标）行进。"正"的含义，在伦理学上的延伸，和人的价值取舍相关联；在美学上的延伸，也在于对目标的追逐和拓展，这一目标，既可以是一个外在实体，也可以指向心灵世界的追求。而审美的境界，首先就是一个人心灵世界的外在追求和投射，在中国的哲学史和美学史上，特别是在儒家典籍中，伦理往往先于审美，伦理上的善也先于美学中的美。

---

① 张治樵：《训诂三论》，巴蜀书社 2017 年版，第 2 页。

雅正观在进入文学和美学的世界之前，首先体现在儒家伦理道德层面，这一点在春秋战国诸子的著作中有着详细的记载，具体表现为士人心灵世界的抉择，到底"以何为正"？从纯粹精神世界的坚守（所谓"忧道不忧贫"），到精神与现实的矛盾冲突（何谓"大丈夫"），再到完全屈服于政治现实的士人形象（所谓"妾妇之道"）。这段心路历程的曲折演变，主要在春秋战国到两汉之间完成，但这一历程中所形成的诸多讨论和思考，几乎成为中国历史上士人精神史生动而永恒的刻画，无论是从时间的纵向维度还是空间的横向维度来看，皆是如此。

孟子曾用"大丈夫"一词来描述儒家知识分子所应具有的精神品格和生活方式，《孟子》一书中借对公孙衍和张仪的评价，分别从正反两方面对何谓"大丈夫"作出了具体的阐释：

> 景春曰："公孙衍、张仪岂不诚大丈夫哉？一怒而诸侯惧，安居而天下熄。"孟子曰："是焉得为大丈夫乎？子未学礼乎？丈夫之冠也，父命之；女子之嫁也，母命之，往送之门，戒之曰：'往之女家，必敬必戒，无违夫子。'以顺为正者，妾妇之道也。居天下之广居，立天下之正位，行天下之大道。得志，与民由之；不得志，独行其道。富贵不能淫，贫贱不能移，威武不能屈，此之谓大丈夫。"（《孟子·滕文公下》）

公孙衍、张仪，战国时魏人，是当时著名的说客。公孙衍曾佩五国相印，张仪游说六国连横去服从秦国，他们凭借自己的一张嘴，游说于诸侯国之间，"一怒而诸侯惧，安居而天下熄"，所以，景春认为，公孙衍、张仪应该算得上是大丈夫。孟子对此则不以为然，孟子始终认为评价一个人是否为大丈夫，应该看他内心的持守，即内心之中"以何为正"。这两个人都是"以顺为正"，所以，孟子认为，他们的所言所行乃是"妾妇之道"，与大丈夫相去甚远。在景春和孟子的对话中，二人均以反问句开头，景春曰："岂不诚大丈夫哉？"孟子驳曰："是焉得为大丈夫乎?"语气越来越强烈,以同样的句式引出两个截然相反的评论。可见,早在孟子的时代,关于"以何为正"的理念已经有了很激烈的冲突:一种观念认为应该从其所取得的政治功绩和社会地位来评论;另一种观念则认为应该从一个人内心的持守来评价。后者正是孟子所要提倡的,孟子始终认为大丈夫应"以道为正",而不是"以顺为正","以顺为正"乃是"妾妇之道"。

其实,从"大丈夫"和"妾妇"这几个汉字的造字结构上,也能看出此种观念的生动表现。

"大",用孟子的话说,"充实而有光辉之谓大"(《孟子·尽心下》),善与信不仅充满全身而且还要有光辉,才可称之为"大"。可见,"大"是一个非常美好的词汇,它远不是我们今天所言大小之"大",而是一个集信、善、美于一身的光辉人物形象。

"妾"字,甲骨文作🔲(合集657)、金文作🔲(集成5978)。从其甲金文字形来看,就是一个卑躬屈膝跪着的女性罪犯的形象。中间的"辛"这一部件,表示刑具的意思。《说文》卷三上释"妾"云:"有罪女子给事之得接于君者",也就是说"妾"的本义是罪犯,引申为女仆以及非明媒正娶的女子。《说文新证》释义:"甲骨文从女从辛,像有罪女子头戴刑具之形。有罪女子较灵巧的往往被选为女侍,其有姿色者又进一步得侍寝席,后世'妻妾'的'妾'当是由这种身份("分"字原文如此,笔者注)逐步演化而来。"[①]有罪女子、女侍、妻妾之妾的身份就是奴隶,而奴隶所尊崇的宗旨自然是遵从主人的意愿、服从主人的命令和指示。

"妇"字,甲骨文作🔲(甲编668)、🔲(合集18060),金文作🔲(集成4269)、🔲(集成10342),"妇"的甲骨文和金文字形,或为一个扫帚的形状,或在扫帚左或右加上女形,《说文》卷十二下释"妇"曰:"服也,从女持帚,洒扫也。会意,谓服事人者。"马叙伦曰:"妇或为帚女

---

① 季旭升:《说文新证》,艺文印书馆 2004 年版,上册第 155 页。

之合文。盖古者初无夫妇之制。虏获之敌人以为奴。而以其女者荐枕席。是为妻妾。帚奴或以女者为之。以其荐枕席。故有妇称与。"①

到了南宋，朱熹曾在《孟子集注》中详言何谓"妾妇之道"，曰"盖言二子阿谀苟容，窃取权势，乃妾妇顺从之道耳，非丈夫之事也"。② 朱熹这一批评，与孟子当年的言论相比，有过之而无不及，可谓非常严厉刻薄了。可见，在孟子和朱熹的理念中，大丈夫应"以道为正"，唯有此形象才是"正"的代表。

查观《孟子》全文，关于士或大丈夫的形象和定义，主要集中在"以道为正"的讨论上：

> 天下有道，以道殉身；天下无道，以身殉道。未闻以道殉乎人者也。(《孟子·尽心上》)

> 尊德乐义，则可以嚣嚣矣。故士穷不失义，达不离道。穷不失义，故士得己焉；达不离道，故民不失望焉。古之人，得志，泽加于民；不得志，修身见于世。穷则独善其身，达则兼济天下。(《孟子·尽心上》)

朱熹集注："德，谓所得之善。遵之，则有以自重，而不慕乎人爵之荣。义，谓所守之正。乐之，则有以自安，而不徇乎外物之诱矣。"③嚣嚣，乃自得无欲之貌。君子有以自重(以德为重)、有以自安(以义为安)，有此二者，自然也就可以自得而无欲了。尊德、乐义，此二者乃是实存于心的内在持守。孟子认为，真正的大丈夫必然"以道为正"，

---

① 李圃主编：《古文字诂林》，上海教育出版社 2004 年版，第九册第 763 页。
② (宋)朱熹：《四书章句集注·孟子集注》，中华书局 2012 年版，第 269-270 页。
③ (宋)朱熹：《四书章句集注·孟子集注》，中华书局 2012 年版，第 358 页。

即以天下之大道为己任，人生在世，或以道殉身，或以身殉道，而决不可以道殉人。这一理念集中浓缩在孟子所总结的"富贵不能淫，贫贱不能移，威武不能屈"这句话中，这一人格画像影响了当时和后世中国几乎所有有志之士的行为举止，每当国家、民族和个人的人生到了最艰难困苦的紧要关头，这句话犹如一个人的精神支柱或一个民族的脊梁，支撑着他们在历史的进程中熠熠发光。所谓"富贵不能淫，贫贱不能移，威武不能屈"，正是君子行事处世之时，在道的内在持守指引下所表现出的外在行为。人的外在行为必然受到内心持守的指引，相由心生、行由心生，旁人完全可以通过一个人的行为举止来判定一个人的内心持守。在某些无关紧要的小事情上，有的人也许可以伪装作假，但是，一旦当他处于人生中那些特殊的境遇和严重的时刻，那么他的选择就足以显示出他的内心之"正"，即一个人他心之所向的那个目标。如果内心之"正"，代表着一个人最终所要追求的目标、想要抵达的地方，那么他每一步的行动不正是这一目标的外在显现吗？

人所能达成的"正"的目标有大有小，那是因为人有贤有愚，这是资质的不同。比如在先秦诸子的眼中，士、君子与贤人就有着不同等级的区分。所以孔子曰："人有五仪：有庸人，有士，有君子，有贤人，有大圣。"（《荀子·哀公》）但在先秦诸子眼中，除了庸人之外，贤士、君子、贤人与大丈夫等人，往往具有一个相同的特征，那就是他们都有着对于道的持守。描述君子、贤人时所用的修饰语，其性质大体都是一致的，最多是有程度上的不同，但其共同指向往往都是一个人格完备、有理想、有道德、有追求的大丈夫形象：

> 君子义以为上。君子有勇而无义而乱，小人有勇而无义为盗。（《论语·阳货》）
>
> 直道而事人，焉往而不三黜？枉道而事人，何必去父母之邦。（《论语·微子》）
>
> 百工居肆以成其事，君子学以致其道。（《论语·子张》）

古之贤人，贱为布衣，贫为匹夫；食则饘粥不足，衣则竖褐不完；然而非礼不进，非义不受，安去此。(《荀子·大略》)

君子之学，非为通也，为穷而不困，忧而意不衰也，知祸福终始而心不惑也。(《荀子·宥坐》)

从道不从君，从义不从父，人之大行也。(《荀子·子道》)

这里的"道"，是儒家思想的核心所在，天下有道则现，无道则隐。大丈夫有所为有所不为的关键，就在于对道的持守，正所谓"士志于道"。什么是"道"？"道"，按其字面意思讲，就是道路、路径的意思，在英文中，"它被译为道路(way)、绝对(absolute)、法则(law)、自然(nature)、至理(supreme reason)、模式(mode)等等"。① 在士人仕与隐的抉择中，"道"，始终是士人严格遵循的最关键要素。一旦对"道"的持守转变到对名与利的追逐，把个人的内在喜悦和外在成功与功名利禄和显亲扬名紧密相连，士人的人生追求也就逐渐陷入了世俗化。历史的经验往往昭示这样一个残酷的现实，那就是随着封建政权的建立和不断巩固，"志于道"的士人理想，也就越来越难以持守，这与政统和道统之间关系的变化密不可分，封建社会政统不断强化的同时，也就意味着道统的衰弱。

先秦诸子中，孔子对仕与隐有他自己的选择和阐释，孔子称赞蘧伯玉为君子，只因他行事符合君子之道，这一君子之道，即"邦有道，则仕；邦无道，可卷而怀之。"(《论语·卫灵公》)孟子也支持"无道则隐"的政治人生选择，其表述比孔子更为慷慨激昂，孟子告齐宣王曰："君之视臣如手足，则臣视君如腹心。君之视臣如犬马，则臣视君如国人。君之视臣如土芥，则臣视君如寇仇……无罪而杀士，则大夫可以去；无罪而戮民，则士可以徙。"(《孟子·离娄章句下》)

---

① ［日］冈仓天心、［日］九鬼周造：《茶之书·粹的构造》，江川澜、杨光译，上海人民出版社 2011 年版，第 26 页。

春秋战国时期，士人之所以能够坚持"以道为正"，除了士人自身具有在儒家文化影响下所形成的内在的坚定持守之外，也有一定的政治文化根源为背景。这其中要特别提到的就是，当时统治者对待士人的态度。春秋战国时期，诸侯争霸，得人才者得天下，诸侯国的统治者们皆求贤若渴，急于笼络各方贤才，所以他们自然礼贤下士，给予士人最优质的待遇，希冀能够由此让人才安于留在本国，为其孜孜以求的诸侯争霸事业添砖加瓦。在这一政治背景之下，如果投奔而去的士人们对统治者无道感到大失所望，他们依然有条件去坚守自己内心的道，或一心求去，或转而投奔他国。《史记·老子韩非列传》记述庄子拒绝楚王千金重聘的故事，引庄子之语曰："我宁游戏污渎之中自快，无为有国者所羁，终身不仕，以快吾志焉。"①《荀子行历系年表》载："公元前285年，(荀子)年五十左右，荀子说齐相，不听，适楚。"②

秦汉以后，随着大一统格局的形成和巩固，无罪而杀士、辱士，无罪而戮民、伤民的行为可谓数不胜数。因为在大一统的国家格局中，"普天之下，莫非王土；率土之滨，莫非王臣"，天下已然成为一家，士人即使有心想逃、有心求去，亦将无处可逃、无处可去。政权最高统治者对待士人的态度由好士转变为治人，士人与统治者之间的关系由辅佐转变为依附，这是先秦至汉士人心理从大丈夫到妾妇转变的真正根源。关系的转变，带来态度的转变。态度的转变，自然也影响士人的心理的转变。

汉代，以能力或事功作为选拔官吏的重要标准，因而士人的最高理想也就从"遵道而行"变为"立功异域，以取封侯，安能久事笔砚间乎"(《后汉书·班超传》)。正所谓"学得文武艺，货与帝王家"，这一思想发展到明清时期，已然根深蒂固。清代吴敬梓的小说《儒林外史》中，

---

① (汉)司马迁撰；(宋)裴骃集解；(唐)司马贞索隐；(唐)张守节正义：《史记》，中华书局2013年版，第2596页。

② 梁启雄：《荀子简释》，新编诸子集成续编，中华书局1983年版，第421页。

有一段描写郭孝子劝诫热衷于行侠仗义的萧云仙，不要游走江湖，而是要为朝廷效力，就是这么说的：

> 这冒险捐躯，都是侠客的勾当，而今比不得春秋战国时，这样事就可以成名。而今是四海一家的时候，任你荆轲、聂政，也只好就叫乱民。像长兄这样品貌才艺，又有这般义气肝胆，正该出来为朝廷效力。将到疆场，一刀一枪，博得个封妻荫子，也不枉了一个青史留名。①

郭孝子所用的话术，正代表了当时人们受这一思想的长期浸淫所生成的一种普遍社会观念：到了大一统的朝代，成名之路已经不比春秋战国，春秋战国时期，侠肝义胆的勇士、舌吐莲花的纵横之士，凭借一己之力、一人之口，或许还有建功立业、名扬四海的可能。但到了明清时期，任你多么侠肝义胆，若是没有归附朝廷，而是各自为政的话，那就只能被归为乱民加以镇压，唯有为朝廷效力，方能获得封妻荫子、青史留名。

虽然如此，但孔孟坚守道与义的大丈夫精神还是深深地植根在众多有志之士的灵魂里，流淌在他们的热血之中。儒家知识分子们不仅从理论层面论述了对"大丈夫"这一精神品格的推崇，而且还落实到了他们这一生的行为举止中，他们自始至终以此为原则来指导自己的行动。北宋熙宁四年二月，苏东坡上书神宗皇帝力陈王安石新政之弊，云："古者刀锯在前，鼎镬在后，而士犹犯之……天下归往谓之王，人各有心谓之独夫。人主之所恃者，人心而已……是以知为国者，平居必有忘躯犯颜之士，则临难庶几有循义守死之臣。苟平居尚不能一言，则临难何以责其守节。"②"忧道不忧贫"，敢于"忘躯犯颜"，一直以来都是中国知

---

① （清）吴敬梓：《儒林外史》，黄山书社1997年版，第210页。
② 林语堂：《苏东坡传》，湖南文艺出版社2012年版，第108页。

识分子的优秀品格之一。

古往今来，颜回、陶渊明、杜甫、苏东坡等人皆是如此，尽管他们各自所传承下来的思想有所差别，但他们对道义的坚守却始终是相通的。这一坚守，其益处是多重的：既丰富了自己的精神世界，也为我们后来者留下了弥足珍贵的精神财富。正因为拥有一代又一代像他们这样的人，中华民族的历史才能绵绵不绝地书写出令人动容的篇章。

三、雅正观：一种独特的平衡

孔子在对《诗经》的评述中明确提出了他的关于文学批评的标准，也就是大家都耳熟能详的"诗三百，一言以蔽之，曰：思无邪。"(《论语·为政》)"思无邪"本是《诗经·鲁颂》中的一句话，孔子用它来概括整个《诗经》的艺术特征。"思"字有两种解释：一是作为语助词，没有实际意思；二是表示思想内容。无论是哪种解释，都不影响对"思无邪"的理解，因为其重点在于"无邪"二字。"无邪"，也就是"归于正"的意思。邢昺《论语注疏》云："《诗》之为体，论功颂德，止僻防邪，大抵皆归于正，故此一句可以当之也。"[1]《诗经》共有三百零五篇，其思想内容当然是非常复杂的，"既有歌功颂德之作，也有暴露批判之作；既有天真朴素的爱情歌唱，也有严肃庄重的祭祀乐词；既有下级官吏牢骚不满的发泄，也有王公贵族享乐生活的写照"。[2] 总之，面对这些丰富多样的思想内容，孔子以一句"思无邪"将其浑融于一体，认为全篇都是符合他的政治思想、伦理道德和审美标准的。撇开思想内容不谈，从艺术的标准上来看，"思无邪"正是孔子提倡"中和"之美的一种表现，"无邪"就是"正"，符合"中正"之美和"中和"之美。孔子赞赏《关雎》"乐而不淫，哀而不伤"(《论语·八佾》)，这正是一种"中和"之美。

---

① (魏)何晏注，(宋)邢昺疏：《论语注疏》，北京大学出版社1999年版，第15页。

② 张少康：《中国文学理论批评史》(上卷)，北京大学出版社2005年版，第28页。

《论语集解》引孔安国注云："乐而不淫，哀而不伤，言其和也。"朱熹在《诗集传》中也说："此言为此诗者，得其性情之正，声气之和也。"中和，本是来自音乐美学的术语，表示中正平和的乐曲，这正是儒家传统雅乐的重要美学特征，引用到文学作品的领域，它要求文学作品从思想内容到文学语言，都不能过于激烈，而应当尽量做到委婉曲折，温柔敦厚，不要过于直露。

《诗经》中那些实在是非常直露的作品，又该作何解释呢？这里我们不得不提到汉儒对《诗经》的一些过度阐释。汉儒先入为主地认为《诗经》完全符合儒家孔子所说的"思无邪"的审美标准，为了达到这一阐释目的，他们不惜为《诗经》加上了很多牵强附会的"史实"，对不少普通的爱情诗和表现老百姓对社会黑暗现实愤懑不满的作品做出了在他们"雅正"思想指引下的歪曲解释。比如《毛诗序》说《关雎》是表现"后妃之德"的，《摽有梅》是"召南之国，被文王之化，男女得以及时也"，《静女》是"刺时也，卫君无道，夫人无德"，诸如此类。《毛传》以《关雎》为言后妃之德，以《黍离》为闵周室，以《硕人》为美庄姜之贤，以《苤苢》为后妃之美，以《鸡既鸣矣》为思贤妃之诗。

受诗学雅正观的影响，词论家们在选词评词之时，也十分强调词之雅。李渔在《窥词管见》中说："诗有诗之腔调，曲有曲之腔调。诗之腔调宜古雅，曲之腔调宜近俗，词之腔调则雅俗相和之间。"[1]谢元淮在《填词浅说》中说："知词之为体，上不可入诗，下不可入曲。要于诗与曲之间，自成一境。守定词场疆界，方称本色当行。至其宫调、格律、平仄、阴阳，尤当逐一讲求，以期完美。"[2]谢章铤《赌棋山庄词话》卷十一也说："词宜雅矣，而尤贵得趣。雅而不趣，是古乐府。趣而不

①　(清)李渔：《窥词管见》，《李渔全集》第 2 卷，浙江古籍出版社 1992 年版，第 506-507 页。

②　(清)谢元淮：《填词浅说》，唐圭璋：《词话丛编》，中华书局 1986 年版，第 2509 页。

雅，是南北曲。"①沈祥龙《论词随笔》云："宋人选词，多以雅名，俗俚固非雅，即过于秾艳，亦与雅远。雅者其意正大，其气和平，其趣渊深也。"②

在雅正观的影响下，《中庸》曰："君子素其位而行，不愿乎其外。素富贵，行乎富贵；素贫贱，行乎贫贱；素夷狄，行乎夷狄；素患难，行乎患难。君子无人而不自得焉。"君子就现在所处的地位做自己应该做的事情，不希望去做自己本分之外的事情。如果处于富贵，就做富贵时应该做的事情；如果处于贫贱，就做贫贱时应该做的事情，如果处在夷狄的位置，就做夷狄该做的事情；如果处于患难之中，那就做患难时应该做的事情。"故君子不可以不修身；思修身，不可以不事亲；思事亲，不可以不知人；思知人，不可以不知天。"修身、事亲、知人、知天，孔子指出的是一条推己及人、由近及远的修道之路，不是每一个人都能够由此路抵达圣人的巅峰，这是一条需要慢慢修炼和践行的漫长道路，但是每个人可以从自身的能力、经验、知识出发，抵达自己所能够到达的目标。

中国没有形成像西方或者印度那样的宗教精神，但是先秦儒家经典发挥着与《圣经》福音书一样的功能。《论语》中短小精悍、有穿透力的句子，《孟子》中气势恢宏的滔滔雄辩，《荀子》的逻辑思辨，那些由一个个汉字构成的金句仿佛像剑一样，贯穿了中国人的审美和人生。孔子曰："好学近乎知，力行近乎仁，知耻近乎勇。知斯三者，则知所以修身；知所以修身，则知所以制人；知所以制人，则知所以制天下国家矣。"(《中庸·第二十章》)，儒家的雅正虽然和政治伦理密切相关，但从孔子的言行之中，仍然可以看到他强调为己之学远远胜过为人之学。孔子强调君子所要培养的三种优秀品格，分别是知、仁、勇，知此三

---

① (清)谢章铤：《赌棋山庄词话》，唐圭璋：《词话丛编》，中华书局1986年版，第3461页。

② (清)沈祥龙：《论词随笔》，唐圭璋：《词话丛编》，中华书局1986年版，第4055页。

者，最重要也是最先要达成的，就是修身。所以强调修身之学，是儒学的一大特色，从修身这个小的闭环出发，再来完成个人与集体、个人与社会、个人与国家这些大的循环。

在诗歌美学方面，雅正观对唐代的文人作家们影响最大。作为官方文人代表的孔颖达延续了儒家诗言志的美学思想，站在政治统治的角度来看待文艺。作为作家文人代表的李白也希求"大雅"，他曾高呼"大雅久不作，吾衰竟谁陈……我志在删述，垂辉映千春"（《古风》）。所谓"删述"，正是先贤孔子曾经做过的事情。李白以此为志，可见其对儒家经世致用的伦理道德是推崇备至的，所以虽然李白的身上更多地流淌着道家精神的血脉，但儒家雅正精神是其文化层面的精神底色。

作为民间文人的代表白居易过分地强调雅正中维护正统的部分，有时确实也会走入另外一个极端。后世受人诟病的清代桐城派文章，因限于时局，写的多是"清真雅正"的文章，不过这里的"清真雅正"却是带有贬义色彩的。他们的"清真雅正"是对时局的避而不谈，更谈不上对正统的维护，于是也被批为并非真正的君子雅正之风。从明末清初到乾隆时代，历史上演了一连串的腥风血雨，有东林党，有清军入关，还有扬州十日和嘉定三屠这些血淋淋的场面，但是我们在桐城派的文章中是看不见这些的，他们是"背着历史大路，或者说不敢面对现实的"。他们不去直面现实社会中污浊的部分，自己自然就"清"了；如果"真"指的只是"不虚伪"，那么只管自己，不管他人，仅抒发一己之真，自然也是"真"的了；把自己和外界隔绝开来，"躲进小楼成一统"，轻言俏语，不粗鲁、有文采，自然也就是"雅"的了；目不斜视，"十足表现其人其文之驯良"，自然也就是"正"的了。①

所以，单纯个体情绪的抒发或一己之真，并不具备成为雅文学，或最终上升为雅文学的要素，而是必须在一种个人情绪的抒发中，既生动

---

① 黑婴：《清真雅正》，原载于 1948 年 10 月 4 日《印尼生活报》《准风月谈》专栏，转引自《黑婴文选》，世界图书出版广东有限公司 2013 年版，第 177 页。

再现源自独特个体的深沉悲慨，又包蕴着属于全人类、或者至少撼动人类某一共同体的感慨喟叹。古今文艺理论都强调，要能在个体身上不着痕迹地体现一个时代、一个民族或者一个群体的特征，只有这样的作品才能塑造出艺术中的理想。

十九世纪法国史学家兼批评家丹纳在讨论"艺术中的理想"时，曾借用自然哲学和地质学的原理来考察什么是艺术中的主要特征。他讲到在植物学和动物学的分类中，总有一些特征被认为比另外一些特征更为重要，这些特征指的就是不容易变化的特征，"由于不易变化，这些特征具有比别的特征更大的力量，更能抵抗一切内在因素和外在因素的袭击，而不至于解体或变质"。①"时间在我们身上刮，刨，挖掘，像锹子刨地似的，暴露出我们精神上的地质形态。"②"最稳定的特征，在历史上和生物学上一样，是最基本，最普遍，与本体关系最密切的特征……凡是为一切智力活动所共有的特征才是基本的特征。"③艺术作品的层次评定也是如此，越是能在我们身上刮、刨、挖掘出最深厚、最稳定的精神形态的，越是能够成就艺术的佳作和经典。在西方文学史中，荷马、但丁、柏拉图、莎士比亚就是这样的创作者，丹纳对这一类创作者大加称赞，并写下了下面这段经典的阐述："倘若浏览一下伟大的文学作品，就会发现它们都表现一个深刻而经久的特征，特征越经久越深刻，作品占的地位越高。那种作品是历史的摘要，用生动的形象表现一个历史时期的主要性格，或者一个民族的原始的本能和才具，或者普遍

---

① 丹纳讲到动物学中"不容易变化的特征"时，曾举例："翅膀是一个很不重要的特征，翅膀的出现只能引起一些轻微的变化而对总的结构毫无作用，属于不同纲目的动物都有可能有翅膀……相反，乳房的存在是一个极重要的特征，牵涉到重大的变化，决定动物结构的主要特征。"那些决定着动物结构的特征，才是主要特征。详见（法）丹纳：《艺术哲学》，傅雷译，江苏凤凰文艺出版社2018年版，第274页。

② ［法］丹纳：《艺术哲学》，傅雷译，江苏凤凰文艺出版社2018年版，第277页。

③ ［法］丹纳：《艺术哲学》，傅雷译，江苏凤凰文艺出版社2018年版，第281-282页。

的人性中的某个片段和一些单纯的心理作用，那是人事演变的最后原因。"①

在中国历史上，对文学作品的评判也有着类似的需求，清代名臣张廷玉为蔡文之《古文雅正》所写的序中说：

> 惟贯于理，则内有以关乎身心意知之微，而外有以备乎天下国家之用。故夫性命之文，约而达，瞻而精，奥博而有体要。他若倄诡幻怪，卮词蔓衍，与夫月露风云，连篇累牍，大雅弗尚也。②

张廷玉在序中一再重申其崇尚"正学""实学"的观点，认为《古文雅正》这本文选很好地体现了这一观点。那么，他判断正学、实学的标准是什么呢？主要是两个方面：一是"内关乎身心意知之微"，二是"外备乎天下国家之用"。雅正，分别从形式和内容两个方面规范着文艺创作。"雅"强调的是含蓄和规矩，多使用意象来表达一种情感的寄托，强调"乐而不淫、哀而不伤"，在诗词中特别注意修辞的运用和语言的锤炼。"正"强调的是符合儒家正统的价值观念和伦理规范和道德原则，而不是异端、激进等吊诡之语。

由此可以推出，并非每一种个体生命的兴衰沉浮都能成为艺术的题材，优秀文艺作品中所表现的兴衰沉浮，关系到它们是否能体现一个个体的主要特征，这个个体又是否能够体现他所处时代的主要特征。如果文学艺术中描绘和表现的，仅仅是时代和个体中既不那么重要也不那么鲜明的特征，那必然无法成为雅正的理想艺术。雅正的审美理想是个体生命的自我抒发与集体国家的伦理规范完美融合熠熠生辉的结果，它是中国文人"修身、齐家、治国、平天下"人生理想的高度概括，它也是

---

① ［法］丹纳：《艺术哲学》，傅雷译，江苏凤凰文艺出版社 2018 年版，第 286 页。

② （清）张廷玉：《张廷玉全集》（上），江小角、杨怀玉点校，安徽大学出版社 2015 年版，第 149 页。

一种独具特色的平衡术，使得中国人在个人和天下之间维持着一种有效的平衡。中国文人无论在怎样的环境下，总能涌现出一批又一批人，坚定而又执着地践行着儒家伦理道德和人文规范，在外在环境的复杂险恶与心灵世界的坚韧平静之间，保持了一种微妙而独特的平衡，不至于因为外在世界的坍塌而导致心灵世界的崩溃，他们总能在一个个小小的关乎历史和文化的角落，为灵魂寻得栖居之所。

第二节　典雅：经典文化的美学探源

一、何谓经典

何谓经典？这个问题不容易说清。但从"经""典"二字的字源开始探究，我们约略能够窥见"经典"对其所在文化以及人类精神传承的重要性。

"经"，最早见于金文，写作（集成2841）或（集成10173），是织布时用梭穿织的竖纱，是编织物的纵线，与纬相对。在织布的时候，经线相对于纬线更为重要，经线对整个织物的纹理起着决定性的作用。"丝之从丝谓之经，必先有经后有纬。""盖织以经为主，而后纬加之，经者所以织也。"①朱骏声《说文通训定声》："纵丝为经，衡丝为纬。凡织，经静而纬动"，"经"字也就具有"恒常"的意思。刘勰《文心雕龙·宗经篇》曰："经也者，恒久之至道，不刊之鸿教也。"②《情采篇》曰："情者文之经，辞者理之纬，经正而后纬成，理定而后辞畅。"③陆德明《经典释文》曰："经者，常也，法也，径也。"可见，经，在这里被誉为

---

① 丁福保编纂：《说文解字诂林》，中华书局1988年版，第5798页。

② （南朝梁）刘勰著，（清）黄叔琳注，李详补注，杨明照校注拾遗：《增订文心雕龙校注》（上），中华书局2012年版，第26页。

③ （南朝梁）刘勰著，（清）黄叔琳注，李详补注，杨明照校注拾遗：《增订文心雕龙校注》（中），中华书局2012年版，第411-412页。

至道、常道、法则和入学之门径，经的重要性不言而喻。

"典"，甲骨文做𢍰（合集 38306），上面为册，下面为手，表示双手恭恭敬敬地捧着书册。有的多加两横为装饰性符号，做𢍰（合集 37840），这两横也可能是表示"置物的东西"。金文写作𢍰（集成 4293），就改成从册从丌，表示放在桌几或架子上的重要书籍。"甲骨文多称'工典'，于省吾以为即'贡典'，'谓祭祀时贡献典册于神也'。"①《说文解字》："典，五帝之书也，从册在丌上，尊阁之也。"五帝，据《孔子家语》，为黄帝、颛顼、尧、舜、禹。许慎释"典"为五帝之书，从创作者的身份这一角度彰显了"典"的尊贵性。后世论经典，往往会赋予其一个神圣的背景和来源。"经""典"二字，分开来看，都表示最富有指导意义的、最重要、最值得效仿的著作。

"经""典"，也可以通用，《释名·释典艺》曰："经，径也，如径路无所不通，可常用也。"②经典的内容，是值得人们信奉遵守的，由此又引申出常道、准则等义。《三国志·魏志·高贵乡公传》曰："自今以后，群臣皆当玩习古义，修明经典。"这里"经""典"二字开始连用。从此，"经典"这个词开始世代相传，一直沿用到现在。

典雅的形成，离不开经典的确立。我们可以从已经成为经典的著作中去寻绎经典的内涵，经典究竟具有什么样的特性。在中国美学史上，首先被称为经典的，并非文学意义上的经典，而是经学经典。"文学"这一概念，古今含义不同。"文学"之称，始于孔门，《论语·先进》云："文学，子游，子夏。"邢昺《论语疏》云："文章博学则有子游、子夏二人。"邢昺释"文学"为"文章博学"，此处所谓文学，郭绍虞先生称"其义即广漠无垠；盖是一切书籍、一切学问，都包括在内"。③ 由"书"和"博学"可见，孔子时代的文学偏于学术，而非今天狭义上的文学

---

① 季旭昇：《说文新证》上册，艺文印书馆 2002 年版，第 371 页。
② （汉）刘熙：《释名》，愚若点校，中华书局 2020 年版，第 90 页。
③ 郭绍虞：《中国文学批评史》上册，中华书局 2010 年版，第 21 页。

（文学创作）可以概括。孔子也曾多次讲到诗，孔子论诗，大抵符合今天的文学之义。所谓"诗可以兴，可以观，可以群，可以怨"（《论语·阳货》），诗，多和人的情感有关，重在创，重在表达自己的志意。《史记·滑稽列传》引孔子曰"书以道事，诗以达意"，① 这里所说的"书"，即《尚书》。《尚书》是记事的，重在述，而非创造性的抒发，所以"必考古昔之遗文"，② 也就是必定会借鉴古代流传下来的经典。

有学者说，经典"至少应该有以下三项标准：一、经典是民族与国家的文化精髓，能够集中反映其文化本质和价值理想的作品；二、经典具有独特性和无可替代的代表性，是难以复制和模仿的；三、经典是历史长期检验的产物，历久不衰，历史、时间是经典最公正的评判者"。③ 也有学者说："所谓文学经典应该是指那种能经得住（纵向的）时间考验的文学作品。可否经得住时间的检验和历史的涤荡，是检验文本能否称得上经典的标尺。也就是说，经典是指那种能够穿越具体时代的价值观念、美学观念，在价值和美学维度上呈现出一定的普适性的文学文本。它体现了文学文本作为历史事件对当下生存主体在美学维度上产生的重大影响，体现了作为个体的文学文本对历史的穿越。表现在具体的历史语境和文化语境中就是那些在该语境处于中心地位，具有权威性、神圣性、根本性、典范性的文学文本。"④

上述对经典的不同解释，都不约而同地指出：经典，是经历了漫长时间的阅读、阐释和淘洗之后，沉淀下来的人类文化的结晶。所以，经历过漫长历史和时间的考验，是形成经典不可或缺的元素。西方经典大

---

① （汉）司马迁撰；（宋）裴骃集解；（唐）司马贞索隐；（唐）张守节正义：《史记》，中华书局 2013 年版，第 3857 页。

② 郭绍虞：《中国文学批评史》上册，中华书局 2010 年版，第 21 页。

③ 张岂之：《何谓"经典"？》，《华夏文化》2014 年第 1 期。

④ 李天道：《"典雅说"的文化构成及其美学意义》，《西南民族大学学报》2007 年第 10 期。

多都是古人和亡人的作品，很少有当代人的。中国的情形也不例外，以大家熟知的"四书""五经""十三经"为例：《论语》《孟子》被列入"四书"，奉为圭臬，是在它们诞生后一千多年后的事，南宋朱熹将《大学》《中庸》从《礼记》中独立出来，与《论语》《孟子》放在一起，并加以详细注解，写成《四书章句集注》，作为儒生学习的初级入门教材。诗、书、礼、易、春秋这"五经"，在它们诞生的那个年代，也并没有上升到经典的层级，而是历经了无数学者的筛选、评注、阐释，一直到了汉代才被称作"五经"。诗、书、礼、乐是儒学最初的课程，这四门功课是儒生的必修课，时称"四术"，类似于今天学校里的文学课、历史课、政治课和音乐课。后来增设了易和春秋，相当于现在的哲学课和近代史课，后人称之为"六艺"，也叫"六经"。遗憾的是，因为古代没有发明乐谱，所以《乐经》在战争中失传，到了汉朝时只剩下了其他五经。汉文帝时开始设立各经学博士，汉武帝时完成系统学府，设"五经博士"，"五经"之说流传至今。

而"十三经"一说，也有一个漫长的发展过程，在科举兴盛的唐代，前面提到的"五经"中的"礼"分为三礼：《礼记》《仪礼》《周礼》，"春秋"分为三传：《左传》《公羊传》《谷梁传》，这样一来就有了"九经"之说。唐代太学将之作为标准的经文，后来又在前九经的基础上再加《孝经》《论语》《尔雅》，到宋代时，又把《孟子》列入经书，共十三种，以后再没增加。不过"十三经"名字的由来比较晚，一直到明朝汇刻《十三经注疏》和《十三经古注》才正式有了现在通用的"十三经"之说。孔、孟、老、庄等所著之书，在当时也只是春秋战国时代诸子百家中的一家之言，也是历经千年之后才成为中国思想史和文学史上的经典。

经典既是古老的，也是常新的，是本质而永恒的带有普适性的文本，让人感到熟悉而又永远新鲜。意大利当代作家卡尔维诺在解释经典时曾经提出了十四条原则，其中有一条就是强调"一部经典作品是一本即使我们初读也好像是在重温的书"。① 经典就是那些你每次阅读都觉得新鲜的作品,同时即使你第一次阅读它们,也会觉得似曾相识。永远新鲜,而又似曾相识,这正是强调了经典的无限生成性和普遍性。经典,历经了漫长岁月的考验,它与时间的洪流共生共振。经典,有着对永恒人性的观照以及与此相关的终极关怀,让我们在每次重复阅读中都能感觉到陌生而又新鲜。

经典,是人类精神文化的源头和精华,如涓涓细流源源不绝地滋养着每一个阅读者的心灵。同时,阅读者自身不断累积的生命体验也反过来与经典交相辉映。这份既亲切而熟悉、又陌生而新鲜的感觉,唯有经典才能提供和滋养。比如,人们少年时读《红楼梦》,往往不识其中真滋味,而更多关注宝、黛、钗三人的感情纠葛和爱情遭遇;待人到中年,再读《红楼梦》,方能穿透爱情之表象而感同身受于曹雪芹"满纸荒唐言,一把辛酸泪"的良苦用心。这份阅读体验的演变,当然是岁月沉淀、人生经验积累的结果,但更重要的是它也离不开经典本身所具有的丰富深厚的内涵。所谓经典,乃是从其普遍性、深刻性及解释的无尽性等方面而言。堪称经典的作品,无一不是"书中之书""精中之精""重中之重"。②

经典,对人的影响是巨大的,"它使你不能对它保持不闻不问,它帮助你在与它的关系中甚至在反对它的过程中确立你自己"。③ 在文化的延续性中拥有一席之地的经典作品,与读者的心灵产生碰撞的时候,无形中也启示并帮助他确立了自身在这个世界上所要处的位置以及所要到达的地方。2003 年诺贝尔文学奖获得者南非作家库切在《何谓经典》

---

① [意]伊塔洛·卡尔维诺:《为什么读经典》,黄灿然、李桂蜜译,译林出版社 2012 年版,第 4 页。

② 骆冬青:《心有天游:明清小说美学》导论,南京大学出版社 2008 年版,第 2-3 页。

③ [意]伊塔洛·卡尔维诺:《为什么读经典》,黄灿然、李桂蜜译,译林出版社 2012 年版,第 7 页。

的演讲中，讲述了他15岁那年偶然听到巴赫的经典钢琴曲而有所启悟的故事："这音乐勾魂摄魄，直到曲终，我都呆在原地，不敢呼吸。音乐如此打动我，这还是我平生以来从未有过的事情。"①经典的启示，成为一个孩子一生的思想转折点。库切与经典相遇的巧妙经历，如同佛陀的顿悟，让一切无聊和犹疑的思绪立刻有了坚定的皈依，生命中所有的复杂和混乱，从此有了清晰的决断。这一改变的来源，正是因为经典有着如此强烈的摄取力，它才能在冥冥之中捕捉到那些在尘世间飘荡的灵魂，从而成就了一位伟大的文豪。

在当今这个资本至上的消费主义时代，资本家们以资本的获得为出发点和终极目标，各类纷繁复杂的广告和印刷品像洪水一样将人淹没。消费者们则大多以消遣和娱乐为目的，经典越来越被束之高阁。除了极少数经典的爱好者们以及研究型的学者们，还在孜孜不倦地爬梳着那些闪烁着永恒光芒的人类智慧的精华，对于大多数的现代人来说，经典是一个沉重的词。重构经典，保卫经典，正是在这样的背景下成为有识之士大声疾呼的口号。

《汉英现代科学词典》直接将雅文化翻译为高级文化（high culture）。这里的雅文化，也可以理解为民族的经典文化和传统文化。本民族的经典和其他民族的经典，在本质意义上是相通的，若不能深刻地理解本民族的经典，便无法掌握和理解其他民族的经典，反之亦然。《新观察》的编者曾请傅雷谈谈儿子傅聪的成长，当谈到傅聪在音乐方面的成就时，编者提出了一个问题，即一个中国青年怎么理解西洋音乐如此深切？傅雷认为，这应该"大半得力于他（傅聪）对中国古典文化的认识和体会"，因为"只有真正了解自己民族的优秀文化传统精神，具备自己的民族灵魂，才能彻底了解别个民族的优秀传统，渗透他们的灵魂"。②

---

① ［南非］库切：《异乡人的国度》，汪洪章译，浙江文艺出版社2017年版，第10页。

② 傅雷：《傅聪的成长》，《傅雷谈文学与艺术》，中国书籍出版社2014年版，第133页。

傅雷说："中国艺术最大的特色，从诗歌到绘画、到戏剧，都讲究乐而不淫，哀而不怨，雍容有度，讲究典雅，自然；反对装腔作势和过火的恶趣，反对无目的的炫耀技巧。而这些也是世界一切高级艺术共同的准则。"①任何一个民族、任何一个人，其审美的感官无一不需要文化修养的参与，只有借助深植于血脉之中的中国传统文化艺术的修养，人才能真正地去发现美、了解美、感悟美、表现美。

二、典雅三说

典雅论的提出，和上述经典的内涵有着紧密的联系。典雅，来源于经典，借助经典表达自我，又将过去的经典与现实的文学文论状况相结合。根据所崇尚的经典文体的不同，典雅的美学内涵又有一些不同的差异。这里重点研究刘勰《文心雕龙》、司空图《二十四诗品》和诗僧寒山的典雅说，它们分别代表了典雅继承儒、道、禅三家的不同面貌。

刘勰是我国历史上伟大的文学理论家和文学批评家，他的《文心雕龙》是一部空前绝后的文学理论和文学批评专著，丰富和发展了中国文学理论和文学批评。刘勰早年丧父，家境贫寒，但他少年时就好学不倦，认真阅读了大量的儒家经典和其他著作。我们从《文心雕龙·序志》中可以看出他是孔子的忠实信徒，他通过记载自己的两次梦境，间接地论述了自己对儒家文化的推崇，表达了自己征圣宗经的宏愿：

> 予生七龄，乃梦彩云若锦，则攀而采之。齿在逾立，则尝夜梦执丹漆之礼器，随仲尼而南行。旦而寤，乃怡然而喜曰：大哉！圣人之难见也，乃小子之垂梦欤！（《序志》）②

---

① 傅雷：《傅聪的成长》，《傅雷谈文学与艺术》，中国书籍出版社 2014 年版，第 133 页。

② （南朝梁）刘勰著，（清）黄叔琳注，李详补注，杨明照校注拾遗：《增订文心雕龙校注》（中），中华书局 2012 年版，第 607 页。

孔子重构儒家经典的事迹名垂青史，《晋书·儒林传》记述了孔子的丰功伟绩：

> 昔周德既衰，诸侯力政，礼经废缺，雅颂陵夷。夫子将圣多能，固天攸纵，叹凤鸟之不至，伤麟出之非时，于是乃删《诗》《书》，定礼乐，赞《易》道，修《春秋》，载籍逸而复存，风雅变而还正。其后卜商、卫赐、田、吴、孙、孟之俦，或亲秉微言，或传闻大义，犹能强晋存鲁，藩魏却秦，既抗礼于邦君，亦驰声于海内。①

孔子删述《周易》《诗经》《礼记》《尚书》，写作《春秋》，正定《雅》《颂》，后世相传的五经中都留下了孔子的足迹。孔子的这一壮举也深深影响了刘勰，他也同样重视经典，以儒家经典为模范：

> 唯文章之用，实经典枝条，五礼资之以成，六典因之致用，君臣所以炳焕，军国所以昭明，详其本源，莫非经典。(《序志》)②

刘勰在讲事类的时候，也强调了经典的作用。所谓事类，就是"缘古以证今"，事类均不是自己的原创，但也需要古今典籍学问的积累才能从容摘取、运用得当。若写作者学问肤浅、所见不博、孤陋寡闻，自然很难写出优秀的文章，正所谓"经典沉深，载籍浩瀚，实群言之奥区，而才思之神皋也"。③所以优秀的作家，都必须要回到经典中去充实

---

① （唐）房玄龄等：《晋书》（影印本），中华书局 1997 年版，第 2345 页。
② （南朝梁）刘勰著，（清）黄叔琳注，李详补注，杨明照校注拾遗：《增订文心雕龙校注》（中），中华书局 2012 年版，第 607 页。
③ （南朝梁）刘勰著，（清）黄叔琳注，李详补注，杨明照校注拾遗：《增订文心雕龙校注》（中），中华书局 2012 年版，第 469 页。

自己。他在评价屈原《离骚》时，分别列举了其中一系列"同于风雅者"与"异乎经典者"的文学典范，以典诰之体、规讽之旨、比兴之义和忠怨之辞为"同于风雅者"，以诡异之辞、谲怪之谈、狷狭之志、荒淫之意为"异乎经典者"。

> 将覈其论，必微言焉。故其陈尧舜之耿介，称汤武之祗敬，典诰之体也；讥桀纣之猖披，伤羿浇之颠陨，规讽之旨也；虬龙以喻君子，云霓以譬谗邪，比兴之义也；每一顾而掩涕，叹君门之九重，忠怨之辞也；观兹四事，同于风雅者也。至于托云龙，说迂怪，丰隆求宓妃，鸩鸟媒娀女，诡异之辞也；康回倾地，夷羿彃日，木夫九首，土伯三目，谲怪之谈也；依彭咸之遗则，从子胥以自适，狷狭之志也；士女杂坐，乱而不分，指以为乐，娱酒不废，沉湎日夜，举以为欢，荒淫之意也；摘此四事，异乎经典者也。（《辩骚》）①

屈原是天纵奇才，故能融合上述这两种不同的风格于一身。一般的创作者，大抵还是很难做到的，所以刘勰又说："模经为式者，自入典雅之懿；效骚命篇者，必归艳逸之华。"（《定势》）②但"典"与"华"又是缺一不可的，"若爱典而恶华，则兼通之理偏，似夏人争弓矢，执一不可以独射也"。（《定势》）③

文人雅士在山水田园的感发、吟咏和欣赏之中，求得个体生命与绝对存在的平衡。他们的这一需求，不仅在艺术的创作上体现得淋漓尽

---

① （南朝梁）刘勰著，（清）黄叔琳注，李详补注，杨明照校注拾遗：《增订文心雕龙校注》（上），中华书局 2012 年版，第 51 页。

② （南朝梁）刘勰著，（清）黄叔琳注，李详补注，杨明照校注拾遗：《增订文心雕龙校注》（中），中华书局 2012 年版，第 403 页。

③ （南朝梁）刘勰著，（清）黄叔琳注，李详补注，杨明照校注拾遗：《增订文心雕龙校注》（中），中华书局 2012 年版，第 403 页。

致，而且也体现在文艺理论的创作上。中国古代文论的一个很重要的特点就是即使是最需要逻辑思维的理论总结，也很少会用理论术语来直接表达，而是偏爱以意境化的描述呈现出一幅幅如诗如画的美景。这样的理论著作，也就特别期待欣赏者能够和创作者一样具有感物心动的能力，让欣赏的过程又成为一种新的再创作。唐代司空图《二十四诗品》就是这类著作的典型代表。《二十四诗品》中，特有"典雅"一品：

> 玉壶买春，赏雨茅屋，座中佳士，左右修竹。
> 白云初晴，幽鸟相逐，眠琴绿阴，上有飞瀑。
> 落花无言，人淡如菊，书之岁华，其曰可读。

短短四十八个字，蕴含了对绝对存在、对个体生命的礼赞，也描绘了一幅人与自然融洽相处、无比和谐的绝美意境。玉，在殷商时期，是一种高贵的礼器，也被后世视为高洁品格的象征。玉壶中装的是美酒，唐代时，酒名中多带一个"春"字，《唐国史补》说："酒则有郢州之富水（春），乌程之若下（春），荥阳之土窟春，富平之石冻春，剑南之烧春……"①中国的酒文化源远流长，在古人的诗歌里，酒往往与好友知音、生命无常、四季自然、月光团圆等意象相联系。纵观唐宋诗人给我们留下的那些耳熟能详的不朽诗篇，"劝君更尽一杯酒，西出阳关无故人"，"葡萄美酒夜光杯，欲饮琵琶马上催"，"明月几时有，把酒问青天，不知天上宫阙，今夕是何年"，千百年来仍然激荡着我们的心怀。

但此篇的妙处在于，他只提"玉壶"并不提酒，而是延宕开去直言"买春"。"玉壶买春"，是一个需要知识积淀才能理解的词汇。"春"这个字，含义丰富，有着上述知识背景的人，自然知道"春"指的就是酒，

---

① 祖保泉：《司空图诗品注释及释文》，新文丰出版公司 1980 年版，第 32 页。

但是没有这类知识背景的人，大概也能体会到那种春日绵绵的美好感觉，而且可能也会由"壶"联想到酒，或许这样的理解反而一下子将我们的思维从酒中超拔出来，更能够引发人的春情春思，并将眼前之物（壶和酒）与春天、与大自然交相融合。这正是由于中文语词的多重内涵，而带来了文学语境的丰富性。"座中佳士，左右修竹"，人不可独而无友，所友之人乃座中佳士，自然属于高山流水的知音。如果说前一句"玉壶买春，赏雨茅屋"讲的是人与自然的关系，那么这一句就将人、自然还有同伴这三者都融合起来了。王国维《人间词话》将"山气日夕佳、飞鸟相与还"和"寒波澹澹起，白鸟悠悠下"誉为"无我之境"，并释"无我之境"为"以物观物，不知何者为我，何者为物"。① 这里的"白云初晴，幽鸟相逐"正合王国维所论的"无我之境"。

唐代诗僧寒山有诗云："有人笑我诗，我诗合典雅，不烦郑氏笺，岂用毛公解。不恨会人稀，只恨知音寡。若遣趁宫商，余病莫能罢。忽遇明眼人，即自流天下。"寒山为何自信地称"我诗合典雅"，他在下文也做了解释，即"不烦郑氏笺，岂用毛公解"。郑氏就是东汉末年学者郑玄，郑玄遍注群经，他的著作就被称作"郑笺"。毛公，是对西汉学者毛亨的尊称，他注有解释《诗经》的著作《毛诗故训传》。从"不烦""岂用"二词，可以看出寒山对"典雅"的理解，在于诗歌艺术的通俗易懂，如果一首诗还需要人作笺作解，那还有什么诗味。所以，有人评价"他的诗是风俗画，是世态图，直接切入生活，和百姓的心贴得很近很近"②。你看，他写自己的天生品性，"偃息深林下，从生是农夫。立身既质直，出语无谄谀"。天性质直，无谄谀，这样的词汇无需解释，自然好懂。他无比自信自己的诗一定会被知音人所赏识，如果人们对他的诗歌有理解上的不同，也是因为欣赏者思想层次的不同所造成的，

---

① （清）王国维著，周锡山编校、注评：《人间词话汇编汇校汇评》，上海三联书店 2013 年版，第 19 页。

② 肖文苑：《唐诗审美》，百花文艺出版社 2018 年版，第 21 页。

"下愚读我诗，不解却嗤诮。中庸读我诗，思量云甚要。上贤读我诗，把著满面笑。杨修见幼妇，一览便知妙。"（《诗三百三首·其一百四十一》）正如在前诗中，他说过他相信他的诗歌一定会遇到明眼人，从此将他的诗歌流传天下。果不其然，现如今寒山的诗不仅在国内广为流传，也享誉海外。

据说寒山的诗不是写在纸上，而是写在岩石上的，他出家隐居之时，居住在峭岩幽窟之中，很喜欢在山间随行随性地赋诗，诗意来时，即随兴而发，就地写在山间岩石或树干之上。他的诗歌有着鲜明的乐府民歌风格，"杳杳寒山道，落落冷涧滨。啾啾常有鸟，寂寂更无人。淅淅风吹面，纷纷雪积身。朝朝不见日，岁岁不知春"。这首诗一共八句，每一句的开头都使用了叠字，"杳杳"有昏暗幽远之貌，描绘出了寂静冷清的色彩感和空间感。"落落"刻画出了山中冷涧的寂寥疏落。"啾啾"是鸟叫声，"寂寂"是心灵的感受，用动来刻画静，以有声来衬托无声。"淅淅""纷纷"形象地表现了风和雪的动态感。"朝朝""岁岁"都是表示时间的词，但是所表示的时间长短又有所不同，正是在这长长短短时间内的"不见日""不知春"，表现了无限的孤独、寂寥和落寞之情。

寒山提倡诗歌的通俗易懂，因为他的诗写得太过浅显、平易、直白，也曾被人嘲笑，"有个王秀才，笑我诗多失。云不识蜂腰，仍不会鹤膝。平侧不解压，凡言取次出。我笑你作诗，如盲徒咏日。"（《诗三百三首·其二八六》）可见他的诗是直抒胸臆的，并未花费太多的心思去考虑平仄、押韵等，与一般的诗歌要求有所不同。但是，这首《杳杳寒山道》却大有《古诗十九首》之遗风。"杳杳"一词，让人联想到《古诗十九首·驱车上东门》："白杨何萧萧，松柏夹广路，下有陈死人，杳杳即长暮。"此外，这首诗中叠字的使用，也与《古诗十九首·青青河畔草》的句式很相似："青青河畔草，郁郁园中柳。盈盈楼上女，皎皎当窗牖。娥娥红粉妆，纤纤出素手。昔为倡家女，今为荡子妇。荡子行不归，空床难独守。"

顾炎武《日知录》曰：

> 诗用叠字最难。《卫风》："河水洋洋，北流活活。施罛濊濊，鳣鲔发发，葭菼揭揭。庶姜孽孽。"连用六叠字，可谓复而不厌，赜而不乱矣。古诗："青青河畔草，郁郁园中柳。盈盈楼上女，皎皎当窗牖。娥娥红粉妆，纤纤出素手"连用六叠字，亦极自然，下此即无人可继。[①]

而寒山的这首诗中连用八个叠字，也极其自然妥帖，算得上是继承了《古诗十九首》的叠字用法。叠字是民间的语言，看似简单，用得好却不简单。叠字是一个字的重复使用，原本比不上两个不同字的组合所能表示的内涵之丰富，但诗人加以精心巧妙地使用，却能够显现出回环往复的音节之美。

所以，寒山的诗歌又代表了唐诗中另一种形式的典雅，他的典雅和司空图的典雅不一样，司空图的典雅是需要丰厚的背景知识和传统文化的熏陶作为基础的，寒山则绕过了那些复杂和精细的表达，远绍汉代《古诗十九首》的遗风。

第三节 清雅：人物品评与孤独精神

一、"清"字探源

甲骨文中并没有"清"这个字，"清"字最早出现在金文中，写作𣊫（集成 198）。最早对"清"的意义内涵做出解释的古籍是《尚书》。

---

① 马茂元：《古诗十九首初探》，商务印书馆 2019 年版，第 167 页。

《尚书》中将"清"与"直"联系在一起，认为"清"是"直"的前提条件：

> 帝曰：咨！四岳，有能典朕三礼？曰："伯夷！"帝曰："俞，咨伯，汝作秩宗。夙夜惟寅，直哉惟清"（《尚书·虞书·舜典第二》）

南宋蔡沈对"直哉惟清"的解释是"直者，心无私曲之谓。人能静以直内，不使少有私曲，则其心洁清，无物欲之污，可以交于神明矣"。①《尚书》要求从政者要敬事其职，日夜敬畏不怠，施政要公正而廉明。清与人内心的物欲贪念是相对立的，秩宗，是主叙次百神之官，掌管祭祀之事，如果心中充满着私欲贪念，其心不够洁静清明，又如何能够相交于神明呢？

《说文》卷十一上对"清"字的解释是："朖也，澄水之皃。从水，青声。"段注云："朖者，明也。澄而后明。故云澄水之皃。引伸之凡洁曰清。凡人洁之亦曰清。"②朖，古同"朗"。王筠《句读》："《释言》'明，朗也。'水清必明，故以朗释清也。文子'清之言明，杯水见眸子；浊之言，河水不见泰山'。"《释名·释言语》："清，青也，去浊远秽，色如青也。"③按照许慎和段玉裁的解释，"清"的本义是将浊水沉淀、过滤变清的过程。一直到20世纪的八九十年代，很多没有通上自来水的农村还是在用这样的古老方法来过滤河水、井水，作为饮用水。"清"被用来指水的明净澄澈，与"浊"相对。

曹丕在《典论·论文》中说：

> 文以气为主，气之清浊有体，不可力强而致。譬诸音乐，曲度虽

---

① （南宋）蔡沈注：《书经集传》，上海古籍出版社1987年版，第9页。

② （汉）许慎撰，（清）段玉裁注：《说文解字注》，上海古籍出版社1988年版，第550页。

③ （汉）刘熙：《释名》，愚若点校，中华书局2020年版，第51页。

均，节奏同检，至于引气不齐，巧拙有素，虽在父兄，不能以移子弟。

　　这里所说的气，看似是论文，指文气，但主要还是论人，用于评论文人（作家）的才性、气质、个性与文学文体和风格的关系。汉魏之际，人物品藻之风盛行，"气"是品人用语中最常见的词汇之一，如称道人物纯正美好的品质和才能，有"纯和之气""淑灵之气""玄妙之气""清明之气""休懿之气"等，称道人物坚定果敢的品质和性格特征，则有"忠烈之气""刚强之气""沉勇之气""猛气"等。① 在这里，曹丕将"文气"分为"清气"和"浊气"两大类，用"清"和"浊"来评价建安七子的文气和才性，并指出具有不同才性特征的人写出的文章必然表现出不同的文辞特征。

　　"清"字用于主体，主要用来形容人的才性品格和审美情趣。具体有两个方面的含义：一是形容人的心性、品质的质朴纯洁。《孟子·万章下》："伯夷，圣之清者也。"元代刘敏中《上七事疏》云："盖水必止乃可以涵物象，镜必明乃可以别妍丑，故帝王贵清心。清者，静一不迁之谓也，若声色之娱，宴饮之乐所不能无，尤当节适，使不至扰吾心之清。心清则四海之广无不烛，万几之微无不察，光明洞彻不言而信，谗谀不得施，邪伪不敢前。"② 人要抱朴守真，清心节欲，不为外物所动，不为贪欲所污。奏议中涉及帝王的修养，清心尤为重要，心是一身之主，人的一切言语行动皆由心而发。二是形容人的风度、情趣的高雅超脱。胡应麟《诗薮》云："清者，超凡绝俗之谓。"③ 抛弃了世俗的功名利禄，实现超然洒脱的自由境。"举世皆浊我独清，众人皆醉我独

　　① 王运熙、顾易生主编：《中国文学批评通史·魏晋南北朝卷》，上海古籍出版社1996年版，第26-27页。
　　② 丁守和等主编：《中国历代奏议大典·辽宋金元卷》，哈尔滨出版社1994年版，第809页。
　　③ （明）胡应麟：《诗薮》外编卷四，于民主编：《中国美学史资料选编》，复旦大学出版社2008年版，第365页。

醒……安能以皓皓之白，而蒙世俗之尘埃乎？"①是屈原作品中的名句，也是屈原高洁情操和高雅审美情趣的集中体现。

"清"者，不同于流俗，不陷于污浊。"清"与"浊"的区分，一如"雅"与"俗"的对比，有一种"遗世而独立"的清高雅致之情。"清"者，明净澄澈，无物欲之污。"清"从形容水清，到形容人的心性之单一纯净，到形容人的气度、品格和审美情趣，再到形容文气之清，正说明"清"的语义内涵是极其丰富的。

"清"的语义内涵，与古人观物取象之时对水的认知是密不可分的。孔子讲过"智者乐水，仁者乐山"，水是人类生存不可或缺的要素；水的精神，也是人的精神世界持续得到滋养的来源。

《荀子·宥坐》说：

> 孔子观于东流之水，子贡问于孔子曰："君子之所以见大水必观焉者，何也？"孔子曰："夫水，遍与诸生而无为也，似德。其流也卑下，裾拘必循其理，似义。其洸洸乎不淈尽，似道。若有决行之，其应佚若声响，其赴百仞之谷不惧，似勇。主量必平，似法。盈不求概，似正。淖约微达，似察，以出以入，似就鲜絜，似善化。其万折也必东，似志。是故君子见大水必观焉。

人擅长借助自然物的物理性质，表达各种生活理想和生命价值的特质，观水悟德，是智者之所为，水质，亦有清有浊，智者以水喻德，必然也对水之清情有独钟。

二、清雅神韵

如果"雅"的审美内容仅仅局限于儒家美学所限定的雅正、和雅的

---

① 金开诚，高路明选注：《屈原选集》，人民文学出版社 1998 年版，第 285-286 页。

范围，一味地强调政治上的中心地位、思想上的正规统治、强调规范和节制等，那么它必然无法成为后世文人学子所崇尚的一种审美境界和人生境界。

如果说魏晋之前的"雅"，是正的近义词，与封建政治和封建礼乐紧密结合在一起，那么从魏晋开始，"雅"则重新开辟了一个新的审美视域：清雅。雅之清者，得到了更多的审视，正是这个新的审美视域，铸就了"雅"审美范畴的丰富性。在这个新的审美视域中，儒家雅正之"正"显得不那么重要了，至少是没有前代那么重要了，甚至被有意识地边缘化。清雅之"清"，得到了更多的重视，它逐渐向作为独立个体的人的审美品格的品评转移，开创了以清比德的新历史。

孟子说："伯夷，圣之清者也。"所谓圣之清者，即身上不沾染一点污秽的圣洁之人。晋人袁准《才性论》："物何故美？清气之所生也；物何故恶？浊气之所施也。""清"字，同时被用于对人物的品评和物的评价。人之清，物之清，在魏晋时期得到了最集中的表现和褒扬。《世说新语》中就特别喜欢用"清"字来形容人的精神风貌和品格气度，比较著名的有"裴楷清通，王戎简要"，由此而形成的"清通简要"一词也是魏晋清谈时的一大宗旨。与此类似，用"清"来形容人的例子还有，形容贺循"体识清远，言行以礼"①、嵇康"萧萧肃肃，爽朗清举"②、司马昱"穆然清恬"③、阮文业"清伦有鉴识"④、裴景声"清才"⑤、康子绍

---

① （南朝宋）刘义庆著，（南朝梁）刘孝标注，董志翘、冯青笺注：《世说新语笺注》上，江苏人民出版社 2019 年版，第 101 页。

② （南朝宋）刘义庆著，（南朝梁）刘孝标注，董志翘、冯青笺注：《世说新语笺注》下，江苏人民出版社 2019 年版，第 692 页。

③ （南朝宋）刘义庆著，（南朝梁）刘孝标注，董志翘、冯青笺注：《世说新语笺注》上，江苏人民出版社 2019 年版，第 411 页。

④ （南朝宋）刘义庆著，（南朝梁）刘孝标注，董志翘、冯青笺注：《世说新语笺注》上，江苏人民出版社 2019 年版，第 474 页。

⑤ （南朝宋）刘义庆著，（南朝梁）刘孝标注，董志翘、冯青笺注：《世说新语笺注》上，江苏人民出版社 2019 年版，第 490 页。

"清远雅正"①。从人格气度上来讲，"清""雅""逸"完全可以互相作注。在古汉语词汇中，"清雅""清逸""雅逸"都是使用频率较高的词，都描绘了一种孤独、飘逸出尘的心灵世界。那些"清"字组成的词汇，清通、清远、清举、清恬、清伦、清才、清贵、清令、清鉴、清畅、清辞、清和、清疏、清称……所要表达的，也正是这些人飘然出尘、与众不同的精神品质。

鲁迅先生在《魏晋风度及文章与药及酒之关系》中首次提出"魏晋风度"之说，②宗白华先生在《论〈世说新语〉和晋人的美》中曾经指出："中国美学竟是出发于'人物品藻'之美学。美的概念、范畴、形容词，发源于人格的评赏……中国艺术和文学批评的名著，谢赫的《诗品》，袁昂、庾肩吾的《画品》、钟嵘的《诗品》、刘勰的《文心雕龙》，都产生在这热闹的品藻人物的空气中。"③总的来说，魏晋人物品评对中国美学最大的影响应该在于生命意识的觉醒和自然美学的发现和丰富。他们将对个体外在美的发现和欣赏，提到了与精神美同等的篇幅。魏晋人物品评还有一个重要特点就是，用自然风物来比拟人的精神气度，这样的手法既是对人的赞美，同时也是对自然的礼赞。《世说新语·容止》最为集中地记载了时人俊美的容仪和潇洒的举止，毛曾和夏侯玄并排坐如"蒹葭倚玉树"，夏侯玄"朗朗如日月之入怀"，李安国"颓唐如玉山之将崩"，司马昱"轩轩如朝霞举"，王戎"眼灿灿如岩下电"，王右军"飘如游云，矫如惊龙"，王衍"处众人中，似珠玉在瓦石间"，王恭"濯濯如春月柳"等。

这一改变首先得益于魏晋时期对"人的美"的发现："在中国古代美学中，对人的美如此集中地加以探讨、评论和品味的，唯有魏晋时代。

---

① （南朝宋）刘义庆著，（南朝梁）刘孝标注，董志翘、冯青笺注：《世说新语笺注》上，江苏人民出版社 2019 年版，第 490 页。

② 鲁迅：《鲁迅全集》第 3 卷，人民文学出版社 1982 年版，第 504 页。

③ 宗白华：《论〈世说新语〉和晋人的美》，林同华主编：《宗白华全集》第 2 卷，安徽教育出版社 2008 年版，第 269 页。

他们对人的美的思考超出了纲常名教中忠、孝、仁、义、慈、礼等单一的社会角色定位，突出强调作为独立个体的人所具有的生命之美；这独立的生命也没有被减缩为道德楷模，或为朝廷、国家效力的工具，而是感性丰盈的人的精神、情感、风度、个性、言谈举止、欲望嗜好、容貌、姿态等生命本身。"①人不是作为工具人，而是作为"感性丰盈"的鲜活生命在被观照着。

魏晋精神，带来美的觉醒和人的觉醒，那种对美好事物和清雅人物的纯然客观的欣赏，即使历经了岁月的千年风霜，仍然以其绵绵余韵激荡着人心。《世说新语》所描绘的这些人物，在最严苛、最昏暗的外在环境中，唱出了中国美学史上最动人心魄的心灵之歌。千载之后，掩书沉思，人们依然能够感受到魏晋人物的丰神俊貌，他们历历在目，美先于恨，最先到达人心。

中国的文艺理论批评中，无论是论诗、论书还是论画，往往都将创作者自身品格的高下放在第一位。特别是在阐述其道德品格的时候，往往会用"清"字来品评。李白评价王羲之时说："右军本清真，潇洒出风尘。"《王右军》书法家清真潇洒的性情气度，也是形成其书法艺术风格的重要原因。清代朱和羹《临池心解》云：

> 书学不过一技尔，然立品是第一关头。品高者，一点一画，自有清刚雅正之气；品下者，虽激昂顿挫，俨然可观，而纵横刚暴，而未免流露外。故以道德、事功、文章、风节著者，代不乏人，论世者，慕其人，亦重其书，书人遂并不朽于千古。②

清代沈德潜面对诗歌日益衰落的状况，力倡"格调说"，并将这一观点体现在他编的一系列诗选(《古诗源》《唐诗别裁》《明诗别裁》《清诗

① 朱志荣主编：《中国美学简史》，北京大学出版社2007年版，第170页。
② 华东师范大学古籍整理研究室：《历代书法论文选》，上海书画出版社1979年版，第740页。

别裁》)以及他的诗歌理论(《说诗晬语》)中。在他的诗歌主张中，也着
重强调诗人要有一定的胸襟学识，唯有如此，才能做得出好诗。他说：
"有第一等胸襟、第一等学识，斯有第一等真诗。"(《说诗晬语》)诗人
的胸襟、学识是什么？就是一个人内在灵魂的体现。内在的修炼，一向
被认为是艺术家们取得艺术成就的一大前提。

中国的儒家尤其注重修身，"修身、齐家、治国、平天下"，修身
是排在第一位的，先秦时期就有"诗言志""知人论世"之说。孔子说：
"视其所以，观其所由，察其所安。人焉廋哉？人焉廋哉？"(《论语·为
政》)朱熹注曰："事虽为善，而意之所从来者有未善焉，则亦不得为君
子矣……所由虽善，而心之所乐者不在于是，则亦伪耳，岂能久而不变
哉？"①这是圣人的察人标准，观察了解一个人，不仅要看其言行，也要
看他言行背后的出发点，以及心之所乐者，即看一个人心安于何处，所
乐为何事，才最能观察出一个人真正的内在品格。

日常言行如此，艺术创作更是如此。中国人一向认为一个人的言语
足以表现其内心世界，一个人的语言文字、书法字迹等，同样也能反映
他的德行和品性。孔子有"巧言令色，鲜矣仁"(《论语·学而》)、"有
德者必有言"(《论语·宪问》)之说。"言书与人的思想感情存在密切的
互应关系，由言书寻绎人的心迹，对后世颇有影响。"②东汉的扬雄就继
承了孔子的这一观点，并有所发展，他认为："言不能达其心，书不能
达其言，难矣哉！唯圣人得言之解，得书之体……故言，心声也；书，
心画也。声画形，君子小人见矣。声画者，君子小人之所以动情乎。"③
扬雄提出"言为心声、书为心画"说，其中心观点就是强调一个人说出
来的话、写出来的文章，是他的品格、德行和思想情操的外现。书法艺

① (宋)朱熹：《四书章句集注·论语集注》，中华书局 2012 年版，第 56 页。
② 钱仲联等编：《中国文学大辞典》，上海辞书出版社 1997 年版，第 1760
页。
③ 扬雄：《扬子法言·问神》，于民主编：《中国美学史资料选编》，复旦大
学出版社 2008 年版，第 94 页。

术在所有的艺术品类中，对外物的依赖最少，也最能体现书者的精神气度，因此也最能与魏晋人的精神追求相契合。

后世也常用"清"来品评魏晋书法家的精神和心灵世界的追求。明人项穆《书法雅言》中提出书有三要，就把魏晋的书法归纳为以下三点，作为书法艺术水平高低的评价标准，"第一要清整，清则点画不混乱，整则形体不偏斜；第二要温润，温则性情不骄怒，润则折挫不苦涩；第三要闲雅，闲则运用不矜持，雅则起伏不恣肆"。① 在此，项穆把"清整""温润""闲雅"作为书法批评的三大要素。"清"指点画不混乱，"雅"指起伏不恣肆，分别从艺术的外在形式和内在的情感表现角度，对书法上的"清雅"之境提出了审美的要求。

人之清雅精神，常常习惯用自然之物来形容和表达。同样的道理，艺术家在描摹万物的时候，其最高的理想也是描摹出这一事物仿佛人一样的活的精神。体现在艺术的表达上，所形成的艺术效果就是，艺术作品要和艺术家本人一样，具有鲜活的生命和灵魂。中国古代审美范畴中的"神韵"一词，最确切地表达了这一理念。

"神"字，最早出现于金文，金文"神"作 𢽱（集成 3846）、𥘅（集成 3489），𢽱不从示而作申。《说文》卷十四下曰："申，神也。"② 可见，"申"是"神"的初文。金文"申"像划破长空的闪电，大概是因为古人难以理解闪电这一自然现象的成因，对此心生恐惧和敬畏之情，于是将之奉为神。杨树达《增订积微居小学金石论丛·释神祇》："盖天象之可异者莫神于电，故在古文，申也，电也，神也，实一字也。"③"神"字，从示，申声。从示，表示其与祭祀相关；申声，则继承了申之神秘莫测的含义。《易·系辞上》："阴阳不测之谓神。"韩康伯注："神也者，

① 华东师范大学古籍整理研究室：《历代书法论文选》，上海书画出版社1979年版，第535页。

② （汉）许慎撰，（清）段玉裁注：《说文解字注》，上海古籍出版社1988年版，第746页。

③ 李圃主编：《古文字诂林》第一册，上海教育出版社1999年版，第114页。

变化之极妙，万物而为言，不可以形诘者也。"可见"神"字的含义，重在其神秘莫测、变化无极。

"韵"字，始见于篆文。《说文解字》音部"新附"中有"韵"字。徐铉曰："韵，和也。从音员声。裴光远云：'古与均同。'"[1]"韵"字从音，可见其与声音相关，本义指和谐悦耳的声音，如"繁弦既抑，雅韵复扬"（汉·蔡邕《琴赋》），"好鸟相鸣，嘤嘤成韵"（南朝梁·吴均《与朱元思书》）。后来引申为发出动听的声音、气韵、神韵、情趣、风雅、风致、美等诸多含义。

韵，最早被用于对音乐艺术的评价。黑格尔认为："音乐不应希求诉诸知觉，而因局限于把内心生活诉诸内心的体会，或是把一种内容中具有实体性的内在的深刻的东西印刻在心灵的深处，或是宁愿把一种内容中的生命和活动表现为某一个别主体的内心生活，从而使这种主体的亲切情感，成为音乐所特有的对象（题材）。"[2]可见，音乐是对物质依赖最少，而对精神要求极高的艺术，在对音乐的表达和欣赏中，最能见出一个人的内在精神。

明清之际，"韵"也常被用作"雅"的含义，时人的诗词文章中常有"韵士""韵人"之说，"此县尉定是韵士，惜史逸其名"（明·冯梦龙《古今谭概·不韵·碑祸》），"佳人拾翠游三竺，韵士调弦醉六桥"（清·李翰《秋怀》），"千古来韵事韵人，未有出于此者"（清·李渔《闲情偶寄·声容·文艺》）。这里的"韵士"，犹言风雅之士；"韵人"，也就是雅人。

"神韵"一词进入文艺批评的领域，最早被用于画的评鉴。神韵，是绘画艺术的最高境界。"神韵说"，也是中国古代的一种诗论主张，由清代王士禛所倡。在王士禛之前，明代陆时雍《诗境总论》曰："有韵则生，无韵则死；有韵则雅，无韵则俗；有韵则响，无韵则沉；有韵则

---

① 李圃主编：《古文字诂林》第三册，上海教育出版社 1999 年版，第 145 页。

② ［德］黑格尔：《美学》第三卷上册，朱光潜译，商务印书馆 2006 年版，第345 页。

远，无韵则局。"陆时雍已经将诗歌之韵提升到很高的位置，认为"韵"
是诗歌艺术的生命和灵魂，有韵无韵是判断诗歌艺术的重要标准，诗若
无韵，简直就是一个死物、俗物。齐梁时代，刘勰《文心雕龙·隐秀》
曰："隐也者，文外之重旨者也；秀也者，篇中之独拔者也。"①"深文
隐蔚，余味曲包。"②到了晚唐，司空图提出"韵味说"，"近而不浮，远
而不尽，然后可以言韵外之致也"③"倘复以全美为上，即知味外之旨
矣。"④韵，就诗歌的语言来说，指诗歌通过语言显示出来的情调；就诗
歌的意境来说，指诗歌所流露出来的深情。所谓"韵外之致""味外之
旨"，指的就是"含不尽之意见于言外"的意思。宋代以后，很多理论家
喜欢用"味"来评骘作品的优劣。北宋神韵说，追求言有尽而意无穷、
情无限。唐人评诗，喜用"羚羊挂角，无迹可寻"来形容神韵。有了痕
迹，也就落入窠臼；了无痕迹，反而神韵悠长。明代胡应麟"婉转清
空，了无痕迹，纵横变幻，莫测端倪"，董其昌《论用笔》"兰亭非不正，
其纵宕用笔处无迹可寻"，说的就是这个道理。有神韵者，莫不含蓄蕴
藉。李清照《浣溪沙》："髻子伤春慵更梳，晚风庭院落梅疏，淡云来往
月疏疏。玉鸭熏炉闲瑞脑，朱樱斗帐掩流苏，遗犀还解辟寒无？"清代
谭献《复堂诗话》评曰："易安居士独此篇有唐调。"⑤谭献所谓的"唐
调"，就是指唐诗中含蓄蕴藉的意境，唐诗佳者以"羚羊挂角、无迹可
寻""尚意兴而理在其中"取胜。这首词除了开头点出了"伤春"，其余全
是描写庭院中的自然景物以及室内的装饰布置，通过词人视觉的转换和

---

① （南朝梁）刘勰著，（清）黄叔琳注，李详补注，杨明照校注拾遗：《增订文
心雕龙校注》（中），中华书局2012年版，第491页。

② （南朝梁）刘勰著，（清）黄叔琳注，李详补注，杨明照校注拾遗：《增订文
心雕龙校注》（中），中华书局2012年版，第493页。

③ 司空图：《与李生论诗书》，祖保泉：《司空图诗品注释及释文》，新文丰
出版公司1980年版，第68页。

④ 司空图：《与李生论诗书》，祖保泉：《司空图诗品注释及释文》，新文丰
出版公司1980年发，第69页。

⑤ 《李清照全集汇校汇注汇评》，崇文馆中国古典诗词校注评丛书，崇文书
局2015年版，第110页。

对物品的细细描述，渲染出伤春的情调，在淡淡叙述中流露出一片伤春之情。

在艺术的世界中，一瞬即永恒，现在即永恒。真正的清雅之人，必然将此精神融合贯穿于日常生活，在起居坐卧之间，将这样一种清雅的精神流动于自身和周围的事物之间。唯有他们方能把握自然神韵，为自然谱写出动人的诗篇。伟大的诗人，在生活中必是亲近自然，将自身置于自然怀抱中的人。陶渊明，如果不曾坐在破旧的竹篱前与菊花倾心地交谈，就不会写出那句著名的"采菊东篱下，悠然见南山"；林和靖，正因他"梅妻鹤子"，于黄昏时分漫步梅林，将自己的身心灵沉浸在梅花的芬芳之中，才有了那首著名的《山园小梅》，其中的"疏影横斜水清浅，暗香浮动月黄昏"真正描写出了梅花的神韵、梅花的灵魂，至今无人能出其右。苏东坡若没有于月夜与友人同游于赤壁之下，若没有敞开心扉，与大自然进行沟通，又如何能够写出"唯江上之清风，与山间之明月，耳得之而为声，目遇之而成色。取之不尽，用之不竭"（《前赤壁赋》）这样让后人产生深深共鸣的好句。具有清雅神韵的作品，往往蕴涵着丰富的生命情调，这情调在于人与自然、人与物之间的灵魂交流。所以，清雅是有韵味的。清雅的韵味，需要细细去品。所以，中国的文艺理论中有"咀嚼""玩味"等说，这与神韵说是一脉相承的。

三、清雅之境

儒家雅正的审美理想，将人的精神活动往社会的、政治的、伦理的方向提升，以此为可供模范的正轨。而与道家精神更为契合的清雅、雅逸之风，则强调返璞归真，回到自然、纯真、本真的心灵世界中。清雅的人格追求和人生追求，大大影响了后世那些身处功名利禄而又时刻希冀自由逍遥的文人士大夫们。即使是为了五斗米而折腰，不得不在朝堂庙宇之中鞠躬尽瘁，其在闲暇退隐之余，也会更热爱回归到自然山水的温暖怀抱中寻求身心灵的慰藉。儒家孟子讲"吾善养吾浩然之气"（《孟子·公孙丑上》），却并未明言这浩然之气该如何去养？道教思想的创始人葛洪则明确提出"知足者能肥遁勿用，颐光山林……养浩然之气于蓬莱之中"，① 其实也就是养浩然之气于自然之中。庄子也认为与自然离得越近，则与世俗离得越远，也就越接近于神仙的境界。《庄子·逍遥游》中所描绘的"藐姑射之山，有神人居焉。肌肤若冰雪，绰约若处子。不食五谷，吸风饮露。乘云气，御飞龙，而游乎四海之外"，② 正是清雅之境的极致表达。

清雅的审美理想，与文人对自然山水田园的发现和亲密交融有着密切的联系。文人士大夫受儒道两家思想的影响，在"道家之乐和儒家之责的两难"③中寻求到了山水之乐作为世俗人生的慰藉。古往今来，无数的文人士大夫在自然山水的优美环境中，所有沉重的责任抱负都被轻松卸下，有的只是一颗自由的心灵和同样自由的山水田园。自然山水感发了人的情志，人也喜欢将自己的情怀寄托于山水，山水诗、山水画成为古代文人雅士寄托情致的好去处。中国的山水田园诗有两个不可企及的高峰：一是东晋时期的二谢（谢灵运、谢朓）、陶渊明；二是唐代的王维、孟浩然。北宋郭熙的画论著作《林泉高致》对这一现象产生的原因做过生动形象的描述：

> 君子之所以爱夫山水者，其旨安在？丘园养素，所常处也；泉石笑傲，所常乐也；渔樵隐逸，所常适也；猿鹤飞鸣，所常亲也；尘嚣缰锁，此人情所常厌也；烟霞仙圣，此人情所常愿而不得见也。直以太平盛日，君亲之心两隆，苟洁一身，出处节义斯系，岂仁人高蹈远引，为离世绝俗之行，而必与箕、颍埒素，黄、绮同

① 李敖主编：《朱子语类·太平经·抱朴子》，天津古籍出版社 2016 年版，第 492 页。
② （晋）郭象注，（唐）成玄英疏，曹础基、黄兰发点校：《庄子注疏》，中华书局 2011 年版，第 15-16 页。
③ 李公明：《书画与自然》，复旦大学出版社 2012 年版，第 77 页。

芳哉?①

即使因为种种原因不能远适山水，亲身体验山水之乐，也无法阻碍他们"卧游"山水。所谓"卧游"正是一种移情，观者以欣赏山水画来代替亲身的赏山玩水。语出《宋书·宋炳传》："有疾，还江陵，叹曰：'老疾俱至，名山恐难遍睹，唯当澄怀观道，卧以游之。'凡所游履，皆图之于室。"此后，"卧游"这一观赏手法几乎成了绘画的代名词，清代画家沈周绘有《卧游图》，清代盛大士将自己论画的随笔札记就命名为《溪山卧游录》。在日本绘画界，以"卧游"这种观赏手法作画的山水画作品也很多，其中最为典型的作品有《潇湘卧游图》（东京国立博物馆馆藏）。② 足不出户便可在卧榻之上澄怀观道、登山临水，满足了无数文人雅士的审美追求。

清雅之境，是内在孤独精神的外在反映。晋穆帝永和九年（公元353年）三月三日，王羲之与谢安、孙绰等四十一人在绍兴西南渚山上的兰亭饮酒赋诗，王羲之《兰亭集序》记载了此次聚会的盛况，然而在终极愉悦（"是日也，天朗气清，惠风和畅。仰观宇宙之大，俯察品类之盛，所以游目骋怀，足以极视听之娱，信可乐也"）的末尾，却又表达了深沉的悲哀，"向之所欣，俯仰之间，已为陈迹。犹不能不以之兴怀。况修短随化，终期于尽。古人云'死生亦大矣'，岂不痛哉！"人越是在欢愉的高峰时刻，越容易迎来孤独的人生体验。因为天地恒长，人生易老，人能占据美好的事物多长时间呢？美好的事物又能在人世间留存多长时间呢？人与物，终究都会在历史的长河中消亡泯灭，但那时那刻人与自然之间的眷恋、默契和欣喜，将永远留存在这有限而又无限的文字之中。

---

① （宋）郭熙：《林泉高致·山水训》，王朝闻主编：《中国美术史·宋代卷》上，齐鲁书社2000年版，第136页。

② 参见［日］中村良夫：《风景学入门》，陈靖远译，华中科技大学出版社2014年版，第103页。

晚明文人文震亨在《长物志》一书中，曾将赏花之人分为好事家和能赏花者：

> 吴中菊盛时，好事家必取数百本，五色相间，高下次列，以供赏玩，此以夸富贵容则可。若真能赏花者，必觅异种，用古盆盎植一枝两枝，茎挺而秀，叶密而肥，至花发时，置几榻间，坐卧把玩，乃为得花之性情。①

与附庸风雅、夸富贵容的好事家相对的，就是文震亨所谓的真能赏花者，真能赏花者才能得花之性情。那菊花的性情是什么呢？"宁可抱香枝上老，不随黄叶舞秋风。"（朱淑真《黄花》）"荷尽已无擎雨盖，菊残犹有傲霜枝。"（苏轼《赠刘景文》）菊花原本就自带一股清高孤傲之情，有文人爱赏孤独的影子。正如文震亨所说，真正的赏花者，花不在多，而在于精，用古盆植一枝两枝，坐卧把玩，这样的赏花者其性情与花之性情相符合。

与文震亨所写赏花之人相类似，晚明张岱在《西湖七月半》中写了种种赏月之人：

> 看七月半之人，以五类看之。其一，楼船箫鼓，峨冠盛筵，灯火优傒，声光相乱，名为看月而实不见月者，看之；其一，亦船亦楼，名娃闺秀，携及童娈，笑啼杂之，环坐露台，左右盼望，身在月下而实不看月者，看之；其一，亦船亦声歌，名妓闲僧，浅斟低唱，弱管轻丝，竹肉相发，亦在月下，亦看月，而欲人看其看月者，看之；其一，不舟不车，不衫不帻，酒醉饭饱，呼群三五，跻入人丛，昭庆、断桥，嚣呼嘈杂，装假醉，唱无腔曲，月亦看，看月者亦看，不看月者亦看，而实无一看者，看之；其一，小船轻

---

① （明）文震亨：《长物志》，中华书局2012年版，第72页。

幌，净几暖炉，茶铛旋煮，素瓷静递，好友佳人，邀月同坐，或匿
影树下，或逃嚣里湖，看月而人不见其看月之态，亦不作意看月
者，看之。①

那些身处热闹和煊赫之中的作意赏月者，往往不是真正的赏月之
人，唯有清静孤独的不作意赏月者，才是真正的赏月之人。

所以说清雅之境，常常是孤独精神的产物。因为，雅文化原本就是
一种崇尚与自我心灵对话的文化，从精神层面来看，也是一种脱离了低
级趣味的文化，它常常超脱于日常生活的琐碎事物之上，因此，曲高和
寡是其必然的结果。黑格尔分析精神对外在现实和内心世界的关注时，
曾经说过这么一段话："时代的艰苦使人对于日常生活中平凡的琐屑兴
趣予以太大的重视，现实上很高的利益和为了这些利益而作的斗争，曾
经大大地占据了精神上一切的能力和力量以及外在的手段，因而使得人
们没有自由的心情去理会那较高的内心生活和较纯洁的精神运动，以致
许多较优秀的人才都为这种艰苦环境所束缚，并且部分地被牺牲在里
面。因为世界精神太忙碌于现实，所以它不能转向内心，回复到自
身。"②晚明文人之所以能将清雅之情推向极致，与他们所处的时代背景
和社会氛围有着密切的关系。晚明时期，中国的商品经济非常发达，当
时的都市生活崇尚奢华铺张，巨商富贾们生活奢华，园林、建筑富丽堂
皇，奢靡的风气在社会上层之间弥漫开来，俗文化日渐繁荣。"以俗为
美"的倾向在社会各阶层中铺展开来，人们对物质消费的追求和感官享
受的欲望得到了普遍的认可。作为出生于"簪缨之家"的传统士大夫们，
怎能不对这样的社会风潮感到焦虑呢？对古、清、雅的追求，就成为此
时文人士大夫心中一种永恒的追求。

审美自由的终极目标是心灵的自由，通过对美的独特观照、咀嚼和

---

① （明）张岱：《陶庵梦忆》，北京理工大学出版社 2017 年版，第 303 页。
② ［德］黑格尔：《哲学史讲演录》第 1 卷，贺麟、王太庆译，商务印书馆
2017 年版，第 1 页。

品味，人终于实现了心灵的自由。审美自由以超越有限达至无限为根本宗旨，强调在现实人生中，尤其是在个人的情感世界中达到对无限的体验。"人只有凭借现实的、感性的对象才能表现生命。"①那些怀抱一种孤独精神的文人士大夫们，正是在对菊花、对月亮的感怀和抒情之中，释放了自我的心灵，寻得了心灵的慰藉。他们襟怀山水，在自然和山水的怀抱中沉沉睡去，用内心的坚守抵御着外在世界的风雨飘摇。

如果说，"俗"是庸常大众的特质，那么"雅"是属于少数人的气质。在与"浑浊"区分开的清雅之境中，更是自带一份孤独。"生活即是表现，我们无意识的行为正是我们最隐秘思想的持续展露，孔子说'人焉廋哉！'也许人类并无伟大的东西可以隐藏，因此总在微小处表现自己。日常琐事暗含的种族精神与其哲学和诗歌的精神一致。"②清雅之人，也自然会在他们生活的微小之处流露和投射着其内心的精神。这种内在于心的清雅的孤独精神，向外产生投射的话，最明显的就是反映到与周遭事物的联系上。

清雅之人对于物的选择，也是其审美意识的体现。文震亨《长物志》中所言之物虽都有用处，包括瓜果蔬菜等也皆可食用，但是他所注重的却并非这些物品的实用价值，并非与生存实用密切相关，而是一种审美的选择，而这恰恰是艺术所追求的。文震亨曾大谈香、茗之用，曰"其利最溥"，然而他讲的"利"是什么呢？绝不是商人逐利的利，而是与自然的清幽、与心灵的孤独有关，他用了六个"可以"来概括：

> 物外高隐，坐语道德，可以清心悦神；初阳薄暝，兴味萧骚，可以畅怀舒啸；晴窗拓帖，挥麈闲吟，篝灯夜读，可以远辟睡魔；

① [德]马克思：《1844年经济学-哲学手稿》，人民出版社1979年版，第121页。

② [日]冈仓天心、九鬼周造：《茶之书·"粹"的构造》，江川澜、杨光译，上海人民出版社2011年版，第15页。

青衣红袖，密语谈私，可以助情热意；坐雨闭窗，饭余散步，可以遣寂除烦；醉筵醒客，夜雨蓬窗，长啸空谈，冰弦戛指，可以佐欢解渴。①

"清"作为一个功能或价值范畴，它的理论意义提示人们，人心中的鄙俗欲念可以通过对自然山水和艺术作品的审美鉴赏活动而得到暂时的消解，进入"神澄思彻"的美妙境界，使我们对自然、艺术与人之间的关系有更加深切的感悟。人，原本混同于天地万物，又渐渐从天地万物之中挣脱开来，以一双孤独的眼睛凝视着周遭的世界。他不愿泯然于众人，于是又将其独特的精神注入自然之物和人自身所创造的事物之中，借此他也重新回归到了天地万物之中。此番境界，正可谓清雅之境了。

在中国古代文学作品，尤其是古诗词中，描写这种从自然之中挣脱出来又重新融入自然的孤独心境非常多，"无可奈何花落去，似曾相识燕归来，小园香径独徘徊。"（晏殊《浣溪沙》）看着花落去，看着燕归来，若是用一双世俗之眼去看、去审视，那就是跳脱出去的，可是词人又独自徘徊在小园香径，此时人影、花影和燕影显然又融合成了同一个画面，既表达了对无可奈何的悲哀，也表达了对过往记忆的追思，以及一缕无可排遣的淡淡哀愁。"花间一壶酒，独酌无相亲。举杯邀明月，对影成三人。"（李白《月下独酌》）

此外，内心与外在的和谐一致，方为真正的清雅。就如同在现实生活中，人们对美的评判一样，内外是否合一是一个重要的评判标准。东施效颦的故事，很好地说明了这一点：

西施病心而颦其里，其里之丑人见而美之。归亦捧心颦其里，其里之富人见之，坚闭门而不出；贫人见之，挈妻子而去之走。彼

---

① （明）文震亨：《长物志》，中华书局2012年版，第68页。

知颦美，而不知颦之所以为美。(《庄子·天运》)①

这位可怜的东施姑娘，看到西施因病心痛、颦眉苦之的样子很美，于是也想效仿。但是当她也做出一副捧心皱眉的模样时，却引起了人们如此夸张的厌恶，岂不可笑可悲。这一切都是因为她不知道美的本质是什么，"彼知颦美，而不知颦之所以为美"。在西施的美里，具有从内而外的一致性，这种内外的合一，无论是对美的表达，还是对雅的呈现都是无比重要的。"诚于中而形于外"，人的外在表现是由内心和大脑来指挥的，由内而外的散发才最真诚、最自然。当一个人想要努力表现自己内心不具备的品质时，就难免会露出破绽、引起笑话，甚至像东施效颦那样惹人厌恶。

外在与内心的和谐，对普通人的日常生活很重要，在艺术的呈现上则显得更为重要。中国人向来有尚德的传统，体现在艺术中就是人们普遍认为"雅"的艺术固然需要纯熟的艺术技巧和艺术形式的表达，但与技巧和形式相比，更需要艺术家自身人格和品德的含蕴。所以清雅之境，在其表现形式上，天然有一种静默无言却又充溢全身的光辉，正如孔子所言："天何言哉，四时行焉，百物生焉。"(《论语·先进》)庄子又说："天地有大美而不言，四时有明法而不议，万物有成理而不说。"(《庄子·知北游》)②《老子》开篇亦云："道可道，非常道，名可名，非常名。"在中国人的审美意识中，雅与美的呈现除了内外的一致性，其实还有一个很重要的要素，那就是行而不自知。一个人，她很美，可是她却不知道自己的美，正如西施。对何为雅俗的认知，其实也一样，一个人，他很雅，可是他却不知道自己的雅，这才能成就一种真正的雅。如果一个人在自我的意识层面时时刻刻想着如何去寻找雅，那也就

---

① (晋)郭象注，(唐)成玄英疏，曹础基、黄兰发点校：《庄子注疏》，中华书局 2011 年版，第 279 页。

② (晋)郭象注，(唐)成玄英疏，曹础基、黄兰发点校：《庄子注疏》，中华书局 2011 年版，第 392 页。

落入了俗套。

《世说新语》载：

> 王子猷居山阴，夜大雪，眠觉，开室，命酌酒，四望皎然。因起彷徨，咏左思《招隐》诗。忽忆戴安道，时戴在剡，即便夜乘小船就之。经宿方至，造门不前而返。人问其故，王曰："吾本乘兴而行，兴尽而返，何必见戴？

王子猷雪夜访戴，却"乘兴而行、兴尽而返"，这一行为被认为表现了东晋名士纵情任性的风度和乐观豁达的人生态度，为后世之人所津津乐道，认为真是一件雅人才能做得出的雅事。我们认为，这一行为若真是雅，也雅在他不知其事之雅，完全只是任情之真。是的，"除了雪意/我并没有什么好消息带来给你/算了吧，我这就掉棹而返了/我来看你，又何必用召唤惊扰你呢？"①我只是听从自己内心的那份召唤，既然情意已经抒发，又何须对你表达。事实上，雪夜访戴的故事，进展到王子猷的"造门不前而返"，才恰恰是一分不多、一分不少的刚刚好。如果他在出发时或在路途中，意识到了自己的任情，猛然回过神来，掉棹返回，这也就回归了理性，不会成为美谈。如果他在此兴尽之时，却因为自己已经历尽辛苦走到门前，不进门觉得可惜，于是真的在清晨时分敲门而进，与之切切倾诉衷情，或许也就变雅为俗，和文中"人问其故"的俗人没什么两样了。又如果，后来的文人雅士模仿王子猷的这一行为，就又是另一则"东施效颦"了。

所以，美而不知其美，雅而不知其雅，唯有如此才是真正的美和雅。一旦在自我意识中看到了自己的美和雅，那份美和雅，就已经从原本与人合而为一的内在精神品质，转变成了意识中的认知对象。而认知对象，显然是外在于认知主体的，如此一来，审美意义上的整体性便被

---

① 宋琳：《雪夜访戴》，作家出版社 2015 年版，第 345 页。

破坏了。如果一个人时时刻刻用意识观照着自己的美和雅，美和雅也就立刻变成了外在于人的附庸和累赘，成了桎梏心灵自由的工具。那么他接下来所前进的每一步，无论是努力地继续维持，还是谦虚地自我否定，或是试图传达出一种视而不见的泰然，都已经是着了心迹，变雅为假了。两千多年前，孔子曾经说过一段关于德与行的话，至今仍然有着深刻的教育意义，孔子云："君子服其服，则文以君子之容；有其容，则文以君子之辞；逐其辞，则实以君子之德。是故君子耻服其服而无其容，耻无其容而有其辞，耻有其辞而无其德，耻有其德而无其行。"（《礼记·表记》）[①]德在于内，行充于外，内德外行，合二为一，才是真正的君子，才是真正的雅。

现代人和古代人最大的不同，首先在于我们分别处在不同的历史节点，经历着由时间所决定的社会制度、经济、文化等种种的不同。这些不同，如同地球表层的尘土，潜移默化地改变着地球的面貌，同样，它们也作用于我们自身的精神面貌和思想心灵。然而，不管所有的外在因素在历史的风云中如何变幻，总有一些东西会作为永恒的内核，成为维系一个种族或民族之所以长存不衰的奥秘。总有一些或许是我们未曾察觉的东西，一直在人的本质力量的深层对我们发生着作用。丹纳在《艺术哲学》中讲到特征的重要程度时，曾说："特征的不变性的大小，决定特征等级的高低；而越是构成生物的深刻的部分，属于生物的原素而非属于配合的特征，不变性越大。"[②]在对"雅"的研究中，我们发现，华夏民族最显要的特征俨然就在其中。正是通过一代又一代人的雅正的传统教育，尚雅的理念深深地植根在我们这个民族的灵魂和血液当中，成为至今仍在汩汩流淌的精神力量的源泉。当我们在学习发达国家更先

---

① （汉）郑玄注，（唐）孔颖达疏：《礼记正义》，北京大学出版社1999年版，第1477页。

② ［法］丹纳：《艺术哲学》，傅雷译，生活·读书·新知三联书店2016年版，第380页。

进的科学技艺的时候，当我们这个社会越来越以金钱为衡量一个人是否成功的标准的时候，我们仍然不可以忘记，自己的民族血液和精神内核中最原始的气息、最根本的气质。只有当一个国家、一个民族的精神内核足够强大、足够坚定，才能够以更加从容和淡定的胸怀去涵容、消化和吸收一切新鲜的现代文明和外来知识。"民族是在家族象征结构和家族符号资本基础上形成的超族群政治—文化体"①，民族的实质在于它的符号性，不同的时空配置赋予它不同的内容。华夏传统的雅文化和尚雅精神，政治上的雅正、文化中的典雅、精神上的清雅……勾勒出了华夏民族的重要特征。

---

① 纳日碧力戈：《民族与民族概念再辩证》，《民族研究》1995 年第 3 期。

结　语

　　中国古代美学中的范畴，从书面来看，是由一个个汉字组成的，范畴的意义是中华民族古老智慧的结晶和历史积淀的结果，其形成历史往往比实际运用的历史更为悠久漫长。后一个历史，由于范畴在较短时间内被密集广泛地使用而为人熟知；前一个历史，则散漫在卷帙浩繁的典籍和零星现世的出土文物中，不大容易映射出整体的观照。但是这种有关范畴形成历史的整体观照恰恰是了解把握范畴内涵意义所不可或缺的。对一个范畴的研究，同时也是对传统文化的历史回望以及对产生这一文化的民族心灵的深度挖掘。因此，要研究一个美学范畴在理论与实践中的运用，首先必须了解代表这一美学范畴的汉字它本身的内涵和意义生成。

　　当今学术界崭露头角的汉字美学，正是为了尝试探索解决这一问题。"汉字美学是汉字学与文艺美学这两个学科的交叉，是横跨这两个学科的综合性研究。具体而言，是从'哲学—美学'特别是文艺美学的层面，研究作为文学话语结构重要元素的汉字；同时也是从汉字学的角度，研究以汉字文本为主要形式的文学话语和主要蕴涵。"[1]"前轴心时代"的汉字等文明成果，是中国文化最早的源头。汉字作为成熟的文化形态，早于孔孟老庄数千年，其中蕴含了丰富的哲学美学观念。中国文化中"以人为本"的精神，"华夏雅正"的正统观念，在相应的汉字谱系

---

[1]　朱崇才：《汉字美学研究刍议：以若干词学核心概念用字为例》，《南京师大学报》2016年第4期。

中都有初步的体现。"文艺美学的汉字学转向"是"华夏文字"与"感性直观"的交集。具体来说主要包含三个层面：

第一，是指华夏先民以感性的方式直观对象世界（包括对象化的人本身），并将这一审美体验凝聚在他们所创制的"华文"中。换言之，汉字是主体感性直观对象世界的产物，代表了主体对于这个世界的体验。

第二，汉字以感性的方式，显现于竹帛、甲骨、金石、纸张、屏幕等器物载体，而我们则可将汉字作为"感性直观"的对象来书写、制作、欣赏和体验。

第三，可以借助凝聚了前人审美体验的汉字，来表达、评论、审视我们自己对于这个世界的直观感受与体验，特别是对于文学艺术的直观感受和体验，并传达给同样使用这一文字系统的他人。①

综观前人的研究，从研究内容来看，"雅"，虽然在政治、哲学、文学、艺术等诸多领域都有所体现，但研究者们一直以来较多地关注某种特殊的艺术形式或文论思想，考察其中所呈现的雅正精神，而对这一精神本身的起源缺乏深入的探讨和系统的阐述。尤其是对"雅""正"意义的由来缺乏追根溯源的系统性研究。最多是追溯到有文献可考的《尚书》和《周易》，更早之前就很少涉足了。另外，研究者们在研究中涉及"雅"范畴时，往往选择直接从"雅者，正也"开始说起，以这一定义为理论起点展开推演。大多是借用"雅"这一审美范畴来审视特定的艺术形式，其中最多的就是将"雅"作为词学理论界的审美范畴，探讨宋词、清词的艺术特征和美学风格。

从研究对象所处的时间节点来看，中国传统美学中"雅正"精神的

---

①　骆冬青、朱崇才、董春晓：《文艺美学的汉字学转向》，商务印书馆 2017 年版，前言第 1 页。

研究，呈现中间活跃、头尾沉寂的状态。中间以南宋常州派词学和清末浙西派词学研究为着。而对源头，即对"雅""正"意义来源的探寻显得不足。"雅"的原初意义是什么？"正"的原初意义是什么？它们后来的衍生义有哪些？诸多的衍生义是怎么生成的？这些问题，都与华夏先民的文化心理和审美情趣密切相关。

　　借助对"雅"的汉字美学研究，我们回到一切思想和思维的源头，从汉字构形的角度研究人的审美心理。借助古文字、古音韵和汉字美学的知识，从字源学角度对"雅"加以剖析：第一，"雅"是一个汉字符号，具有汉字符号所具有的一切特征；第二，"雅"后来演变为一个抽象概念；第三，"雅"也是我们民族精神的一个象征。

　　众所周知，"雅正"与儒家思想以及封建统治有着极为密切的联系，儒家的"雅正"和群体紧密相连，强调人要明确自己在群体中的存在位置，不断提高自身修养，节制和收敛个人的光芒锐气，以实现个人与小家、大国的和谐共存。在中国古代美学的发展脉络中，"雅正"中之正统规范的成分，一直作为外在的框架指导和规范着文艺创作。《诗经》的解说者们将"雅"解释为一种文体，刘勰将"雅"看作是作品的意蕴情性，强调作品意蕴的雅正，"雅"从刘勰开始逐渐演变成一种艺术上的审美追求和审美理想。白居易在刘勰"雅正"理论的基础上提出"风雅比兴"说，强调诗歌创作要泄导人情、补察时政、裨益教化、赈济民生，越来越注重作品的政治教化功能，体现了儒家美学传统中的尚雅精神。但是也有例外，那就是魏晋时期的"雅"，魏晋时人自我的觉醒决定了魏晋之雅着重思考的是个人在宇宙时空中的存在价值。正如《世说新语》所描绘的，魏晋之雅所呈现的丰神俊貌更多地展现了道家的审美理想，直接无视儒家传统中一系列尊为"雅"的行为模式和礼仪规范，以其超然独立的姿态、放荡不羁的精神冲击了"雅"中一贯流露的隐隐正气。正是由于有了魏晋之雅这一新鲜血液的注入，后世的"雅"实际上就在两条道路上发展演变，其一是深深植根于孔孟儒学的"雅者正也"的"以正为雅"，其二是受老庄影响的幽渺绰约的"以真为雅"。正与真，是构成"雅"范畴丰富而深厚的内涵的两股力量源泉，但是两者在实际发展中的分野并不如所指出的这样明晰，而往往是纠缠混杂在一起的，既各自发展而又相互制约，不断此消彼长。

我们认为，应该在"雅"与其相近词和相对词的关系辨析中把握"雅"的审美内涵。"雅"的相近词，拓展了雅的意义外延；"雅"的相对词，则进一步规范了雅的意义内涵。为什么不同时期的人对"雅"的审美内涵会有不同的理解？为什么"雅"的会变成俗的，俗的也能变为雅的？雅作为一个柔性范畴，不同时期、不同的人都能够按照自己的理解为其植入不同的意义，但是在这些不同理解或相互转变中，是否也还存在着一些永恒不变的东西？"雅"与整个中国历史文化背景，尤其是哲学、政治思想的关系至为密切，当然，它至今也对现实生活有着重大影响。不过现代人崇尚个性自由，不再盲目迷信权威，社会氛围中弥漫着浓厚的怀疑精神，于是与现代精神更为契合的，无疑是"雅"范畴中"真"的部分。真，有原始天籁、混茫无知之真，亦有洗去铅华、返璞归真之真。相较于康德哲学中的正、反、合，前者为正，后者为合，"雅"中之真，当为后者。王国维曾说"古雅之能力，能由修养得之"，"若优美与宏壮，则固非修养之所能为力也"。[①] 亦可见，"雅"不同于崇高、优美等美学范畴，它的形成、领会和创作更需要人的主体意识的觉醒和参与。

这一部分主要探讨了人在生活世界向"雅"而行的诸多努力与实践：如何在个人的生活世界中实践"雅"的美学，需要把握好人与世界、人与自己、人与作品三个方面的关系。人与外在的世界之间，追求实现诗意地栖居，实现人与自然的和谐。人与内在的自己之间，必须学会独处，人生在世最首要的、也是最大的任务，是真正认识自己，永远听从内心的声音，若能忠实地做自己，则无时无处不雅。人与其创造物之

① 　王国维：《古雅之在美学上之位置》，《静庵文集》，辽宁教育出版社 1997 年版，第 166 页。

间，最优秀的呈现方式莫过于既能表现最深刻的自己，又能在时间和空间上囊括最广泛的他者。

通过深入辨析与"雅"密切相关的一些概念，主要是"雅"与其相对词的关系辨析，正是在与其相对词的比较中，更能够凸显出"雅"的美学内涵。如"雅"与"淫"、"雅"与"鄙"、"雅"与"俗"等在字源和历史演变中的区别，恰恰是中国美学思想中中和与过度、中心与边缘、超拔与凡庸等一系列相对概念的具体呈现。这些比较中的重点就是雅俗之变。"雅"与"俗"似乎界限分明，分别显示了独特与平庸这两种不同美学特征，但在实际的文学发展过程中又往往互相勾连、互相演变，存在着由俗到雅、由雅到俗这双向演变的道路。甚至不同的主体、不同的时代，也会因为自身审美观念的不同，而对同一审美客体做出或雅、或俗等截然不同的评判。

"现代知识论有一个倾向，即，将物当成等待着人及人的言辞来激活的无生之存在；而在传统社会中，人们并没有将物分离于自身及言辞之外，在他们看来，物充满着人的生命，而人的生命也以物的流动来表达。"[1]"雅"，是深远丰厚的历史和文化传统所积淀出来的产物，她的起点甚至早于人们对历史、文化和传统这些词的认知。"雅"，深深地植根于远古先民对太阳这个火热发光体的崇拜，而这其中所蕴藏的精神，是人对自知自身无法抵达、却又无限向往之物的虔诚的信仰。这个引领灵魂不断飞升的信仰之神，成为中国人生活中永恒的理想。我们不必也不可能实际抵达，但人的灵魂必然会在与周遭事物、与过去和未来的一次次的撞击中得到提升，而人性也正是在这一次次向"雅"追求的路途中得以重塑。"人性并不是一种实体性的东西，而是人自我塑造的一种过程：真正的人性无非就是人的无限的创造性活动。"[2]如果仅仅只浸淫于传统文化，穿游在无数个古代人的灵魂中，却始终没能塑造出独

---

① 王铭铭：《心与物游》，广西师范大学出版社 2006 年版，自序第 11 页。

② ［德］恩斯特·卡西尔：《人论》，甘阳译，上海译文出版社 2013 年版，中译本序第 8 页。

属于自己的灵魂，大概也是很难称得上真正的"雅"。

关于"雅"的话题，是说不尽的。一直以来，"雅"是官方提倡的一种政治意识形态，从周代的雅礼雅乐，到商代的酒池肉林，再到春秋战国时期的礼崩乐坏，从唐宋时期的"大雅"，到明清时候的"复雅"，再到现代雅文化的凋零、俗文化的兴盛，可见"雅"的复杂性。"雅"绝不是一件轻松的事，最初的最初，它是需要人花费心神努力学习和维持的一种向上的力量，正如人们在教育中所提倡的；但最后的最后，它又无时无刻不渴求着一种轻松的面貌，一种内化于心的自在表达，正如人们在文学艺术领域中所呈现的。然而，大多数人现实生活中的价值选择与"雅"的价值判断之间又存在着巨大的沟壑，在人们对"雅"的推崇与背弃中，也彰显着人性的复杂与矛盾。这些是本书未能深入探讨的地方，还有待在日后的研究中进一步深化和细化。

主要参考文献

一、古籍

（周）左丘明传，（晋）杜预注，（唐）孔颖达正义：《春秋左传正义》，中华书局 1999 年版。

（汉）孔安国传，（唐）孔颖达疏《尚书正义》，北京大学出版社 1999 年版。

（汉）郑玄注，（唐）孔颖达疏：《礼记正义》，北京大学出版社 1999 年版。

（汉）郑玄注，（唐）贾公彦疏：《周礼注疏》，中华书局 1999 年版。

（汉）许慎撰，（宋）徐铉等校定：《说文解字》，中华书局 2020 年版。

（汉）班固：《汉书》，中华书局 2007 年版。

（汉）司马迁：《史记》，中华书局 2013 年版。

（汉）刘熙：《释名》，愚若点校，中华书局 2020 年版。

（魏）何晏注，（宋）邢昺疏：《论语注疏》，中华书局 1999 年版。

（南唐）徐锴：《说文解字系传》，中华书局 1987 年版。

（唐）魏徵等：《隋书》，中华书局 2019 年版。

（宋）朱熹：《四书章句集注》，中华书局 2012 年版。

（明）李渔：《窥词管见》，中国社会科学出版社 2009 年版。

（明）李渔：《闲情偶寄》，云南人民出版社 2016 年版。

（清）王筠：《说文解字句读》，中华书局 1988 年版。

（清）段玉裁：《说文解字注》，上海古籍出版社 1988 年版。

（清）朱俊声：《说文通训定声》，中华书局 1984 年版。

（清）何文焕辑：《历代诗话》，中华书局 1981 年版。

（清）阮元纂：《经籍纂诂》，上海古籍出版社 1989 年版。

（清）况周颐：《蕙风词话》，人民文学出版社 1960 年版。

李民等译注：《古本竹书纪年译注》，中州古籍出版社 1990 年版。

王利器校注：《风俗通义校注》，中华书局 2010 年版。

黄晖撰：《论衡校释》，新编诸子集成本，中华书局 1990 年版。

杨伯峻译注：《论语译注》，中华书局 2009 年版。

杨伯峻译注：《孟子译注》，中华书局 1960 年版。

董志翘、冯青笺注：《世说新语笺注》，江苏人民出版社 2019 年版。

冯国超译注：《山海经》，商务印书馆 2009 年版。

王水照主编：《王安石全集》，复旦大学出版社 2016 年版。

吴钊等编：《中国古代乐论选辑》，人民音乐出版社 2011 年版。

祖保泉注释：《司空图诗品注释及释文》，新文丰出版公司 1980 年版。

陈直校正：《三辅黄图校正》，陕西人民出版社 1980 年版。

丁福保辑：《历代诗话续编》，中华书局 1983 年版。

丁福保编纂：《说文解字诂林》，中华书局 1988 年版。

二、专著

陈寅恪：《魏晋南北朝史讲演录》，贵州人民出版社 2007 年版。

陈炳良：《神话·礼仪·文学》，联经出版事业公司 1986 年版。

郭绍虞主编：《中国历代文论选》（全四册），上海古籍出版社 2001 年版。

郭平：《古琴丛谈》，山东画报出版社 2006 年版。

梁启超：《论中国学术思想变迁之大势》，夏晓虹导读，上海古籍出版社 2001 年版。

李泽厚：《美的历程》，生活·读书·新知三联书店 2009 年版。

李春青：《趣味的历史：从两周贵族到汉魏文人》，生活·读书·新知三联书店 2014 年版。

凌继庶、张爱红、张晓刚：《中国艺术批评史》，辽宁美术出版社 2013 年版。

朱自清：《中国文学批评研究讲义》，天津古籍出版社 2004 年版。

王确主编：《文学概论》，人民教育出版社 2003 年版。

王文宝：《中国俗文学发展史》，北京燕山出版社 1997 年版。

王国维：《静庵文集》，辽宁教育出版社 1997 年版。

王哲平：《中国古典美学"道"范畴论纲》，中国社会科学出版社 2009 年版。

吴同瑞：《中国俗文学概论》，北京大学出版社 1997 年版。

郑振铎：《中国俗文学史》，上海人民出版社 2006 年版。

萧兵：《中庸的文化审察——一个字的思想史》，湖北人民出版社 1997 年版。

张曼华：《中国画论研究·雅俗论》，中国文史出版社 2006 版。

王宇信等：《中国古代文明与国家形成研究》，中国社会科学院出版 2006 年版。

葛兆光：《古代中国社会与文化十讲》，清华大学出版社 2002 年版。

葛兆光：《宅兹中国：重建有关中国的历史论述》，中华书局 2011 年版。

张春光：《华夏人文根源探寻》，齐鲁书社 2011 年版。

罗威尔主编：《知中·禅的入门》，中信出版社 2017 年。

文史哲编辑部编：《文学：批评与审美》，商务印书馆 2011 年版。

夏秀：《原型理论与文学活动》，中国社会科学出版社 2012 年版。

曹顺庆、李天道：《雅论与雅俗之辨》，百花洲文艺出版社 2009 年版。

冯友兰：《中国哲学史》，商务印书馆 2019 年版。

葛荣晋：《中国哲学范畴史》，黑龙江人民出版社 1987 年版。

葛兆光：《七世纪前中国的知识、思想和信仰世界》，复旦大学出版社 1998 年版。

葛兆光：《七世纪至十九世纪中国的知识、思想和信仰》，复旦大学出版社 1998 年版。

关中人编：《中国通史》，延边人民出版社 2002 年版。

何丹：《图画文字说与人类文字的起源》，中国社会科学出版社 2003 年版。

胡经之主编：《中国古典美学丛编》，中华书局 1988 年版。

黄亚平、孟华：《汉字符号学》，上海古籍出版社 2001 年版。

黄德宽、常森：《汉字阐释与文化传统》，中国科学技术大学出版社 1995 年版。

黄德宽：《古文字发展论》，中华书局 2014 年版。

黄德宽主编：《古文字谱系疏证》，商务印书馆 2007 年版。

黄德宽：《汉字理论丛稿》，商务印书馆 2006 年版。

李圃主编：《古文字诂林》，上海教育出版社 1999 年版。

李泽厚、刘纲纪：《中国美学史》，中国社会科学出版社 1984 年版。

李泽厚：《美的历程》，中国社会科学出版社 1984 年版。

李泽厚：《中国思想史论》，安徽文艺出版社 1999 年版。

李泽厚：《论语今读》，天津社会科学院出版社 2007 年版。

李天道：《中国美学之雅俗精神》，中华书局 2004 年版。

李学勤：《古文字学初阶》，中华书局 2013 年版。

李敏生：《汉字哲学初探》，社会科学文献出版社 2000 年版。

林语堂：《中国先哲的智慧》，陕西师范大学出版社 2006 年版。

林语堂：《苏东坡传》，湖南文艺出版社 2012 年版。

林语堂：《孔子的智慧》，张振玉译，新世界出版社 2015 年版。

刘兴隆：《新编甲骨文字典》，国际文化出版公司 1993 年版。

廖文豪：《汉字树》，中国商业出版社 2015 年版。

林惠祥：《文化人类学》，商务印书馆 2011 年版。

陆忠发：《汉字学的新方向》，浙江大学出版社 2009 年版。

孟华：《文字论》，山东教育出版社 2008 版。

孟华：《汉字主导的文化符号谱系》，山东教育出版社 2014 年版。

孟华：《汉字：汉语和华夏文明的内在形式》，中国社会科学院出版社 2004 年版。

倪梁康：《胡塞尔现象学概念通释》，生活·读书·新知三联书店 2007 年版。

启功：《古代字体论稿》，文物出版社 1964 年版。

钱穆：《中国文化史导论》，商务印书馆 1994 年版。

钱穆：《国史大纲》，商务印书馆 2010 年版。

裘锡圭：《文字学概要》，商务印书馆 2013 年版。

饶宗颐：《符号·初文与字母——汉字树》，上海书店出版社 2000 年版。

申小龙：《普通语言学教程精读》，复旦大学出版社 2005 年版。

尚杰：《德里达》，湖南教育出版社 1999 年版。

孙克强：《雅俗之辨》，华文出版社 1997 年版。

唐兰：《中国文字学》，上海古籍出版社 2005 年版。

唐圭璋：《词话丛编》，中华书局 1986 年版。

汪涌豪：《范畴论》，复旦大学出版社 1999 年版。

汪涌豪：《中国文学批评范畴及体系》，复旦大学出版社 2007 年版。

王铭铭：《心与物游》，广西师范大学出版社 2006 年。

王万洪：《〈文心雕龙〉雅丽思想研究》，中华书局 2019 年版。

王力：《古代汉语》，中华书局 1999 年版。

王辉：《商周金文》，文物出版社 2006 年版。

王建忠：《汉字美学浅谈》，白山出版社 2011 年版。

王小盾：《四神：起源和体系形成》，上海人民出版社 2008 年版。

谢庆绵：《西方哲学范畴史》，江西人民出版社 1987 年版。

徐复观：《中国艺术精神》，商务印书馆 2010 年版。

徐小跃：《中国传统文化与儒道佛》，江苏人民出版社 2016 年版。

徐迅：《雅·颂·风：中国文化精神之本源》，北京出版社 2011 年版。

徐中舒主编：《甲骨文字典》，四川辞书出版社 1990 年版。

叶舒宪：《中国神话哲学》，中国社会科学出版社 1992 年。

叶舒宪：《原型与跨文化阐释》，暨南大学出版社 2002 年版。

叶舒宪、彭兆荣、纳日碧力戈：《人类学关键词》，广西师范大学出版社 2004 年版。

叶舒宪编选：《神话—原型批评》，陕西师范大学出版社 2011 年版。

叶舒宪、章米力、柳倩月编：《文化符号学——大小传统新视野》，山西师范大学出版社 2013 年版。

叶舒宪：《图说中华文明发生史》，南方日报出版社 2015 年版。

尹黎云：《汉字字源系统研究》，中国人民大学出版社 1998 年版。

余英时：《士与中国文化》，上海人民出版社 1987 年版。

余英时：《论天人之际：中国古代思想起源试探》，商务印书馆 2014 年版。

于省吾主编：《甲骨文字诂林》，中华书局 1999 年版。

袁仲一、刘钰：《秦文字类编》，陕西人民教育出版社 1993 年。

袁珂：《中国古代神话》，华夏出版社 2013 年版。

臧克和：《中国文字与儒学思想》，广西教育出版社 1996 年版。

曾祖荫：《中国美学范畴论》，华中师范大学出版社 2011 年版。

宗白华：《美学散步》，上海人民出版社 1981 年版。

宗福邦等主编：《故训汇纂》，商务印书馆 2003 年版。

张岱年：《中国古典哲学概念范畴要论》，中国社会科学出版社 1989 年版。

张立文：《中国哲学逻辑结构论》，中国社会科学出版社 2002 年版。

赵虹：《出发即归宿：混茫中的汉字文化》，贵州人民出版社 2003 年版。

赵玲玲：《逸范畴的审美空间》，华南理工大学出版社 2017 年版。

赵建军：《南北朝美学范畴史》，齐鲁书社 2011 年版。

赵沛霖：《中国神话思想史论》，学苑出版社 2002 年版。

朱光潜：《西方美学史》，人民文学出版社 1979 年版。

朱良志：《中国美学十五讲》，北京大学出版社 2006 年版。

朱自清：《论雅俗共赏》，生活·读书·新知三联书店 2008 年版。

朱志荣：《中国审美理论》，北京大学出版社 2005 年版。

朱志荣主编：《中国美学简史》，北京大学出版社 2007 年版。

[古希腊]亚里士多德：《范畴篇·解释篇》，方书春译，商务印书馆 2009 年版。

[日]石川荣吉：《现代文化人类学》，周星等译，中国国际广播出版社 1988 年版。

[日]宫本一夫：《从神话到历史：神话时代夏王朝》，吴菲译，广西师范大学出版社 2014 年版。

[日]笠原仲二：《古代中国人的美意识》，魏常海译，北京大学出版社 1987 年版。

[日]祖父江孝男：《简明文化人类学》，季红真译，作家出版社 1987 年版。

[日]白川静：《汉字百话》，郑威译，中信出版社 2014 年版。

[美]艾兰：《龟之谜：商代神话、祭祀、艺术和宇宙观研究》，汪涛译，商务印书馆 2010 年版。

[美]希尔兹：《亚里士多德》，余友辉译，华夏出版社 2015 年版。

[美]鲁道夫·阿恩海姆：《艺术与视知觉》，滕守尧、朱疆源译，四川人民出版社 1998 年版。

[美]基辛：《文化人类学》，张恭启、于嘉芸译，巨流图书公司 1989 年版。

［美］基辛：《文化·社会·个人》，甘华鸣等译，辽宁人民出版社1988年版。

［美］约瑟夫·坎贝尔、比尔·莫耶斯：《神话的力量》，朱侃如译，万卷出版公司2011年版。

［美］菲利普·E. 毕肖普：《人文精神的冒险》，陈永国译，人民邮电出版社2014年版。

［美］克利福德·格尔兹：《文化的解释》，纳日碧力戈等译，王铭铭校，上海人民出版社1999年版。

［英］麦克斯·缪勒：《宗教的起源与发展》，金泽译，上海人民出版社2010年版。

［英］J. G. 弗雷泽：《金枝》（上、下），汪培基等译，商务印书馆2014年版。

［法］列维-布留尔：《原始思维》，丁由译，商务印书馆2014年版。

［法］米·杜夫海纳：《美学与哲学》，孙菲译，中国社会科学出版社1985年版。

［法］米·杜夫海纳：《审美经验现象学》，韩树站译，文化艺术出版社1996年版。

［法］雅克·德里达：《书写与差异》，张宁译，生活·读书·新知三联书店2001年版。

［法］雅克·德里达：《论文字学》，汪堂家译，上海译文出版社1999年版。

［意］维柯：《新科学》，朱光潜译，商务印书馆1989年版。

［德］黑格尔：《美学》，朱光潜译，商务印书馆1979年版。

［德］黑格尔：《小逻辑》，贺麟译，商务印书馆1980年版。

［德］黑格尔：《哲学史讲演录》，贺麟、王太庆等译，商务印书馆1959年版。

［德］胡塞尔：《现象学的方法》，倪梁康译，上海译文出版社1994年版。

［德］胡塞尔：《胡塞尔选集》，倪梁康选编，上海三联书店 1997
年版。

［俄］B. A. 伊斯特林：《文字的产生和发展》，左少兴译，北京大学
出版社 2002 年版。

［俄］《列宁全集》第 38 卷，中共中央马克思、恩格斯、列宁、斯大
林著作编译局编译，人民出版社 1963 年版。

［波］塔达基维奇：《西方美学概念史》，褚朔维译，学苑出版社
1990 年版。

三、期刊论文

陈书录：《随其所宜而适——徐渭雅俗文学理论的哲学基础》，《文
艺研究》2006 年第 5 期。

陈顺智：《论唐太宗的雅正文学观及其对贞观诗坛的影响》，《武汉
大学学报》1999 年第 4 期。

陈望衡：《中国古典园林的美学精神》，《衡阳师范学院学报》2006
年第 2 期。

杜桂萍：《雅正之美与清初杂剧的艺术构成》，《社会科学辑刊》
2005 年第 1 期。

高峰：《论宋词的复雅之路》，《南京师大学报》2003 年第 1 期。

高明扬、李洪良：《清代"清真雅正"审美风尚述略》，《山西师大学
报》2012 年第 3 期。

郭英德：《雅与俗的扭结——明清传奇戏曲语言风格的变迁》，《北
京师范大学学报》1998 年第 2 期。

翦伯象：《雅正说的支撑结构略论》，《湘潭大学社会科学学报》
2001 年第 1 期。

翦伯象：《雅正说：尴尬而滞后的词学理论》，《华南师范大学学
报》2001 年第 1 期。

李春青：《论"雅俗"——对中国古代审美趣味历史演变的一种考

察》,《思想战线》2011 年第 1 期。

李定广、陈学祖:《唐宋词雅化问题之重新检讨》,《湖北大学学报》1998 年第 3 期。

李天道:《"典雅"说的文化构成极其美学意义》,《西南民族大学学报》2007 年第 10 期。

李天道:《"古雅"说的美学解读》,《北京大学学报》2004 年第 1 期。

李天道:《王充"雅俗"美学思想的现代解读》,《淮北煤炭师范学院学报》2005 年第 5 期。

李旭:《关于中国古代美学范畴和范畴体系建构问题》,《江西社会科学》2003 年第 5 期。

李颖:《浅论中国古典美学中的雅范畴》,《上海大学学报》2002 年第 9 卷第 4 期。

骆冬青:《象形、象意、表意——论汉字审美符号的存在方式》,《南京师大学报》,2014 年第 5 期。

骆冬青《图象先于声音——论汉字美学的根本特质》,《江苏社会科学》2014 年第 5 期。

钱志熙:《论隋唐之际诗学中雅正与浮艳的对立——兼论两种体制和创作观念的各自流变》,《复旦学报》2014 年第 6 期。

孙克强:《论文雅》,《社会科学战线》2012 年第 1 期。

汤斌:《雅正考》,《社科纵横》1993 年第 4 期。

王德昌:《日晷——时间的雕塑和测量》,《科学》2005 年第 4 期。

王昊:《雅正与尊情:元好问词学思想的内在张力及其意蕴》,《社会科学战线》2009 年第 9 期。

王洪:《论东坡词的"雅化"及其对词史的影响》,《中国人民大学学报》1997 年第 1 期。

王齐洲:《雅俗观念的演进与文学形态的发展》,《中国社会科学》2005 年第 3 期。

王昊：《雅正与尊情——元好问词学思想的内在张力及其意蕴》，《社会科学战线》2009 年第 9 期。

徐国荣：《风雅之致的审美追寻——评徐绍瑾〈复古与复元古〉》，《暨南学报》2002 年第 6 期。

颜震：《雅化与新变的整合》，《天府新论》2001 年第 1 期。

于省吾：《关于古文字研究的若干问题》，《文物》1973 年第 2 期。

于迎春：《"雅""俗"观念自先秦至汉末衍变及其文学意义》，《文学评论》1996 年第 3 期。

周潇：《清代浙派词学"雅正"内涵的演变》，《厦门教育学院学报》2008 年第 3 期。

周晓东：《张养浩拟雅诗中的五伦纲常与雅正精神》，《求索》2012 年第 2 期。

周汝昌：《中华美学的民族特色——应编一部〈中华美学大辞典〉》，《南京师范大学文学院学报》2002 年第 1 期。

朱崇才：《从柳永词的评价看雅俗观念的转化》，《江海学刊》2001 年第 6 期。

朱崇才：《汉字美学谱系的建构及意义》，《江苏社会科学》2014 年第 6 期。

朱崇才：《中华文化之源——前轴心时代的汉字》，《文艺报》2016 年 1 月 18 日。

朱良志、詹绪佐：《中国美学的独特视镜——汉字》，《安徽师范大学学报》1988 年第 3 期。

张春义：《南宋词雅正说辨》，《西南交通大学学报》2004 年第 3 期。

段炼：《诗学的蕴意结构——南宋张炎的清空词论及其雅化意向研究》，湖南师范大学 2007 年博士论文。

李靓：《乾隆文学思想研究——以醇雅观为中心》，中央民族大学 2013 年博士论文。

李先国：《化俗从雅文学观的建立——朱自清与西方文艺思想关系

研究》，苏州大学 2005 年博士论文。

刘东影：《变风变雅考论》，东北师范大学 2003 年博士论文。

毛文琦：《中国古代词学范畴举隅》，复旦大学 2011 年博士论文。

曲向红：《两宋俗词研究》，山东师范大学 2007 年博士论文。

邵鸿雁：《中国美学"味"范畴新论》，吉林大学 2011 年博士论文。

王平：《清末民初的语言变革与现代文学雅俗观的生成》，四川大学 2007 年博士论文。

王万洪：《〈文心雕龙〉雅丽思想研究》，四川师范大学 2012 年博士论文。

徐安琪：《唐五代北宋词学思想史论》，福建师范大学 2005 年博士论文。

徐利华：《宋代雅乐乐歌研究》，南开大学 2012 年博士论文。

杨成秀：《思想史视域下的北宋雅乐乐论研究》，上海音乐学院 2014 年博士论文。

杨晓慧：《唐代俗文学研究》，陕西师范大学 2012 年博士论文。

叶邦义：《北宋文人词的雅化历程》，苏州大学 2002 年博士论文。

于永森：《论豪放》，山东师范大学 2010 年博士论文。

曾晓娟：《"评"与"改"——中国古典白话小说之雅化过程》，南开大学 2012 年博士论文。

张雷宇：《南宋清雅词派研究》，浙江大学 2005 年博士论文。

张曼华：《中国画论中的雅俗观研究》，南京艺术学院 2005 年博士论文。

张屏：《两宋词雅化进程研究》，华东师范大学 2011 年博士论文。

张秋娟：《宋季及元风雅词派流变研究》，暨南大学 2007 年博士论文。

周明秀：《词学审美范畴研究》，华东师范大学 2003 年博士论文。

祝云珠：《中国古典词论中的尊"雅"观研究》，云南大学 2014 年博士论文。

后 记

初学西方美学史的时候，曾经对着赫拉克利特的那句"人，不能两次踏进同一条河流"怔怔发呆。河流与时间之间所建立的深刻隐喻，仿佛一把极光之箭，射中了在岁月长河中嬉戏玩耍浑然不觉光阴流逝的少年。河水一直在流淌，河流一刻不停在变化，人，当然无法踏入同一条河流。

可是，当我们把目光从河流转向自身，却发现一个更令人惊惧的事实：人，又何尝不是处于无时无刻的变化之中。这一刻的我，已然不是上一刻的我；下一刻的我，也不会再是这一刻的我。我们正如这河流，河流也就是我们，我们朝向属于各自的浩茫大海疾速奔流，一刻不停，一去不回。这，就是人生。

读博这段经历，带给我最大的收获，就在于它让我终于认清了自己。

十九岁那年，我第一次迈进南师的大门，不曾想过，我会在十九年后的今天才真正走出南师。年少时，我们就像一个懵懂的孩子，始终在寻觅自己在这个世界上的存在价值，不断追寻生命的意义，却又不断以岁月年华的无意义流逝辜负了自己。一直以为自己有一颗强大的心，足以抵御人生逆旅中的风风雨雨。可是有一天，这一路上撞上的东西真的将自我隔绝，必须要一个人踽踽独行时，却也曾无数次陷入难以言说的困顿、迷茫和消沉。然而，生而为人，总有一种渴望，想要与这个世界建立深刻而紧密的联结，无论是文字的、语言的、还是情感的，总有一些属于自己的东西固执地想要留下来，作为生命不灭的印记。

今天是西方的感恩节，能够走到今天，我最想感谢的，是一直以来给我无限鼓励和无数帮助的两位导师：朱崇才教授和骆冬青教授。

朱崇才教授，也是我本科论文的指导老师。还记得大四那年，朱老师带着我和其他几位同学去文学院资料室查阅资料、讨论论文。那是我第一次从仙林到随园，我们一起爬文学院中大楼那高高的楼梯，朱老师背着包在前面带路，他的背影至今仍清晰地烙印在我的脑海中。多年后回校读博，能够重投朱老师门下，是机缘，也是幸运。在我刚被录取、还未入学时，朱老师就将自己多年来费心整理的资料毫无保留地分享给我，手把手领我走进汉字美学这个对我来说是全新的研究领域。读博期间，朱老师还向我开放了他的办公室，允许我随时翻阅他办公室里的数百部藏书，为我的论文写作提供了许多便利。每当我的论文写出来一些，朱老师都耐心地给予指点，鼓励我继续坚持。

骆冬青教授的西方美学史和文学理论讲得非常精彩，从苏格拉底到亚里士多德，从康德、黑格尔到歌德、席勒，骆老师总能将深奥的文艺理论剖析得引人入胜。正是骆老师的这些课程，吸引了本科阶段的我坚定不移地选择了文艺学专业。从本科到硕士，从我工作后到再回学校读博，一路走来，骆老师像关心自己家孩子一样关心着我。当我取得一点点进步的时候，骆老师为我感到由衷的高兴；当我浮躁、焦虑的时候，骆老师送我静、定、慧三个字；当我因学业挫败而感到灰心丧气的时候，骆老师温和地对我说：人到中年还能够在校园里读书，真的很奢侈，也很幸福，要相信自己，一切困难都会过去，以后回想起来，在学校的日子会是你一生中最美好的时光。

是的，我感受到了。纵然少年时代那颗文艺的心，早已在俗世烟尘中渐渐泯灭，残留的那一丝丝回忆，却唯有南京可以勾起。这些年，无论流浪过多少地方，让我魂牵梦绕的，仍然是南京。无数个寂寥的日子里，古老金陵以它动人的山川风物抚慰了我。随园三月的玉兰、八月的桂花、十月的银杏、腊月的梅花，见证了我每一个春去秋来的脚步。它们永恒地沉默着，却又无比热烈地绽放着，它们用另一种声音告诉我：

步履不停，总能到达你想去的地方。

深深地感谢两位恩师，给我这个机会，能够在多年后重回校园，继续学业，你们是我人生路上和学习路上永远的榜样。

本书能够顺利完成，也非常感谢杨隽教授、江守义教授和李永新教授，谢谢三位老师在预答辩时给予的精心指导。

感谢我的好友林峪、于丽娟、庄怀芹，美丽的随园，留下了我们携手散步的足迹，也记录了我们无数个抵足长谈的夜晚，一起走过的日子，永难忘怀。感谢我的博士同学涂文晖、张蕾、白玉兰，博士生涯因为有了你们的陪伴，倍添温暖。

感谢我的家人，包容我的任性，前进的路上，是你们一直在为我遮风挡雨。读博期间，父亲因病去世，如今子欲养而亲不在，是人生至痛。这些年最亏欠的，是我的两个孩子，未能全情陪伴，你们已悄悄长大，谢谢你们赋予我勇气和力量，以后，让我们一起成长。

其实，能够用语言表达的，都很苍白，最深最真的感谢，永远埋藏在心底。

蒋勋说：美，是回来做自己。

感谢自己，一直没放弃，一直做自己。

朱 彦

2020 年 11 月 26 日于随园西山图书馆

补　记

本书根据我的博士论文《"雅"范畴的汉字美学研究》编写修订而成。

2020 年博士毕业后，我并未从事文艺学研究工作，而是转行养老产业，协助单位编写了两本居家养老方面的书籍。2023 年，博士论文有幸被纳入李建中教授主编的"中华字文化大系"第 2 辑（湖北省学术著作出版专项资金资助项目），我也因此契机重启对"雅"的思索，开始着手本书的编写修订工作。修订过程中，我删掉了关于"范畴"的一些概念阐释和综述性文字，重点突出"雅"与其相对词的意义辨析，以此揭示"雅"的审美意蕴的生成，增加本书的可读性。遗憾的是，因为时间关系，"雅"在现当代人们生活中的审美变迁，是本书未及展开的内容，希望能在以后的研究中早日完成，为"雅"的汉字美学研究补上缺失的一环。

值得高兴的是，这些年对"雅"的研究，让我笃定了自己的人生使命和愿景，那就是成为一名国学经典传播者，带领更多的家庭和孩子诵读国学经典，"让经典照亮童年"，为"雅"文化的当代传播尽自己的一份绵薄之力。在此过程中，我也重新思考了人生事业的方向，我决定回到校园，成为一名大学老师，期待在未来的学术道路上，进一步完善这本书，在经典传播的实践过程中，积累更多经验，影响越来越多的人一起加入这个队伍。

最后，衷心感谢为本书出版辛勤付出的责任编辑白绍华老师，两年间数次联络沟通，给到我督促和鼓励；感谢我的老师骆冬青教授、朱崇才教授，南师求学期间，两位老师赋予了我源源不绝的能量，朱崇才教授更是倾情撰写了优美的序言《雅的故事》，为本书增色不少；感谢为本书提出过修改意见的我的好朋友：乔芳、林峪、凌玉建、庄怀芹、于丽娟。

　　书中存在的疏漏错误之处，尚祈读者批评指正。

朱　彦

2025 年 3 月 26 日